位移与思易

侨易个体的精神质变及其文化空间

叶隽 著

浙江教育出版社·杭州

序　言

透过“侨易之门”窥见美妙风景

读叶隽《位移与思易：侨易个体的精神质变及其文化空间》

邹振环

在认识叶隽教授之前，已经拜读过其多种有关中国学生留德史的论著，我俩结识也是缘于2011年8月在北京召开的欧美同学会·中国留学人员联谊会主办的“留学人员与辛亥革命”暨第二届留学文化国际学术研讨会，迄今已十余年了。记得在会议的茶歇时间，我问起他最近在从事的研究，他说正在探索一项“侨易学”的理论研究，我自己对理论不敏感，所以话题没有深入下去，但是他的多产，特别是其眼光里闪烁出的对学问的热情，给我留下了深刻的印象。

随着交流的加深，我对叶隽教授提出的“侨易学”的基本观点有了逐步深入的了解。他在《变创与渐常：侨易学的观念》（北京大学出版社2013年）一书中首创因“侨”而致“易”的理念，前者强调空间维度的整合，后者关注时间维度的演进，其中既包括物质位移、精神漫游所造成的个体思想观念形成与创生，也包括不同的文化子系统如何相互作用与精神变形。这一理论体系扬弃了传统“易学”的框架，尝试挖掘出“易学”和“侨学”的丰富资源。中国学界新材料和新发现层出不穷，而研究理论却极为贫乏，两者形成了鲜明的对比。古人云：“不破不立。”在相当长的时期里，我们都认为“破”比“立”更重要，但是“破”之后还是要面对一个“立”的问题。叶隽教授提出“侨易学”这一理论，正在于面对西方学术和思想的猛烈冲击，尝试从方法论、理论构架，甚至学科层面提出中国学者的独特见识，有效地解释全球化进程中文化流动和知识生产方式及其涵化的问题。

理论的初创，往往需要漫长的完善过程。叶隽教授不仅创建了一套新的理论模式和新的概念体系，并将核心概念精确化，而且把它们具体落实到研究方法论的层面，作者坚信目前在很多学科中普遍使用的如交流、接触、冲突、碰撞、接受、影响、融合等概念，都可以在“侨易学”的框架下运用。十多年来，学界在这一理论和实践方面证明了“侨易学”确实有助于梳理中外学术交流史中的大大小小的问题。叶隽教授近期完成的《位移与思易：侨易个体的精神质变及其文化空间》一书，通过自己具体个案的研究，充分拓展其思想单元和学术内涵的深度和广度，在侨易学个案研究方面，又做了研究的新推进。

正如叶隽教授在新著中所言：“案例的好处是能直接进入研究现场，避免蹈空务虚的不实之讥。”我之前曾发表过一篇题为《打造一片有丰满“枝叶”的理论“森林”》[载《安徽大学学报（哲学社会科学版）》2017年第1期]的论文，就侨易学的例证层面研究提出过一些想法，并认为侨易学研究的范围大致可以在文化生命体、物质技术、社会规范、心理认知、话语象征代码等五个层面来推进。这里我想略用篇幅，再对我的想法加以说明。

在文化生命体层面，我认为应当包括侨易个体和侨易群体。侨易学所研究的所有对象应该都是围绕人展开，包括商人、旅行家、传教士、外交官、探险家、移民、侨民、留学生、军人、记者等，我将之称为“文化生命载体”，这是“侨易学”最重要的层面。本书中提到的严复、辜鸿铭、王国维、陈寅恪，以及蔡元培、关良、李可染等，均属于这一范畴。可以说，无论是在深度还是在广度方面，案例分析都达到了新的高度。

在物质技术层面，如印刷品、陶瓷、茶叶、烟酒等物质产品的流通与交换，以及围绕物质产品所形成的文化观念，我认为，物质产品和文化观念融入了最多的“侨易”内涵，凝聚着侨易群体的观念、智慧、需求和能力。历史上的侨易流动，也是工具类型不断变化的结果。记得之前也有学者提到过，侨易学应当加强对糖、茶叶、酒、烟等器物方面流通和交易的研究。目前看来，这样的研究成果还略有不足。

在社会规范层面，自有人类以来，任何一个侨易群体、侨易过程所形成的社群或族群，都是由侨易个体所组成，因此在家庭、家族、社群、族群的内部，都有关于侨易个体所处位置或职能的区别和角色划分的规定。角色身份其实就是一种社会规范。各种规范之间互相联系、互相渗透、互为补充，共同调整着侨易群体的各种社会关系。综观叶隽教授之作，尤以蔡元培为典型案例，以其出任首任教育总长时的教育国家理念为例，努力把握角色符号、观念侨易与制度变迁之间关系的张力，已经在“制度侨易”的道路上走出坚实一步。

在心理认知层面，由侨易者的情感系统、思维方式、价值观念、宗教信仰、伦理道德、审美观念等组成，是一个侨易群体的成员评价事物标准的价值系统，这个标准的价值系统是通过侨易群体成员的态度与行为表现出来的。心理认知层面是文化结构中最深刻和最有活力的部分，神话、信仰、观念和价值构成了一个文化的最核心的内容，它提供了侨易群体中侨易个体成员观察世界、了解外界的手段和标准。在目前呈现的著作之中，我能够从萨义德、李可染等人的案例中，体会到作者对思维方式、价值观念、心理意识等方面的深刻剖析。

在话语象征代码层面，我曾指出，语言是侨易群体建构符号世界最关键的先决条件，如手势、眨眼皮等身体语言，语言是文化最重要的构成，是文化之树的根。语言能够创造一个拥有共通意义的符号世界，它与社会起源、生物突变和技术变革有密切的关联。每一种文化事实上都是由若干内部的、纵横交错的和相互重叠的独特的侨易群体的话语系统所组成的，如集团话语系统、职业话语系统、性别话语系统、辈分和代际话语系统等。侨易活动的展开，首先是两种不同语言接触所形成的名词术语的引进和变化，继而深入到不同的话语系统。在这一点上，我能够从萨义德跨越文化与语言的自觉意识与反思冲动之中，得到深刻的体认。

之所以会不厌其烦地介绍一篇旧作中的内容，是因为我感受到叶隽教授这些年在侨易学研究领域所付出的辛劳和取得的成就。我还记得那时应叶隽之邀，为其提出不久的“侨易学”理论给予建议。在这个功利逐快的当下，能够静下心来思考打磨新的理论概念，不愿“只领风骚三五日”，且不避讳所谓“同行相轻”的“古训”，而是将其想法原原本本地加以陈述，邀请圈内各领域专家进行评述，并明确表示“不要糖衣，只要炮弹”，这种坦荡的襟怀和对学术的严谨投入程度，实在让人敬佩。我当时在那篇文章中，就“一股脑儿”将所有的想法“倾泻”而出。回过头来看，当时的一些想法有点不切实际，部分表述也有强人所难之嫌。但令我无比欣慰的是，叶隽教授在这本新著中，已经基本回应了我那时提出的主要问题，在文化生命体、物质技术、社会规范、心理认知、话语象征代码等层面都有不同程度的推进。

至于叶隽教授提出的担忧，即“如何能兼及微观与宏观、个案与整体、实践与思想，确实是一个费思量的难题”，我想，侨易学的价值与意义，正需要在各种领域反复尝试，甚至进行试错式探索，方能了解到侨易学的作用与局限究竟在哪里。随着实践的深入，反过来会推进与完善侨易学理论。侨易学的理论体系庞大复杂，绝非简单的三言两语可以概括，但这种庞杂也部分限制了概念工具的广泛接受。如何才能被更多的研究者所接受，不是靠着“乱花渐欲迷人眼”的术语阐释，而是需要成为“武库”中的一杆“称手的兵器”，既能方便使用、击中要害，又能为某些问题提供富有见地的解释？侨易学理论构造的合理性和研究方法的可运用性，需要通过一系列不同层面的进一步例证。在这一点上，本书已经提供了多个可资借鉴的案例分析，也体现出叶隽教授不仅在理论阐述上“头头是道”，一旦自己上场“操练拳脚”，更是“上下翻飞”，很是精彩。

章学诚《文史通义》卷三·内篇四“匡谬”篇中称：“书之有序，所以明作书之旨也，非以为观美也。”所谓“序其篇者，所以明一篇之旨也。”[1]这一阐述大著宗旨为序的工作，我以为已经由叶隽教授本人的“小引”完成了，请他人为序很大的任务似乎还在于“观美”，即看出作者著作的特色和“美妙之处”。叶隽教授的这一新著，以严复、辜鸿铭、王国维、陈寅恪、蔡元培、关良与李可染等不同个案，在观侨取象、察变寻异、个体载像、由象见道、文明体侨易等方面，都做了大量新理论的探索，以增强这一理论体系的运用性，梳理出更多的研究维度，这些新案例给我留下了极为“美妙”的印象，这些案例不仅仅是一种知识的呈现，还是一种以心灵来从事学问所产生的美感。

叶隽教授是一位以自己的全身心的热情在做学问的学者，因而他的思考显示出当今很多学者所不具有的某种独特的魅力。他为我们打开的“侨易之门”，显示出这一独创性的侨易学所具有的激发人文学科和社会科学新议题的惊人潜能。笔者也坚信叶隽教授的实证研究的努力，一定会为“侨易学”建构独立的学科体系打下坚实的基础。

是为序。

---

① 章学诚：《文史通义新编新注》，仓修良编注，杭州：浙江古籍出版社，2005年，第169页。

目 录

小　引

为什么需要侨易学的案例？

一、方法与案例——侨易学理论的建构问题

从《变创与渐常：侨易学的观念》到《构序与取象：侨易学的方法》，又过去了八年的时间，真是不短。希望第三部《寻道与度势：侨易学的哲思》的完成可以更行云流水。这是在理论层面的“侨易学三部曲”，还有实践层面的相关研究也随之展开，而且有所配套呼应，譬如这本作为首册的《位移与思易：侨易个体的精神质变及其文化空间》。

我曾痛感于理论与实践的脱节，乃会投入很大精力在具体的实证研究层面，希望能使之不但“敏于言”，也同样“慎于行”。如此一来，则关注个体自然是顺理成章的选择，因为相对于群体、共同体等层面，甚至器物、制度、文化等另类体系，人的个体自然是相对最易入手和把握的。在第一部作品中，我曾列举了一些案例，但其实远谈不上“研究”，只能算是一些学术思路的展示，但不知为何出版时被定名成了“研究”，所以也引来了颇为严肃的批评，譬如顾明栋教授就说：“书中大量引用中西方思想家和学者的论述，然后予以分析讨

论，其量之大，其涉及面之广，其分析程度之深，不仅常常使读者忘记本书、本章节的主题，而且使人觉得分析的内容好像是作者阅读已存学术思想的心得体会和评价，而不是支撑侨易学理论的案例和讨论。”[①]这当然是有道理的，也反映出了侨易学最初发端时的那种“自由散漫”精神，当然这与我的思路有关，最初仅是想提出这样的观念而已，并未想到以此为方法来进行严格意义上的学术研究，更谈不上是侨易学的实证案例。顾氏接着的一段评述可能更接近其西学本体的思路：“叶隽已发表过一篇文章《作为侨易个体的赛义德及其理论形成》，对赛义德的‘旅行理论’有深入精彩的分析和研究，甚至把赛义德的‘旅行理论’视为不是范式的‘模式化建构’，并将其归入‘侨易学’理论范畴，用侨易学的一些理论术语予以讨论。文章旁征博引，写得引人入胜，十分精彩，是一个比《变创与渐常》一书中许多案例分析要系统而又深刻得多的研究，其精彩之处就在于作者通过观侨取象，察变寻异的方法，认识到赛义德理论构建与其本人侨易经历有着密不可分的关系。”[②]即便是就萨义德作为研究对象来说，我仍觉得这篇论文也只是略做发覆而已，其中留下的拓展空间甚大，我自己也一直在持续关注，但限于学力与精力，仍难以快速推进。

其实侨易学理论的生成有很大的偶然性，但回头细思倒也算是水

① 顾明栋：《“侨易学”与思想创新——对一种新文化理论的评析与思考》，《清华大学学报》（哲学社会科学版），2017年第4期，第170页。

② 顾明栋：《“侨易学”与思想创新——对一种新文化理论的评析与思考》，《清华大学学报》（哲学社会科学版），2017年第4期，第172页。

到渠成，因为这是由实践的需求而自然孕育的过程，与那种强求生造者有着质性区别。2013年10月的“侨易学观念的意义与问题”小型研讨会之后，我深刻意识到进行具体的案例实证研究的重要性，并在此方面投入大量精力。而一系列的侨易学栏目的开设，不但推动了侨易学本身的发展，也倒逼我进入实证研究的层面。譬如文章《作为侨易个体的萨义德及其理论形成》就是刊于《江苏师范大学学报》的“人文世界与侨易空间”栏目，成文起因是此，但学术思路则由于探讨观念侨易问题而引发[①]，让我不得不追踪到萨义德的生命历程与知识形成、理论生发的关系，不但求知人论世，更希望兼及文本内外，展开深入、细致且全面的学术史与思想史探索。这种研究过程，在我看来，可谓上佳进路，因其不是单纯地为了某个过于实用甚至功利的目的而去查材料和读书，可以某种程度上信马由缰地在知识的领地里自由翱翔。除此之外，我还留下了大量撰作过程的“断简残篇”，即相关材料和思路记录，甚至勾勒出一部以与萨义德为中心进行理论对话的作品框架，但终究是不能毕其功于一役，也就随着兴趣而收缩战线，暂时放下了。对于我来说，是否完成新的著作并不是很重要，关键在于就这种求知过程而不断拓宽的知识域以及形成的点滴启发，都可逐步汇聚成新的思路，这才是最大的收获。

案例的好处是能直接进入研究现场，避免蹈空务虚的不实之讥，但其弱点也同样不可忽视，就是很可能陷入深不见底的泥潭，因为个

① 叶隽：《“理论旅行”抑或“观念侨易”——以萨义德与卢卡奇为中心的讨论》，载《侨易》第1辑，北京：社会科学文献出版社，2014年，第258-280页。

案无穷无尽，即便是分门别类，也难免叠床架屋。知识浩如烟海，无际无涯；个体生命有限，求知若渴。侨易现象的分类，貌似并不复杂，但真正深入进去，却深感头绪多端、曲径生花，这就有点像植物的分类工作一样，是一件貌似简单却又极具挑战，看似笨拙却又深不见底的事情，所谓“上帝造物，林奈分类”①，彼时其预估不过约2万种植物，如今人类已发现25万种植物、1000万种动物，自然系统之庞大远超想象。

作为植物谱系学建立者的林奈（Linné，Carl von，1707—1778），自然是一个最佳案例，按照他自己的说法：“一位伟人走出小农舍，世界由此而改变。”②这位走出田园的生物学家，做成了那个时代难以想象的生物分类工作，“实际上，任何人们熟知的名字都无法与卡尔·林奈相比。林奈，这位为植物和动物创立了命名系统的人，被授予历史上最有影响力人物的桂冠”③。林奈的著作《自然系统》（*Systema Naturae*，1735），对生物进行了命名和分类，具有典范意义，后世无不以此为认识客观物种的基础。所谓“名可名，非常名”，正是通过命名的方法，林奈获得了绝大多数学者不可能获致的学术史地位。作为“一位出生在蒙昧时代的西方并带来科学启蒙的巨

---

①〔瑞典〕卡特里娜·马尔默：《林奈——打开自然之门的大师》，邓武译，北京：中国民主法制出版社，2018年，第14页。

②〔瑞典〕卡特里娜·马尔默：《林奈——打开自然之门的大师》，邓武译，北京：中国民主法制出版社，2018年，第2页。

③《前言一》，载〔瑞典〕卡特里娜·马尔默：《林奈——打开自然之门的大师》，邓武译，北京：中国民主法制出版社，2018年，第Ⅳ页。

人”[①]，林奈“肩负起了探索世界及其所有生物的使命，他成功了”[②]，这个评价可谓切中肯綮，更重要的是，他不仅探索了地理世界与生物世界，而且也勾连起文化世界，因为“他将他的学生们派到世界各地，让他们考察各地的植物、动物、人们的生活条件和文化，因此，他是一位真正的架桥者”[③]。所以，我们不仅要充分认知林奈“开物定名”的“构系”之创设，而且要意识到他还同时兼具的在“文化融通”方面的“建桥”之功用。其中林奈的中国趣味尤其值得提及，尽管他派出的学生的考察足迹遍及54国，但仅中国就有不少于4人，他们是塔恩斯特朗（Tärnström，Christoffer）、卡尔·弗雷德里克·艾德勒（Adler，Carl Fredrik）、托兰（Torén，Olof）、奥斯白克（Osbeck，Pehr）。[④]由此带出的器物交流层面的文化侨易现象，是一个特别值得深入的话题，此处不赘。[⑤]但林奈的工作范式带给我们的启

①《前言一》，载〔瑞典〕卡特里娜·马尔默：《林奈——打开自然之门的大师》，邓武译，北京：中国民主法制出版社，2018年，第V页。

②《前言二》，载〔瑞典〕卡特里娜·马尔默：《林奈——打开自然之门的大师》，邓武译，北京：中国民主法制出版社，2018年，第VII页。关于林奈思想对于自然秩序的表现，参考Larson, James L.: *Reason and Experience*: *The Representation of Natural Order in the Work of Carl von Linné*. Berkeley: University of California Press, 1971.

③《前言二》，载〔瑞典〕卡特里娜·马尔默：《林奈——打开自然之门的大师》，邓武译，北京：中国民主法制出版社，2018年，第VII–VIII页。

④《前言二》，载〔瑞典〕卡特里娜·马尔默：《林奈——打开自然之门的大师》，邓武译，北京：中国民主法制出版社，2018年，第VIII页。

⑤ 参见“瑞典自然科学家林奈诞辰三百年纪念”栏目，其中主要文本有张汉良《瑞典自然科学家林奈三百年诞辰有感》、〔瑞典〕诺登斯丹《林奈与瑞中联系》、〔瑞典〕陈迈平《林奈传记的扛鼎之作》，载乐黛云、〔法〕李比雄：《跨文化对话》第21辑“中国—瑞典文化专号”，南京：江苏人民出版社，2007年。

发却是相当清晰的，即至少应当以一种相对体系化的思路逐步推进侨易现象的分类工作，这样才会有可能使得“建构出来的理论森林充满地气而不致沦为荒芜的圈地”[①]。

这正如司马涛（Zimmer，Thomas）的要求，“虽然我们研究的主题各不相同，但是使用的材料却有共通之处。叶隽教授和我都认为，最具研究价值的是那些迁徙之人——云游者、僧侣、学生、冒险家、学者，各色人等——所记录或被他人记录下来的材料。……叶隽的做法在我印象中要更加‘宽泛’。在某些‘侨易现象’中他比较了分别来自中国和德国传统中的材料，而它们可能处在完全不同的历史时期。我认为从这里就可以看出叶隽研究中的一个根本问题：在证明前面所定义的侨易形式时所引用的‘侨易现象案例’只是一种模式化的套用，其内容本身也可再做商榷。尽管某些案例也强调了需要考虑特定的历史背景，但从整体上看这种随意的做法还是很难称得上科学的方法”[②]。而他认为的科学方法显然是西方式的归纳法，即“详细研究大量个案，进而归纳出结论”[③]。这种说法看起来相当圆满，但为之颇有难度，而且很可能扼杀在研究过程中本来所应当葆有的那种活泼泼的生气、自由与随机的探索可能，在某种意义上我以为也是传统

① 邹振环：《打造一片有丰满“枝叶”的理论“森林”》，载《安徽大学学报》（哲学社会科学版），2017年第1期，第46页。

② 〔德〕司马涛：《空间疑辩与侨易学》，余明锋译，载《世界汉学》第17卷，北京：中国人民大学出版社，2019年，第139页。

③ 〔德〕司马涛：《空间疑辩与侨易学》，余明锋译，载《世界汉学》第17卷，北京：中国人民大学出版社，2019年，第139页。

的德国学术潜在的弱项部分，即过于执守刺猬的庄严。在这方面，我其实更欣赏爱因斯坦（Einstein，Albert，1879—1955）的表述："我想知道上帝是如何创造这个世界的。对这个或那个现象、这个或那个元素的谱我并不感兴趣。我想知道的是他的思想，其他的都只是细节问题。"①当然必须承认的是，两者其实都各有偏颇之处，不宜绝对采纳，但不妨汲取精华，为我所用。就主体思想来说，我更倾向于爱因斯坦的举重若轻、直逼根本、追问原道的大格局；而就具体操作来说，会相对接受司马涛的建议，在实践中更注意各种分类案例的涉猎和探究，但并非简单机械地不分巨细、面面俱到甚至求全责备，而是应适度用其所长，注重归纳法、演绎法、辩证法的综合作用。因为如果按照他的这种逻辑，终我一生也未必能发明出侨易学来，因为光是案例的纷繁复杂就可以耗尽毕生光阴，甚至数代人的生命，都未必能见其光明；而且案例也是随着时代的不断发展、研究的不断深入、知域的不断拓宽而层出不穷的。所以，说到底理论仍应是一个在宏观建构和微观尝试方面两端结合的过程，尤其是如何发现中观、勾连相通、侨易近道，这或许才是更为切近的方向和路径，也符合胡适（1891—1962）所谓"大胆的假设"与"小心的求证"，正所谓"假设

① 《前言》，载〔美〕阿·热（Zee, A.）：《可怕的对称——现代物理学中美的探索》，熊昆译，长沙：湖南科学技术出版社，1992年，第1页。

不大胆，不能有新发明。证据不充足，不能使人信仰。”[①]而更重要的是，“如果一个假设是站在很充分的理由上面的，即使没有旁证，也不失为一个很好的假设。但他终究只是一个假设，不能成为真理。后来有了充分的旁证，这个假设便升上去变成一个真理了”[②]。是否真理过于高标，但旁证与实证对于理论的成立与否确乎非常关键，则无疑义焉；胡适又引戴震（1724—1777）言，“但宜推求，勿为株守”，

---

① 《清代学者的治学方法》，载胡适：《倡导与尝试》，哈尔滨：北方文艺出版社，2018年，第135页。胡适对此有详细的阐释：“这种方法，先搜集许多同类的例，比较参看，寻出一个大通则来：完全是归纳的方法。但是以我自己的经验看起来，这种方法实行的时候，决不能等到把这些同类的例都收集齐了，然后下一个大断案。当我们寻得几条少数同类的例时，我们心里已起了一种假设的通则。有了这个假设的通则，若再遇着同类的例，便把已有的假设去解释他们，看他能否把所有同类的例都解释的满意。这就是演绎的方法了。演绎的结果，若能充分满意，那个假设的通则便成了一条已证实的定理。这样的办法，由几个（有时只须一两个）同类的例引起一个假设，再求一些同类的例去证明那个假设是否真能成立：这是科学家常用的方法。假设的用处就是能使归纳法实用时格外经济，格外省力。凡是科学上能有所发明的人，一定是富于假设的能力的人。宋儒的格物方法所以没有效果，都因为宋儒既想格物，又想‘不役其知’。不役其知就是不用假设，完全用一种被动的态度。那样的用法，决不能有科学的发明。因为不能提出假设的人，严格说来，竟可说是不能使用归纳方法。为什么呢？因为归纳的方法并不是教人观察‘凡天下之物’，并不是教人观察乱七八糟的个体事物；归纳法的真义在于教人‘举例’，在于使人于乱七八糟的事物里面寻出一些‘类似的事物’。当他‘举例’时，心里必已有了一种假设。”（《清代学者的治学方法》，载胡适：《倡导与尝试》，哈尔滨：北方文艺出版社，2018年，第130-131页。）不过我们要注意到的是，胡适在晚年对此问题又有所反思，可参见《胡适晚年对〈清代学者的治学方法〉的修正》，载罗尔纲：《师门五年记·胡适琐记》，北京：生活·读书·新知三联书店，2006年，第200-202页。

② 《清代学者的治学方法》，载胡适：《倡导与尝试》，哈尔滨：北方文艺出版社，2018年，第137页。

标榜其为清学的真精神[①]，确是有眼光的，因为其所呈现的不仅是前贤的智慧与原则，而且也正是可“示来者以轨辙”的范式，我们所行进的方向其实有一以贯之的面相，与西方学术的求真精神也是相通的。

二、个案如何聚焦？

可即便是聚焦案例，也仍有太多的层次和分类需要区分，因侨易学涉及领域甚广，如果泛泛收集若干案例，很可能具体研究都颇精彩，合而观之却未必出彩，如何能兼及微观与宏观、个案与整体、实践与思想，确实是一个费思量的难题。一个常规的思路即是按照涉猎学科的性质进行区分，诸如人文学科、社会科学、自然科学等的分类进行交叉结合，具体则如文学、历史学、哲学、政治学、经济学、社

① 《清代学者的治学方法》，载胡适：《倡导与尝试》，哈尔滨：北方文艺出版社，2018年，第137页。

会学等[1]，张华教授展望称："侨易学是一门跨学科、跨文化的学术方法和视野，在其理论体系得以完善之后，将会出现文学侨易研究、哲学侨易研究和史学侨易研究等不同学科的侨易学研究。"[2]这当然是良好的愿望，但我其实更在意的则是通过与不同学科的有效对话和实践尝试，一方面能更多获取侨易学自身前行需要的知识资源，另一方面则是始终保持一种处于有待激活的"马刺状态"，以有疑待学术、以问题为动力、以辩论出思想。如果考虑到其范围过于庞大，退守一步，即按照胡继华教授的说法："侨易是个特别大的课题，应有4个层次，一是名物或器物研究，诸如糖、茶叶、酒、烟等；二是制序的研究，包括君主制、民主制、学制、法制等；三是思想意象研究；四

---

① 此处略举数例，"侨易学与文学研究"专题，户晓辉《主持人语：侨易学的几个问题》、曾艳兵《作为比较文学资源的侨易学》、刘春勇《侨易学与位移理论——现代文学中侨易学的两种经典类型及其案例》、刘大先《多民族文学的侨易视角》、邓深《"建构"之策略、"理解"之尝试、"侨易"之可能——试析维兰德的中国图像塑造》，载《侨易》第2辑，北京：社会科学文献出版社，2014年。"文学侨易学"专题，叶隽《主持人语：文学侨易学的视角与尝试》、李川《"观象""系词"与"神道设教"——文学侨易学视域下的〈焦氏易林〉之占验与文学问题》、董琳璐《穿越文学中的侨易现象——兼论文学侨易学的必要性》、陈安蓉《侨易学视角看萨克斯诗剧〈以利〉背后的思想迁变》，载《国际比较文学》，2021年第3期。"侨易学与历史学研究"专题，彭刚《主持人语：理论的价值》、孟钟捷《刍议侨易学对全球史研究的几点启示》、王东杰《"不易"中的"变易"》、黄振萍《从观念到制度：以"移孝作忠"为例》、麦劲生、甘颖轩《侨易学与跨国主义：以旅澳的香山商人为讨论中心》，载《侨易》第3辑，长沙：湖南文艺出版社，2016。

② 张华：《侨易的世界》，载《美文（上半月）》，2017年第12期，第97页。

是观念原型研究，包括思想单元、概念历史、关键词等。”[1]这无疑是更为具体与可操作的思路，因为其涉及的内容不仅多姿多彩、丰富充实，更近乎一应俱全、包罗万象，让人情不自禁地心生向往，甚至跃跃欲试。

邹振环教授则从学术史宏观视域着眼而提出主张：“中国学界普遍存在着做细部考证的学者忽视总体理论的建构，而从事理论建构的学者多易发若干空洞的议论。近年来有关中国专门问题的研究，屡有新作，但多局限在专门领域，少有其他学科的学者关注，而专事理论构建的论文虽问世时轰动朝野，但多‘只领风骚三五日’，少有真正的学术影响。……如何使建构出来的理论森林充满地气而不致沦为荒芜的圈地，则需要创建者在打造理论森林时不仅要注意系统的布局安排，也要不断从不同层面进行‘枝叶’的深度分析，如此才能在研究中于‘叶’、‘枝’和‘林’之间，保持合适的张力。”[2]具体而言，他认为：“‘侨易学’研究的范围大致可以在文化生命体、物质技术、

① 陈香：《学者叶隽穷8年之功试创“侨易学”》，载《中华读书报》2013年11月27日第2版。参考胡继华：《象征交换与文化的生死轮回——从“侨易”到“涵濡”》，载乐黛云、〔法〕李比雄：《《跨文化对话》第33辑，北京：生活·读书·新知三联书店，2015，第187-193页。类似的表述，譬如邹振环教授的意见：“作为人文学科的研究，我以为‘侨易学’主要研究的还是人类社会，尽管这一理论的推广，似乎也可以运用到动植物等领域。笔者以为‘侨易学’研究的范围大致可以在文化生命体、物质技术、社会规范、心理认知、话语象征代码以下五个层面延伸一种‘枝叶’的研究。”邹振环：《打造一片有丰满“枝叶”的理论“森林”》，载《安徽大学学报》（哲学社会科学版），2017年第1期，第42页。

② 邹振环：《打造一片有丰满“枝叶”的理论“森林”》，载《安徽大学学报》（哲学社会科学版），2017年第1期，第46页。

社会规范、心理认知、话语象征代码以下五个层面延伸一种‘枝叶’的研究。”[①]进而对相关概念进行了细致阐述，其中对于话语象征代码更是做了重点讨论。应当承认，以上论述都是非常精彩而且很有补充意义的，也很能开启进一步思考的大格局。

汲取诸家高见，我可能会更倾向于以器物、制度、文化三个不同文明结构层次为标准来进行区分。这样的思路一方面是与侨易学对文明理解的基本框架相吻合，同时也避免了过度延展而难以归类的弊端。器物当然包括人造之物，诸如物器、人工智能等，也包括植物、动物，这方面关注得不够，并不意味着其不重要。在侨易学视域里，器物研究其实是一个十分值得关注与大力推动的领域，物质位移就包括了器物位移的含义，可惜这方面的研究还仅是“小荷才露尖尖角”，王涛的相关研究可以看作颇为有益的尝试[②]。李时珍（1518—1593）称：“虽曰医家药品，其考释性理，实吾儒格物之学，可稗尔雅诗疏之缺。”（《本草纲目·凡例》）这里给我们提供了非常有益的启发性思路，即便是很特殊的“药物”，也具有学术品格，即作为

① 邹振环：《打造一片有丰满“枝叶”的理论“森林”》，载《安徽大学学报》（哲学社会科学版），2017年第1期，第42页。

② 王涛：《从〈妇女乐园〉看资本语境下百货商店的产生》，载《江苏师范大学学报》（哲学社会科学版），2014年第5期。王涛：《“桥变”的闲逛之路：从拱廊街到百货商店的过道走廊》，载《江苏师范大学学报》（哲学社会科学版），2015年第4期。王涛：《从居室厅堂走向百货商店的女性——从左拉文学世界看消费群体的一次迁变》，载《山东社会科学》，2017年第4期。此外，其他学者也初步涉猎到此问题，参考潘天波：《丝路文明史研究范式：困境与援引》，载《西北民族大学学报》（哲学社会科学版），2020年第6期。潘天波：《丝路交往：中国器物与德国镜像》，载《民族艺术》，2021年第1期。

“格物之学”的意义，甚至是可弥补前修之不足。更何况是我们所关注的具有人类创造精神的器物整体？“器物制造固然是从人类谋取基本物质生存条件开始，并且一直同物质生活状况的改善直接相关，但这丝毫不能改变另一个基本事实，那就是成器活动从很早的时候起就已超越了单纯求取生存的物质事实的界线，从而建立起了物品世界和包括人类精神现象在内的生活世界之间彼此呼应的联系。”[①]而且更重要的是，器物迁变与文化交互密切相关：“异质文化相接，其表层文化如生产工具、物化技术穿透力较强，易于传播、渗透，深层文化如思维方式、价值观念、心理意识穿透力较弱，难于传播。”[②]合适的器物乃有观念、文化等重要载体的功用，其能流通，善传播，可勾连，可呈现出器物侨易和文化侨易相互作用的复杂侨易空间。[③]

制度的层面也很重要，即各种制度，尤其是以政治为导向的制度建构，是如何发生权力规训作用，并深刻作用于中短时段内的社会生活的方方面面，其实是人类文明史过程中绝对不可忽视的面相，这其中既有政治制度、经济制度、法律制度、军事制度等，也涵盖文化制度、教育制度、医疗卫生制度等，至于所谓“社会规范”“伦理规训”“道德教化”等内容都可以纳入其中，“制序研究”的概念（如具

① 徐飙：《成器之道——先秦工艺造物思想研究》，南京：江苏美术出版社，2008年，第9页。

② 何小莲：《西医东渐与文化调试》，上海：上海古籍出版社，2006年，第292页。

③ 可参考《中国图书评论》2016年第9期的“器物、资本与文明”的专题文章，尤其是叶隽《器物史的承载意义》、王涛《食物、权力与资本间的变与常》、徐乐《契诃夫外省戏剧中书刊的文化功能》。

体的君主制、民主制、学制、法制等）也包含在内。对这个领域的研究，基本尚属初步涉猎，如邓深选择18世纪德国作家维兰德（Wieland，Christoph M.，1733—1813）的小说《金镜》（*Der goldne Spiegel*，1772）为个案，虽然是从文本着手，但通过小说关联的跨文化语境下“制度侨易”现象中的“变”与“常”之维度，为“制度侨易”的理论概念提供了颇为有效的文学世界与历史现实中的例证，可以说是触及了“制度侨易”这样一个重要命题。[①]赵章靖从高等教育的制度侨易视角考察德国大学制度移植到美国之后的情况，认为：“侨易学的视角突出体现在强调二元互动；关注二元互动之‘交易’过程中所开出的结果：那么，由此来反观美国研究型大学制度的形成，很显然，它不是单向度对德意志大学的模仿，也不是德意志大学的理念、制度与美国实用主义传统之间简单的折中。而是在具体的历史场景中，一方面是德意志大学理念之于当时美国高等教育界源源不断的感召，另一方面，在当时转型期的美国社会，一切以‘解决实际问题’所需为目的。侨移而来的德意志大学理念，与本土实用主义的取向之间‘二元互动’，从而开创出了‘第三者’——研究生院、学系以及相应跨学科研究机构，从而在根本上型构了美国现代大学的组织基调。”[②]虽然未免略觉不够深刻，但仍是提及了一些相关思路。我在对蔡元培（1868—1940）的个案研究中，试图以其出任首任民国教

① 邓深：《制度侨易的“变”与“常”——从维兰德小说〈金镜〉谈起》，载《同济大学学报》（社会科学版），2016年第2期。

② 赵章靖：《高等教育的制度侨易》，载《社会科学报》2016年3月10日。

育总长时的教育国家理念为例，努力把握角色符号、观念侨易与制度变迁之间关系的张力，也仅是一个综合性的尝试。这个领域其实可以开拓者甚宏，目前尚属浅尝辄止，而筚路蓝缕犹待来者。

文化层面则毫无疑问是重头戏，现有的研究基本集中在此，我就不再一一列举。想要补充的是，下面可能需要更进一步地加以系统总结和分类归纳，诸如文化生命体、心理认知、话语象征代码等可囊括在内，人类也自然是被放置在这个层面来考察，像思想意象、思想单元、观念原型、概念历史、关键词等都可在其中分门别类。显然，在这里我没有选择文明分层的上述区分路径，而是宁可退居边缘，在最为简单的侨易主体的立场上进行区别，即以侨易个体、侨易群体、侨易共同体为不同维度，考察其基本的运行轨迹和观念形成。而这里首先尝试的则是侨易个体，道理也很简单，就是方便易行。邹振环教授说："作为人文学科的研究，我以为'侨易学'主要研究的还是人类社会，尽管这一理论的推广，似乎也可以运用到动植物等领域。"[①]这种说法显然是既有大格局也有小视野在的，但其实已经敏感地触及侨易学的适用范围问题，对此我自己也曾略有疑惑。在侨易学发展的过程中，曾有过截然相反的两类意见，一种是认为范围过大，参与人员过多，而就理论发展而言应当是越小越好，可以尽量在技术上予以操作，譬如就局限在文学范围之内，提出这样意见的学者自然是文学研究者；还有一种则正是相反，他们认为一种理论应用的范围越是广

① 邹振环：《打造一片有丰满"枝叶"的理论"森林"》，载《安徽大学学报》（哲学社会科学版），2017年第1期，第42页。

阔，它所可能开辟的空间和提升的理论阐释力则越强，否则就越是有限。我当时未置可否，从现实操作角度考虑当时是前者有理，从求知本身而言自然觉得后者更合我心。功利的思路也不能说从未有过，但好在我的生命史过程忽然在仿佛春风得意之际而遭一大劫，也算是“当头棒喝”，让我意识到冥冥中或有天意，能够“迷途知返”，断然复归自己本心所归之求知正道，明确而深刻地认识到其实过于功利的选择不但与本性相违，更会极大地损伤学术本身，这是绝对不能采取的路径。这在当下的中国语境里确实是艰难，因为当一种大势来时，往往是甚嚣尘上、泥沙俱下、鱼龙混杂，而作为个体或某个小群体是绝对无法与之抗衡的，好在古训还有“穷则独善其身”，坚守自己的原则和立场，无非是失去世俗的光环和利益而已。我的基本立场是“不执”，既不太过执着于所寻之道的绝对真理性，也不局限在个人小世界的斤斤盘算，而是应尊重学术本身发展的内在规律和诉求，尤其是个体治学过程中的理性指引与感性召唤。显然，求知的诱惑与交流的渴望始终贯穿于我学术生命的始终，所幸，我至今仍能坚守不易，风雨兼程，步踵前行！

三、侨易个体的意义：“个体载像”与“由象见道”

思来想去，决定还是弃繁从简，就最简单也易操作的主题开始，具体到侨易个体是再自然不过。因为，任何事物的发展都离不开个体这一环，这也是组成世间万物的基本单位，通过对个体的具体考察，我们可以更清楚地观察到其在立体结构与交叉系统中的定位和意义，而且也会自然触及群体、共同体的逐层深入，同时也延伸到个体周边的方方面面，诸如知识、观念、文化空间、社会场域甚至是政治话语、资本语境等。

当然我之所以聚焦于侨易个体，一方面固然是承认自己学力有限，只能从笨人做起，另一方面也不是没有一点点雄心壮志，试图从其关联性（有点像杨慧林教授提示的“la corrélation”概念）出发[①]，譬如结合两个或数个类似的个体，积少成多，相互比较，来形成一种矩阵式的结构。这其实已经不自觉地走向侨易群体的研究，甚至背后不无隐含指向侨易共同体的某种意图，但毕竟还不算是严格意义上的正式启动，所以也就可暂避开求全责备的批评。

关于侨易个体的研究，可能也是目前的侨易学实践中最为常见的范式，一方面固然是相对简便易行的缘故，另一方面恐也未必不具备举一反三、推而广之的示范功用，就像我一再强调的“个体载像”的意义。这方面我以为若干研究是值得提及的，譬如熊辉讨论徐志摩（1897—1931）人生志向的转变，可能是最初的尝试，他分析个体所经历的区域侨易、都市位移乃至不同的双边侨易（中国到美国、美国到英国），颇为准确地把握到若干重要节点，但如何观侨取象以展现

① 参见杨慧林：《序言：“侨—易”与 *la corrélation* 之间的相反与相成——叶隽〈构序与取象：侨易学的方法〉读后》，载叶隽：《构序与取象：侨易学的方法》，杭州：浙江教育出版社，2021年。

出一幅较为完整的生命侨易史，可以拓展的空间显然很大。[①]后来的研究，无论在学科分布还是对象选择上都有所推进，譬如林晓雯研究胡适留美时代的若干文本，提炼出“爱国主义情怀的世界主义者”，涉及的已不仅是个体“物质位移”与“精神质变”的关系，更有民族主义—世界主义的观念侨易过程，以及介于此间的留学生的“文化使命感”的定位问题。[②]周勇研究梁启超（1873—1929）的教育改革行动，认为其深受“侨易”经历影响，进而梳理在国内外不同的侨易节点，尤其注重城市文化空间的重要性，颇有启人思路处；[③]也有研究外国对象的，譬如何蓉研究韦伯（Weber，Max，1864—1920）的1904年美国之行及其影响，聚焦为“行走之思”，这种将事件史与考察行旅相结合，进而分析其在学者个体思想史、社会学学科史、德美双边学术交流史上的意义，其实是很有开拓性与示范意义的。[④]此类研究颇多，不再一一列举。

总体而言，由象见道是学者的高端追求，以小见大同样是必不可

① 熊辉：《从侨易学的角度审视徐志摩人生志向的转变》，载《江苏师范大学学报》（哲学社会科学版），2014年第4期。

② 林晓雯：《爱国主义情怀的世界主义者——留美青年胡适的侨易之旅》，载《江苏师范大学学报》（哲学社会科学版），2017年第4期。

③ 周勇：《梁启超的教育改革行动及演变——以“侨易”经历为中心》，载《清华大学教育研究》，2017年第1期。

④ 何蓉：《行走之思：作为侨易个案的1904年韦伯美国之行及其影响》，载《江苏师范大学学报》（哲学社会科学版），2016年第6期。另可参见徐显静：《伦道夫·斯托道家思想的侨易解读》，载《江苏师范大学学报》（哲学社会科学版），2015年第2期。卢婧：《多丽丝·莱辛“非洲小说”中的文化焦虑》，载《英美文学研究论丛》第33辑，上海：上海外语教育出版社，2006年。

少的策略，但如何在两者之间嫁接起较可操作的路径，则是考验研究者的学养、眼光与学力的综合工程了，非一言可以蔽之。关于侨易群体、侨易共同体，乔国强教授讨论了犹太移民到达美国后所经历的“第一次冲击”，以及他们在与美国本身的“互动”中所发生的“易变”，其中包括美国犹太作家的移民经历及其作品，也借此尝试对侨易学理论进行颇为深入的阐释。[①]但这类研究显然还很少，有待继续尝试。当然在我看来，比较理想的状态自然是能做出专门性的研究，甚至是需要以较大篇幅、较长时间、较深学力进行综合研究的，譬如我目前在尝试的留德学人群体研究，就是试图以若干核心个体（十余人）的分点尝试，再进行子集组合的迈向侨易共同体的路径。不过工作量相当之大，需要缓步推进。

不过我想强调的是，无论是“个体载像”，还是“由象见道”，宏大的关怀不可没有，但在具体研究中仍是要脚踏实地，具体来说，就是不能忘记基本的问题意识，始终以问题贯穿研究过程，以对新材料的发现逼出新问题的产生，再推动新观念、新思想的形成。按照梅耶（Meyer，Michel，1950— ）的说法就是：“问题学的基石可以回答思想界的基本挑战。如何在新的基础上，更新和扩展由于种种历史的原因至今不曾被怀疑的思想呢？如何恢复哲学探索中的统一性并超越分析哲学的破碎性呢，倘若不是提供人与自我、与其他人、与世界之关

① 乔国强：《试谈美国犹太移民与犹太文学中的“侨易”》，载《江苏师范大学学报》（哲社版），2015年第4期，第20–29页。

系中的重大问题的某种整合性的观念又是什么呢？”[①]这或许不仅是哲学研究需要拓展的命题，甚至也不仅是思想界的问题意识，而是涉及更为广泛的知识探索领域，其实这里未曾明言却已隐约可见的是对“归一”的寻求，无论是对“破碎性”的自觉超越，还是对“统一性”的回归意识，乃至对“整合性”的承汇融创，都归结到观念出新的诉求，在我看来，则是追寻观念侨易的必由之路。侨易个体的研究必然追溯到观念侨易的形成，实际上在侨易的自我侨易之中主体是在被不断消解的，这也就自然倒逼我们追向问题之大本大源，或许就是屈原的天问：“遂古之初，谁传道之？上下未形，何由考之？冥昭瞢暗，谁能极之？冯翼惟象，何以识之？”（《天问》）换了另类的思维模式就是：“人类的诸知识，在其某些领域或阶段时常为一些难以丢弃的问题所困扰，然而赖以提出问题的概念本身却不具备原则上的真实性。视域的局限常使人将习以为常误作不言自明。然而每当人们试图确定这些概念的意义，或凭借它们建立某种原则时，它们貌似清晰的轮廓就会崩解，其边界就像沙丘的边沿般消失，其意义也如沙丘般随风而动，仿佛‘一切坚固的事物皆烟消云散’。”[②]有“烟消云散”的面相，就同样有“积沙成塔”的过程，我们需要有解构的能力，同样也不能忘却建构的使命。

---

① 〔比〕米歇尔·梅耶：《如何思考实在？》，史忠义译，沈阳：辽宁人民出版社，2017年，第103-104页。

② 巫怀宇：《大地上的尺规——关于诸“美”与诸“艺术”的哲学研究》，载《诗书画》，2017年第4期，第114页。

博德（Boeder，Heribert，1928—2013）说：“在概念理性降而为解释学的理性的地方，也就是在时代原则没落之处，世界理性的省思接过了第一这个位置，它作为末世的省思与技术理性相分离，但是关系到技术理性。至于现代之内的第一哲学，那里，对于哲学为本质性的承认和赞同沉沦于体验。承认和赞同体验，这毫无意义，一种先行或者追加的体验同样毫无意义。历史葬身于体验。末世的理性才从这种状态里解脱出来，它从概念理性那里继承了思想的品级。就这样，末世理性打破了技术理性的优先地位，把后者理解为‘人为制作的（machenschaftliche）’。技术理性没有被理解为一种理性形态的坚实性。于是思想一直也缺少泰然自若的态度。这种泰然随着三种理性形态的划分才可能，但是完成这种区分却不在现代本身的思想中。海德格尔的泰然仍是虚构的，原因是它从本质上关系到经受住技术本质（的命运）的将来。”[①]是否存在“第一哲学”之类的宏大命题，不妨暂且搁置，但这里的提问方式是有价值的，即“世界理性”是需要承担者的，不管是末世省思还是末世理性，无论是概念理性还是技术理性，或者是解释学理性，思想本身的品质是永恒存在的，至于被贴上何种标签，只不过是人类作为天假之手的游戏而已，所以最重要的还是：“回到思的当下使命：不再是世界的区分，而是语言的区分。在语言这里，不仅有必要解脱在无序的理性中的语言和世界的纠缠，而

① 〔德〕贺伯特·博德：《通往当下思想的路》，戴晖译，载《江海学刊》，2007年第6期，第18页。

且必须解脱在结构主义思想方式中的语言和历史的纠缠。”[①]在这里，博德强调的虽是“思的使命”，但其实也同样牵涉到“诗的问题”，因为说到底“思”是共通的（无论是哲思、学思还是诗思，甚至是科学之思、技术之思），而且其根本在于语言（也无论是何种语言或是通过翻译达致的世界语言）。所以，我们选择侨易学的思维，在某种意义上也不妨视为选择世界理性的语言方式，我们所选择的语言，或许正是一种可以超越既往窠臼、开辟探索途径、展现宇宙新图的有益尝试。而侨易个体的进路，则无疑更加具体而显示直接，可行而便于操作，当然在这样一种学术轻骑兵的捷径中，我们始终不能忘却“个体载像”的功能，有着更为宏大的群体与共同体观照与诉求，甚至具备“天地都在我心中”的审美通观。我们应当意识到，“两百年来，人类的生活世界、科学技术与心智皆经历了千古未有的大变局；当今世界仍处于这一变化中。然而在最初的断裂中，真正的思想家们已能作出原则上的区分。现代之初，诸思想可谓‘百家众技，皆有所长，时有所用’，却难免‘道术为天下裂’”[②]。道术相裂终有时，大道元一观

① 〔德〕贺伯特·博德：《通往当下思想的路》，戴晖译，载《江海学刊》，2007年第6期，第18页。关于博德的著作，可参考Boeder, Heribert: *Grund und Gegenwart als Frageziel der früh-griechischen Philosophie*. Den Haag: Nijhoff, 1962. Boeder, Heribert: *Die Installationen der Submoderne: zur Tektonik der heutigen Philosophie*. Würzburg: Königshausen & Neumann, 2006. Boeder, Heribert: *Das Vernunft-Gefüge der Moderne*. Freiburg & München: Alber, 1988. Boeder, Heribert: *Topologie der Metaphysik*. Freiburg & München: Alber, 1980.

② 巫怀宇：《大地上的尺规——历史科学与艺术的现代哲学剖析》，上海：上海文艺出版社，2021年，第211页。

侨易，而其分合变常之道或许正在研究者（探索者、求知者、寻道者）的脚下！所以，对于学者来说，必须有所选择，有所持守，不仅是在学术策略层面的进退趋避，也包括了学术伦理的原则衡定，正如有论者所言："不逐骛时髦，意味着研究者不论在理论倾向、思想方法或者是选题上都保持一种独立与清醒，都自觉地与那些学术时尚保持距离，也就是自觉地将研究者自身置于一种边缘的状态。自然，用经济学的术语来说，这种对学术潮流自觉保持疏离甚至是拒斥态度必然会使一个学者承受巨大的机会成本，这些机会成本包括一个正常的人所必然欲求的个人财富、公众知名度与社会地位。而且在很多时候，一个自觉疏离于社会主流思潮或学术潮流从而维护了科学工作者的学术独立与自尊的学者，还必须忍受长时间的孤独，忍受不被人理解、没有同伴和追随者的痛苦。可是从长远来看，这种孤独和痛苦，不正是一个科学工作者荣耀的起点与象征吗？不恰恰是一个学者从内心真正的良知出发、从理性出发而通向真理殿堂必然经过的荆棘道路吗？我们应该相信，在那个真理的殿堂之中，所有的荆棘将会成为荣耀的冠冕。"[①]这是当代学者在被功利思潮席卷甚至泥沙俱下的大时代语境中发出的理性有度之声音，是对学者守持学术伦理的清醒表述，是后来者可以持之以为精神支撑的思想资源。

① 《论学者、科学精神与人文关怀——大学杂谈之三》，载王曙光：《燕园夜札——仰望便是幸福》，北京：东方出版社，2008年，第204-205页。

第一章

作为侨易个体的萨义德及其理论形成

一、作为精神质变的萨义德理论建构："东方主义"与"理论旅行"

作为一代理论大家和知识精英，萨义德（Said，Edward W.，1935—2003）显然有非常明确的跨越文化与语言的自觉意识与反思冲动，他回忆说："我总是想方设法不仅翻译我在一个遥远环境里的经验，也翻译我在另一种语言中的经验。人人都在一种特定的语言中生活；因为每个人的经验都是在那种语言中产生、被吸收及被回忆。我生命中最基本的分裂，是阿拉伯语和英语之间的分裂，一个是我的母语，一个是我受教育及后来治学与教学所用的表达语言。用一种语言叙述发生于另一语言中的故事，是一件复杂的工作，至于我好几种语言纷杂并用，在好几个领域中出入来去，其复杂尤不待言。"[①]在这里即便是一个个体身上，那种二元分裂的关系也赫然展现。这种分裂不仅是语言上的，在阿拉伯语与英语之间，而且也是地理上的，阿拉伯

① 《前言》，载〔美〕爱德华·W.萨义德：《格格不入——萨义德回忆录》，彭淮栋译，北京：生活·读书·新知三联书店，2004年，第4页。

地区和美国，更是文化心理上的，在阿拉伯文化和美国文化之间。萨义德表述出的是最直接的、最关键的文化现象，就是语言。语言是一种可以明确表达出的区分，它既是我们表述的工具，同时也是规训我们表述、行动和思考的工具。这种双重性特征，是特别应当重视的。

萨义德当然是个大学者，他的学术贡献诸多[①]，这里特别想提及的是两种理论建构，一是具体的“东方主义”，一是“理论旅行”，相比较前者的系统阐述，后者显然只是蜻蜓点水。其核心则是“东方主义”，可以认为是“主概念”，因为这个概念几乎成了萨义德在学术界的代名词，只要提到这个概念，人们自然而然就想起了它的创造者萨义德，这就如同“交往行动理论”之于哈贝马斯、“权力话语”之于福柯、“解构”之于德里达、“场域”之于布迪厄，是具有标示性意义的；而且衍生出后来诸多的子概念，譬如“西方主义”“汉学主义”等，也是饶有趣味；而“理论旅行”相对而言只是一个“辅概念”，因为并未得到萨氏本人的重点阐释，但其影响不可低估，甚至一点都不比前者差，因学术界的广泛征引而大有洛阳纸贵之意。

但这里想强调的是，任何一种理论，都不是无本之木、无源之水，而是有其水到渠成的自然发展过程的。如果我们认为以这两种理

① 有论者从三个方面概括了萨义德的主要研究领域：“第一，他的两部重要著作《东方学》和《文化与帝国主义》，在殖民和后殖民主义语境下考察了东西方关系。第二，他直接关注中东巴勒斯坦地区和巴勒斯坦人的处境，又关注有关阿拉伯—伊斯兰世界及其与西方的关系，以及它在西方内部所得到的而且是被西方所赋予的那种表述等重大问题。第三，他花费了大量的时间和精力来阐述当今世界知识分子所扮演的角色和所肩负的职责。”〔英〕瓦莱丽·肯尼迪：《萨义德》，李自修译，南京：江苏人民出版社，2006年，第1页。

论观点的表述为代表，萨义德完成了重要的精神质变，它可以被视作为一种侨易现象的话，那么我们要追问的自然就是这种侨易现象是如何形成的？

虽出版于1978年，但按照萨氏自己的说法，《东方主义》一书大部分完成于1975至1976年①，总体来说，是1970年代中后期的产物。萨义德斩钉截铁地说："东方并非一种惰性的自然存在。"（the Orient is not a inert fact of nature.）②因为在他看来，"作为一个地理的和文化的——更不用说历史的——实体，'东方'和'西方'这样的地方和地理区域都是人为建构起来的。因此，像'西方'一样，'东方'这一观念有着自身的历史以及思维、意象和词汇传统，正是这一历史与传统使其能够与'西方'相对峙而存在，并且为'西方'而存在。因此，这两个地理实际上是相互支持并且在一定程度上相互反映对方

① "Acknowledgements", in Said, Edward W.: *Orientalism*. New York: Vintage Books. 1979. p. xi.

② Said, Edward W.: *Orientalism*. New York：Vintage Books. 1979. p.4. 与中译本略有出入，参见〔美〕爱德华·W.萨义德：《东方学》，王宇根译，北京：生活·读书·新知三联书店，1999年，第6页。

的。”[①]他显然更多地受到福柯权力话语的影响[②]，将“东方主义”归结为西方的一种权力话语形式。他的这种阐释无疑是有力的：

东方学的含义一直摇摆于其学术含义与上述或多或少出自想像的含义二者之间，18世纪晚期以来，这两种含义之间存正着明显的、小心翼翼的——也许甚至是受到严格控制的——交合。接下来我要谈的是东方学的第三个含义，与前面两个含义相比，这一含义更多地是从历史的和物质的角度进行界定的。如果将18世纪晚期作为对其进行粗略界定的出发点，我们可以将东方学描述为通过做出与东方有关的陈述，对有关东方的观点进行权威裁断，对东方进行描述、教授、殖民、统治等方式来处理东方的一种机制：简言之，将东方学视为西方用以控制、重建和君临东方的一种方式。我发现，福柯（Foucault，

---

① 英文为：“as both geographical and cultural entities——to say nothing of historical entities such locales, regions, geographical sectors as ‘Orient’ and ‘Occident’ are man-made. Therefore as much as the West itself, the Orient is an idea that has a history and a tradition of thought, imagery, and vocabulary that have given it reality and presence in and for the west. The two geographical entities thus support and to an extent reflect each other. ” Said, Edward W.: *Orientalism*. New York: Vintage Books. 1979. p.5.〔美〕爱德华·W.萨义德：《东方学》，王宇根译，北京：生活·读书·新知三联书店，1999年，第6–7页。

② 有论者指出萨义德的理论来源及其问题，认为其“试图把福柯、葛兰西和西方人道主义的某些特点调和起来的过程中，也出现了其他的问题”。但同时也强调：“对萨义德而言，福柯或许是最重要的、单一的理论源泉。倘若没有福柯关于话语和话语构成的概念，关于权力和知识的关系的讨论，关于表述总是受到它所寓于其内的权力体系的影响的观点，萨义德的研究将是无法想象的。”〔英〕瓦莱丽·肯尼迪：《萨义德》，李自修译，南京：江苏人民出版社，2006年，第22、27页。

Michel）在其《知识考古学》（*The Archaeology of Knowledge*）和《规训与惩罚》（*Discipline and Punishment*）中所描述的话语（discourse）观念对我们确认东方学的身份很有用。我的意思是，如果不将东方学作为一种话语来考察的话，我们就不可能很好地理解这一具有庞大体系的学科，而在后启蒙（post-Enlightenment）时期，欧洲文化正是通过这一学科以政治的、社会学的、军事的、意识形态的、科学的以及想像的方式来处理——甚至创造——东方的。而且，由于东方学占据着如此权威的位置，我相信没有哪个书写、思考或实际影响东方的人可以不考虑东方学对其思想和行动的制约。简言之，正是由于东方学，东方过去不是（现在也不是）一个思想与行动的自由主体。这并不是说东方学单方面地决定着有关东方的话语，而是说每当‘东方’这一特殊的实体出现问题时，与其发生牵连的整个关系网络都不可避免地会被激活。本书力图显明这一过程是如何发生的。同时也力图表明，欧洲文化是如何从作为一种替代物甚至是一种潜在自我的东方获得其力量和自我身份的。[①]

正是这样的阐释，在当时的西方学术语境中颇有石破天惊逗秋雨的感觉，使得其迅速成为后殖民批评的标志性著作，后来者如斯皮瓦

---

① 英文为："The interchange between the academic and the more or less imaginative meanings of Orientalism is a constant one, and since the late eighteenth century there has been a considerable, quite disciplined—perhaps even regulated—traffic between the two. Here I come to the third meaning of Orientalism, which is something more historically and materially defined than either of the other two. Taking the late eighteenth century as a very roughly defined starting point Orientalism can be discussed and analyzed as the corporate institution for dealing with the Orient—dealing with it by making statements about it, authorizing views of it, describing it, by teaching it, settling it, ruling over it: in short, Orientalism as a Western style for dominating, restructuring, and having authority over the Orient. I have found it useful here to employ Michel Foucault's notion of a discourse, as described by him in The Archaeology of Knowledge and in Discipline and Punish, to identify Orientalism. My contention is that without examining Orientalism as a discourse one cannot possibly understand the enormously systematic discipline by which European culture was able to manage—and even produce—the Orient politically, sociologically, militarily, ideologically, scientifically, and imaginatively during the post-Enlightenment period. Moreover, so authoritative a position did Orientalism have that I believe no one writing, thinking, or acting on the Orient could do so without taking account of the limitations on thought and action imposed by Orientalism. In brief, because of Orientalism the Orient was not （and is not） a free subject of thought or action. This is not to say that Orientalism unilaterally determines what can be said about the Orient, but that it is the whole network of interests inevitably brought to bear on （and therefore always involved in） any occasion when that peculiar entity 'the Orient' is in question. How this happens is what this booktries to demonstrate. It also tries to show that European culture gained in strength and identity by setting itself off against the Orient as a sort of surrogate and even underground self." Said, Edward W.: Orientalism. New York: Vintage Books. 1979. p.3.〔美〕爱德华·W.萨义德：《东方学》，王宇根译，北京：生活·读书·新知三联书店，1999年，第4–5页。

克（Spivak，Gayatri C.，1942— ）、霍米巴巴（Bhabha，Homi K.，1949— ）、杨恩（Young，Robert J.C.，1950— ）等均高度赞赏并公认其开创了新的学术领域。[①]

而“理论旅行”的观念则发表于稍后的1982年[②]，仅以论文方式出现，但这并不排除萨氏将理论旅行也进行模式化建构的尝试，他认为“任何理论或者观念的旅行方式都需要经历三四个步骤”，具体言之：“第一，需要有一个源点或者类似源点的东西，即观念赖以在其中生发并进入话语的一系列发轫的境况。第二，当观念从以前某一点移向它将在其中重新凸显的另一时空时，需要有一段横向距离，一条穿过形形色色语境压力的途径。第三，需要具备一系列条件——姑且可以把它们称为接受条件，或者，作为接受的必然部分，把它们称为各种抵抗条件——然后，这一系列条件再去面对这种移植过来的理论或观念，使之可能引进或者得到容忍，而无论它看起来可能多么地不相容。第四，现在全部（或者部分）得到容纳（或者融合）的观念，就在一个新的时空里由它的新用途、新位置使之发生某种程度的改变

① 参见赵稀方：《后殖民理论》，北京：北京大学出版社，2009年，第45页。

② 需要明确的是，《旅行的理论》（*Traveling Theory*）一文最早于1982年发表于文学评论季刊《拉里坦》（*Raritan: A Quarterly Review*）第1卷第3期上，后于1983年收入文集《世界、文本与批评家》（*The World, the Text, and the Critic*），可参考Said, Edward W.: *The World, the Text, and the Critic*. Cambridge: Harvard University Press, 1983.

了。”[①]显然，通过这样的抽象归纳，“理论旅行”体现出一种模式化的抽象方法论价值，因为我们可以看到在具体分析中，萨义德借助若干理论家的代表作，来呈现一种理论旅行状态的描述与分析，具体来说就是：卢卡奇（Lukács，George，1885—1971）《历史与阶级意识》（*History and Class Consciousness*，1923）、戈德曼（Goldmann，Lucien，1913—1970）《隐蔽的上帝》（*The Hidden God*，1956）、威廉斯（Williams，Raymond Henry，1921—1988）《文化与社会:1780—1950》（*Culture and Society*：1780—1950，1958）等，并适当考察了彼此间的承继关系；日后，他又适当修正，有“理论旅行再思考”（*Traveling Theory Reconsidered*，1994）一文，进一步指出了某种理论在新的政治和社会语境中可被重新解释并获得活力的可能性，具体举例则为卢卡奇—阿多诺（Adorno，Theodor W.，1903—1969）至法农（Fanon，

---

① 英语为：“First, there is a point of origin, or what seems like one, a set of initial circumstances in which the idea came to birth or entered discourse. Second, there is a distance transverse, a passage through the pressure of various contexts as the idea moved from an earlier point to another time and place, where it will come into a new prominence. Third, there is a set of conditions-call them conditions of acceptance or, as an inevitable part of acceptance, resistances - which then confronts the transplanted theory or idea, making possible its introduction or toleration, however alien it might appear to be. Fourth, the now full （or partly） accommodated （or incorporated） idea is to some extent transformed by its new uses, its new position in a new time and place.” “Traveling Theory”, in Said, Edward Waefie: *The World, the Text, and the Critic*. Cambridge, Mass.: Harvard University Press, 1983. p.226-227.《旅行中的理论》，载〔美〕爱德华·W.萨义德：《世界·文本·批评家》，李自修译，北京：生活·读书·新知三联书店，2009年，第401页。

Frantz，1925—1981）的线索。[1]我们可以将这些实证性案例与萨义德的理论相对照，即“各种观念和理论也在人与人、境域与境域，以及时代与时代之间旅行”[2]。他特别指出，此类的观念和理论在不同类文化间的转移情形尤其值得关注。“文化和智识生活通常就是由观念的这种流通所滋养，往往也是由此得到维系的，而且，无论流通所采用的形式是世所公认的或者是无意识的影响、创造性借用，还是大规模的挪用形式，观念和理论由一地到另一地的运动，既是活生生的事实，又是使智识活动成为可能的一个不无用途的条件。”[3]其实不仅是文化生活，对于政治生活、经济生活，恐怕都脱离不了观念的制约。对观念（含理论）的重视，确实是独具慧眼的。可就总体上看，萨义

① Said, Edward Waefie: “Traveling Theory Reconsidered”, in Bayoumi, Moustafa and Rubineds, Andrew （ed.）: *The Edward Said Reader*. New York: Vintage Books, 2000. p. 195.

② 英语为：“Like people and schools of criticism, ideas and theories travel-from person to person, from situation to situation, from one period to another.” “Traveling Theory”, in Said, Edward Waefie: *The World, the Text, and the Critic*. Cambridge, Mass.: Harvard University Press, 1983. p. 226.《旅行中的理论》，载〔美〕爱德华·W.萨义德：《世界·文本·批评家》，李自修译，北京：生活·读书·新知三联书店，2009年，第400页。

③ 英语为：“Cultural and intellectual life are usually nourished and often sustained by this circulation of ideas, and whether it takes form of acknowledged or unconscious influence, creative borrowing, or wholesale appropriation, the movement of ideas and theories from one to another is both a fact of life and a usefully enabling condition of intellectual activity.” “Traveling Theory”, in Said, Edward Waefie: *The World, the Text, and the Critic*. Cambridge, Mass.: Harvard University Press, 1983. p.226.《旅行中的理论》，载〔美〕爱德华·W.萨义德：《世界·文本·批评家》，李自修译，北京：生活·读书·新知三联书店，2009年，第400页。

德其实并没有完整构建出一套“理论旅行”的理论框架，所做的实证研究也非常有限，所以还谈不上成功的方法论运用。但毕竟，“理论旅行”概念极为敏锐地关涉人类思想史乃至社会史进程中的重大现象并提供了一个初步思考的方案，其意义极其重大。

所以，无论这两个概念受到多少批评或批判，都无可否认的是，它们的学术史意义不可替代，其“变创”意义极为重要。从时间上看，《东方主义》一书出版于1978年，诚如瓦莱丽·肯尼迪（Kennedy，Valerie）指出的那样：“在英美学术的语境下，无论怎样估价《东方学》对英语文学研究的意义都几乎不可能过分。1978年问世的这部著作，为到那时为止对政治和经济现实仍然封闭着的文学研究引进了一种全球视角。”[①]而罗宾斯（Robins，Bruce，1948—　）对“理论旅行”的意义揭示得更明白：“如果说旅行——这里指把理论从欧洲的语境中抽出，重新植入美国的学院语境之中——是危险的，那么旅行也同样属于针对文化的扎根性而持续进行的争辩，它把背井离乡、无根的批评家说成是对立性的人物。安定、舒适、墨守成规的地方主义决不是赛义德的特点，因为这种地方主义会把解释局限于它的原始语境。”[②]而我想补充的是，在萨义德个体的学术史上，这两个重要的理论概念的提出并非彼此道殊，而是密切相关；无论是从时间上

① 〔英〕瓦莱丽·肯尼迪：《萨义德》，李自修译，南京：江苏人民出版社，2006年，第15页。

② 〔美〕布鲁斯·罗宾斯：《全球化中的知识左派》，徐晓雯译，北京：中国社会科学出版社，2000年，第199-200页。

的前后承接，还是学域内容的相互衔接，都有其内在学术脉络，值得关注。当然在我看来，就理论阐释的空间拓展而言，其实后者远过于前者，只不过萨氏本不是一个以理论家自居且刻意建构理论的人，所以虽有修补，但却未及对后者充分阐释，这是遗憾的。尽管如此，这并不妨碍我们将萨氏的理论创发作为一种侨易现象，细细考察其前世今生和成败得失。

二、观侨取象与察变寻异

萨义德的侨易过程是有趣的，按照他自己的说法："语言之外，地理：尤其在离乡背井的离去、抵达、告别、流亡、怀旧、思乡、归属及旅行本身出现的地理：也是我早年记忆的核心。我生活过的每个地方：耶路撒冷、开罗、黎巴嫩、美国，都是一套复杂、密致的网，是我成长、获得身份、形成自我意识与对他人的意识的非常重要的部分。在每个地方，学校都占重要位置。"[①]在这里，萨氏已明确交待出他的地理位移的主要坐标空间，即中东—美国，当然在中东涉及的地理更复杂些，包括了（也是诸文化区交汇处的）耶路撒冷、开罗、黎巴嫩。这样一种地理位置的变化，对一个个体来说究竟意味着什么？对于他所连接的异质文化体来说又意味着什么？人不是一般动物，更非静态的器物，或伴静实动的植物，而是活生生、有血有肉、有思

① 《前言》，载〔美〕爱德华·W.萨义德：《格格不入——萨义德回忆录》，彭淮栋译，北京：生活·读书·新知三联书店，2004年，第4页。

想、有感情的万物灵长。所以考察萨义德的侨易过程是很有其标本意义的。

有学者明确指出，“萨义德‘有幸’接受西方的精英教育（中东的殖民地外国学校教育和美国常春藤盟校教育），对于西方的文学和音乐都有精湛的造诣”[①]，这里指涉的两重背景，即不仅有留学美国一流大学而达致的“规训成才”，更有留学之前接受教育阶段的“本土预备”，而两者不约而同都指向教育过程。按照布迪厄（Bourdieu，Pierre，1930—2002）的理论，正是教育可以使人从本质上改变出身。[②]确实，教育无疑是很核心的环节，印之以萨氏的夫子自道，也符合若节。但如何在这种异文化交织的教育机构中来获得知识和修养的过程则更为有趣，按照萨氏的说法：

我在哈佛研究所念文学的五年（一九五八至六三），就其正式教育而言，在智识上是普林斯顿的延续。传统的历史理路与苍白的形式主义控制着那些文学教授，因此我研读学位的必修课程，除了一个时期接一个时期直到二十世纪之外，没有另辟境界的可能。我记得我时复一时、日复一日、周复一周读书，既多且杂，而教授讲课对这些阅

① 单德兴：《报道·掩饰·揭露——东西二元对立及其不满》，载〔美〕爱德华·萨义德：《报道伊斯兰——媒体与专家如何决定我们观看世界其他地方的方式》，阎纪宇译，上海：上海译文出版社，2009年，第11页。

② 虽然，布迪厄更多地会强调教育再生产本质乃是社会阶级关系的再生产，亦即强化而非消除文化资本的不平等。参见朱国华：《权力的文化逻辑》，上海：上海三联书店，2004年，第88页。但不可否认的是，现有的教育再生产程序仍为在一定限度上突破这种固定模式提供了合法可能性，他本人的经历就是一个很好的例子。

读并无可观的增益，他们对学生的期望也乏善可陈。学生大都消极被动，一片滞静之中几乎水波不兴，也许是因为没有智识上的榜样来为我们的死读注入生气，我们都觉得格格不入，或者在这建制中很不舒服。①

如此看来，赫赫有名的美国顶级学府也就不过如此，如果考虑到此时已是20世纪中期，美国人已经毫无愧色地居于世界学术场域中心，那么这种评价的批评分量可能就更重了。关于哈佛大学，自然让我们想起陈寅恪的类似经验。1924年时，赵元任（1892—1982）想辞去哈佛大学的教职，美国人提的条件是要他找到“相当资格的人来代替”，并暗示说：“找陈寅恪如何？”当其时也，陈寅恪已由美转德，留学于柏林大学，他在接到赵元任的来函后，如此回复：“我不想再到哈佛，我对美国留恋的只是波士顿中国饭馆醉香楼的龙虾。”②无独有偶，当年的国际汉学领军人物伯希和（Pelliot，Paul，1878—1945）则拒绝哈佛大学的邀请，表达出谁会去哈佛那样的穷乡僻壤的意思。③从萨义德的表述看来，至少哈佛大学的教学并未有本质上的改

① ［美］爱德华·W.萨义德：《格格不入——萨义德回忆录》，彭淮栋译，北京：生活·读书·新知三联书店，2004年，第350页。

② 赵元任、杨步伟《忆寅恪》，载钱文忠编：《陈寅恪印象》，上海：学林出版社，1997年，第17页。这个醉香楼在吴宓1919年8月22日的日记里有记载：“午后四时，陈君招至醉香楼吃饭。”参见吴宓：《吴宓日记》第2册，北京：生活·读书·新知三联书店，1998年，第56页。

③ ［美］费正清：《费正清对华回忆录》，陆慧勤等译，上海：知识出版社，1991年，第112页。

观。他自己则坦陈“自己在智识上的发现都是在体制外自寻而来”，举例说明：“对我最重大的事件是维柯的《新科学》，卢卡奇的《历史与阶级意识》，萨特、海德格尔、梅洛—庞蒂，他们都有助于形成我以康拉德为题的学位论文。”[①]在这里，我们体会到知识寻求的多重路径，尤其是课外的阅读史，很可能至关重要。此处，则有不同渊源的思想资源的出现，即来自日耳曼文化谱系的卢卡奇、海德格尔，来自拉丁文化的法之萨特、梅洛—庞蒂，更为经典的意大利的维柯。但也不能忽略教育体制本身的影响，萨氏似乎过于贬低了学院教育本身的意义[②]，但设想如果没有这样的常规学术训练，萨义德能否在美国学术体制中获得基本的入场券恐怕都成问题，更不用说其他的可能性了。更何况，正是在这一体制中，萨义德获得了课外阅读的自由和空间，寻找到了他进入学术场域的一个适合的入手处，即博士论文的选题。有趣的是，他的博士论文居然是研究英国文学的一位作家康拉德（Conrad，Joseph，1857—1924）。这里隐现的一种互文关系值得留心。

当然萨氏对康拉德的兴趣恐怕还有一层值得揭出，就是类似的侨易经历，他自己这样说：“我一直觉得跟他（康拉德，笔者注）特别

① 〔美〕爱德华·W.萨义德：《格格不入——萨义德回忆录》，彭淮栋译，北京：生活·读书·新知三联书店，2004年，第350页。

② 萨义德对其在普林斯顿大学的求学经验还是有所肯定的：“我置身普林斯顿有毒的社会氛围之中，惟一的解毒剂是埋首勤读勤写。我后来主修的不是文学，而是人文学科，一套奖学金制度使我能兼修音乐、哲学、法文、英文方面的许多课程；这些课程全都系统井然，知识丰富，就阅读而论，令我大为振奋。有两位杰出教授，我毕生受益。”〔美〕爱德华·W.萨义德：《格格不入——萨义德回忆录》，彭淮栋译，北京：生活·读书·新知三联书店，2004年，第334页。

亲近，因为他是波兰人，大约十六岁时离开波兰，曾经在瑞士和法国住过一段时间，学法文，在二十岁左右开始学英文、写英文，而后住在英格兰，成为英国商船的一员，在船上工作了十五年左右，然后在英格兰定居。当他成为作家时，我想是在四十岁左右。他一直是个波兰人；虽然他写得一手上好的英文，但就某个意义来说，他处于英国的中心之外。他有这种奇怪的流亡意识；他总是在自己所写的情境之外，因此我对他有那种亲近感。他看待事情的角度完全不像当时其他任何人。”[①]虽然萨氏否认其对康拉德的兴趣是因为两人大致相同的背景，而认为“他是个伟大的小说家，有些出奇复杂的、深思的、丰富

① 英文为："I've always felt a tremendous affinity with him because he was Polish and left Poland at the age of about sixteen, lived for a time in Switzerland and France, learned French, and at the age of twenty or so, began to write and learn English, and lived in England and became a member of the British merchant Navy, serving on sailing ships for fifteen or so years, and then he settled in England. When he became a writer he was in his forties, I think. He remained a Pole; he was outside the English center, in a sense, although he wrote a marvelous English. He had this strange sort of exilic consciousness; he was always outside any situation he wrote about, and I feel that affinity with him. His angle on things is completely unlike anyone else's in the period." Viswanathan, Gauri （ed.）: *Power, Politics, and Culture: Interviews with Edward W. Said*. New York: Vintage Books. 2002. p.246. 瓦赫特尔（Wachtel, Eleanor）访谈《萨义德：在两个文化之间》(1996)，载〔美〕薇思瓦纳珊（Viswanathan, Gauri）编：《权力、政治与文化——萨义德访谈录》，单德兴译，北京：生活·读书·新知三联书店，2006年，第330页。

的东西使我一直要回到他”[①]。但就其论述来看，他不但对康拉德的侨易经历确实是如数家珍，一清二楚，而且更是深入到对方的内心世界，对其精神特质有非常会心的把握和捕捉。或者更进一步说，这无疑有一种非常深切的“借他人酒杯浇心中块垒”的意义。这里有几点值得揭出，一是身在异国心孤处，二是流亡意识之自觉，三是异质观象独一家。这几点其实印证以萨义德本人的经验，也都若合符节。

萨义德虽然处于美国，长期在一流大学哥伦比亚大学任教，可谓居于中心，也写得一手妙笔生花的英文，但就其内心世界来说，却始终与他身处和寄居之地“格格不入”，是在美国的中心之外的；至于流亡意识，则更不用说，萨义德始终是以一个阿拉伯人（甚至流亡的巴勒斯坦人）的角色而自居的，甚至也是得到美国社会认同的；而那种观察事物的角度和独特眼光，更是凤毛麟角，极少有人能如此鹤立鸡群，这样也才有他独特的理论发明和在知识界掀起的狂风骤雨。但必须指出的是，萨义德的留美经验有其与众不同之处，即更多的是侨居美国。萨义德在1951年，即年仅16岁就“离开开罗，走上我感觉中的‘放逐美国’之路”，赴美学习[②]，也就是说，从中学阶段开始，

---

① 英文为：“He’s a great novelist and there is something astonishingly complex and brooding and rich about him that makes me keep wanting to come back to him.” Viswanathan, Gauri (ed.) : *Power, Politics, and Culture-Interviews with Edward W. Said*. New York: Vintage Books. 2002. p.246. 瓦赫特尔访谈《萨义德：在两个文化之间》(1996)，载〔美〕薇思瓦纳珊编：《权力、政治与文化——萨义德访谈录》，单德兴译，北京：生活·读书·新知三联书店，2006年，第331页。

②〔美〕爱德华·W.萨义德：《格格不入——萨义德回忆录》，彭淮栋译，北京：生活·读书·新知三联书店，2004年，第147页。

他就已经背井离乡，来到异质文化世界，很早就开始了融入过程；最初因为父母的缘故，萨义德是来到纽约，旋即去了赫蒙山学校（Northfield Mount Hermon School）。[①]而本科阶段就读于普林斯顿大学，也需要提及，因为该校位于新泽西州的普林斯顿，是美国著名的私立研究型大学，八大常春藤盟校之一。从1963年起，他由马萨诸塞州剑桥市前往纽约，开始在哥伦比亚大学的学术生涯。所以即便是在美国，他也经历了由纽约—普林斯顿—剑桥—纽约的侨易过程，不可忽视。

所以我们可以说，双边侨易对萨义德有一个质性转折，从伊斯兰文化体进入到以美国为中心的西方文化体，这是关键性的。但具体到他的个体发展过程而言，物质位移虽然导致了一个新的感官世界的展开，但却并没有迅速地导致精神质变的产生，因为对于个体的成长过程来说，他需要一个由青年到成年的发展过程，需要漫长的“渐常”岁月的印证，同时也等待着合适的机遇，需要“变创”时刻乃至突发事件的精神唤醒。萨义德的重大变化是对“权力”的承认和阐释，这一点在“东方主义”概念之后进一步发展为“文化与帝国主义”，他不是在严格学理意义上去追究其渊源和意义，而是将其“致用”的一面更大地发挥出来，他说：“在这第二种意义（指阿诺德的理念，笔者注）上来说，文化成为了一个舞台，各种政治的、意识形态的力量都在这个舞台上较量。文化不但不是一个文雅平静的领地，它甚至可

① 〔美〕爱德华·W.萨义德：《格格不入——萨义德回忆录》，彭淮栋译，北京：生活·读书·新知三联书店，2004年，第276页。

以成为一个战场，各种力量在上面亮相，互相角逐。”[①]这些既与其本身的侨易经验和历史语境密切相关，也反映了某种层面的事实。

三、侨易条件的语境因素：侨易事件的重要性

有论者批评说：“从经历上看，导致萨义德写出《东方主义》一书的直接动因，其实正是由于他作为巴勒斯坦人在美国所受到的歧视。”[②]应该说，此论其实颇为一针见血，揭示出了萨义德理论核心生成的直接原因，这或许并非能摆上台面的理由，但确实很有解释的张力，从心理学的角度来看，一个童年或少年时代并不起眼的小事件却可能对当事者产生终生的影响。[③]萨义德自己后来也说，意识到自己在普林斯顿大学期间“学艺俱缺，踉踉跄跄，而且支离破碎”，解释之，就是一个“阿拉伯人、音乐剧、青年知识分子、孤独寡合的怪人、用功的学生、政治畸零人”的混合体。[④]人生漫漫，个体如雁，谁无单飞落群之际？谁又能不经艰难困境之时？问题在于，如何面对

---

① 〔美〕爱德华·W.萨义德：《文化与帝国主义》，李琨译，北京：生活·读书·新知三联书店，2003年，第4页。

② 论者还进一步提出了“内部殖民”与“外部殖民”的关系问题，参见赵稀方：《后殖民理论》，北京：北京大学出版社，2009年，第12页。

③ 具体可以参见萨义德对其普林斯顿大学期间求学的回忆，〔美〕爱德华·W.萨义德：《格格不入——萨义德回忆录》，彭淮栋译，北京：生活·读书·新知三联书店，2004年，第332–340页。

④ 〔美〕爱德华·W.萨义德：《格格不入——萨义德回忆录》，彭淮栋译，北京：生活·读书·新知三联书店，2004年，第340页。

之？如何将其转换为人生长路的有效资源？陈寅恪以盲目膑足之衰年残躯，而仍有所谓“默念平生，固未尝侮食自矜，曲学阿世，似可告慰友朋”之自我盖棺。[①]这是一种何等的情怀和志节？这种“于无声处听惊雷”的大音希声，正体现出一个知识人可以达致的精神境界。而这也正是萨义德不能成为一个我们言说意义上的“大学者”的主要原因，因为他虽然有着丰富的生命经验与智慧的学术创作，但却不能超越个体及其所属民族共同体的局限，而走向一个更为辽阔的大世界和精神空间，阐发出更大的义理哲言。诚如，布洛赫（Bloch，Marc，1886—1944）所谓“国难当头，谁不感时伤世？草此小书，聊以排遣胸中忧愁”[②]。家国之痛，谁人无之？哪个大学者又真的是能够“两耳不闻窗外事，一心只读圣贤书”？但将其溢于言表抑或压在纸背，却是考验一个学人能否执着学术伦理，坚守学术本位，秉持求真求道为第一原则的试金石。

萨义德很坦率地承认，1967年战争是一个重要转折点，“在那之前我是循规蹈矩的学院人士，做的都是规规矩矩的事——上大学，念

① 《赠蒋秉南序》（1964年），载陈寅恪：《陈寅恪学术文化随笔》，刘桂生、张步洲编，北京：中国青年出版社，1996年，第55页。

② 〔法〕马克·布洛赫：《为历史学辩护》，张和声等译，北京：中国人民大学出版社，2006年，第16页。无独有偶，同时期钱锺书撰《谈艺录》亦称“虽赏析之作，而实忧患之书也”。虽然是在“侍亲率眷，兵罅偷生。如危幕之燕巢，同枯槐之聚蚁”的状态中所作，但决非仅是“托无能之词，遣有涯之日”，既是“销愁舒愤，述往思来”之作，同时更强调“东海西海，心理攸同；南学北学，道术未裂”的基本学术理念。《序》，载钱锺书：《谈艺录》（补订本），北京：中华书局，1984年，第1页。

研究生，获得博士学位，找到一份工作，获得奖助金，写书——然后在1967年，我所知道的那个世界完全分崩离析。以色列人占领了更多的巴勒斯坦，也就是巴勒斯坦的其他部分——西岸和加沙地带——而我突然发觉自己被扯回到那个地区。”[①]这就是一个侨易事件，正如鲁迅因为看到了国人目睹同胞被屠戮而无动于衷的奴隶像而毅然“弃医学文”，那是因为从观念开始发生了惊天动地的大变化，所以导致他人生路径的绝大变化。同样，我们可以说，萨义德的“由学院而广阔世界”的道路发明，也是由现实世界的刺激而来。我们还可以举出的例证，像萨特，像布迪厄，都有类似的由纯粹学院走向开放社会的公共知识分子经验。

要理解1967年的阿以战争，必须回到整个20世纪的现代世界格局形成的大背景中去，这样才能明白其来龙去脉和整体成因。美国霸权是影响20世纪以来世界格局的主要因素，但与以往的殖民帝国不同的是，美国对现代世界的统治权是通过美元霸权的方式来实现的，而美元的重要性则在于其与世界主要能源的价格挂钩，即让美元成为

---

① 英文为：“In my case it was during the 1967 war. I'd been this well-behaved academic; I'd done all the right things-gone to college, gone to graduate school, got a Ph.D., got a job, had fellowships, written books-and then in 1967 the world I knew completely fell apart. More of Palestine, was taken by the Israelis-the West Bank and Gaza-and I suddenly found myself drawn back to the area.” Viswanathan, Gauri（ed.）: *Power, Politics, and Culture: Interviews with Edward W. Said*. New York: Vintage Books. 2002. p.237. 瓦赫特尔访谈《萨义德：在两个文化之间》（1996），载〔美〕薇思瓦纳珊编：《政治、权力与文化——萨义德访谈录》，单德兴译，北京：生活·读书·新知三联书店，2006年，第318页。

国际石油贸易的结算货币的方式以维系其霸主地位。[①]中东战争共爆发过五次（或称阿以战争、以阿战争），乃是指以色列与埃及、叙利亚等周边阿拉伯国家所进行的大规模战争（1948年、1956年、1967年、1973年、1982年）。萨义德这里特别提到的乃是1967年战争，其时以色列借口埃及对其安全构成威胁，乃悍然发动战争。这当然与巴勒斯坦解放组织成立有关，但背后则是美、苏之间的冷战格局和大国博弈，美国借以色列之军力而实现其战略目标是不可忽略的重要推手。面对以色列的强势进攻，阿拉伯国家虽然人多地广，但却基本处于颓势和败局，虽然运用石油禁运作为武器，但内部也纠纷歧异甚多，终究无法与对手抗衡；而首当其冲遭殃的自然是与以色列直面为邻的巴勒斯坦人。

此前的萨义德，他的阿拉伯意识其实是未被唤醒的，而我们如果细考其早年在中东地区接受教育状况，其实与阿拉伯文化关系也不甚密。但此事不同，通过近乎天翻地覆的方式给他以极其强烈的精神震撼，他的“文化归属意识”完全被打开了闸门，“我开始要自己适应我的历史中那些多少被压抑或排斥的部分，也就是有关阿拉伯的部

① 参见李若晶：《失衡的依赖——美国对中东石油外交的国际政治经济学解读（1945—1975）》，北京：中国社会科学出版社，2012年。尹斌：《软实力外交：欧盟的中东政策》，北京：光明日报出版社，2010年。朱小莉：《国际战略视野中的中东》，北京：世界知识出版社，2010年。哈全安：《中东史（610—2000）》，天津：天津人民出版社，2010年。

分”[①]。这一点自述至关重要，因为在常态语境中作为阿拉伯人的那种文化意识其实是被压抑的，甚至是一种不自觉的自然压抑，然而因为外在事件的突发性和震撼性，它所重醒爆发出来的能量是惊人的。在萨义德，就是远远超出了一个个体的能量，而展化为一种当量级的文化软实力。那么他做了些什么呢？以下自述的这些经验对于日后的理论产生而言绝非可有可无：

我开始更常回中东；我在中东和一位中东女子结婚；然后在1972至1973年休假的那一年，我待在贝鲁特，而且这辈子头一次有系统地研习阿拉伯历史语言学和阿拉伯传统的经典。那时巴勒斯坦运动和约旦人之间发生了悲惨的冲突。因为我的家族许多住在约旦，所以1970年我到安曼探访亲戚。我在那里的时候，看到一些我的大学朋友，他们是巴勒斯坦人，回去加入那个运动。在那里看到他们，而且知道他们也介入其中，给了我很大的震撼。渐渐地，在那个运动移到贝鲁特之后——1970年代，我的家人住在贝鲁特——我就愈来愈介入了巴勒斯坦斗争的政治。那自然激发了我对一些议题的兴趣，如：流离失所，流亡，争取人权的政治斗争，努力去表达无法表达的事物，以及

① 英文为：“So I started to accommodate myself to the somewhat repressed or suppressed part of my history which was Arab.” Viswanathan, Gauri（ed.）: *Power, Politics, and Culture-Interviews with Edward W. Said*. New York: Vintage Books. 2002. p.237. 瓦赫特尔访谈《萨义德：在两个文化之间》（1996），载〔美〕薇思瓦纳珊编：《政治、权力与文化——萨义德访谈录》，单德兴译，北京：生活·读书·新知三联书店，2006年，第318页。

从那时起就一直塑造我的作品的一整套事情。我的《东方学》那本书其实来自那个经验。[①]

这段追述相当重要，因为它清楚地呈现了萨义德作为侨易个体的侨易行动的方方面面。一是常规返乡，其实萨义德因为其家庭缘故，早年就有条件在中东和美国之间经常旅行，但此前更多是不自觉的，但在经历此侨易事件之后变成一种自觉的行为模式，带有更多的"文化自觉"色彩，这点极为重要；二是人脉纽带，对于漂泊的异乡人来说，其与故乡的牵连更多地表现为亲缘纽带，而此中又以婚姻为突出，作为亲密方式的家庭二元结构，夫妻关系居于核心地位，虽然萨

① 英文为："I started to go back to the Middle East more often; I got married in the Middle East to a Middle Eastern Woman; and then in 1972-73 I took a sabbatical year in Beirut, and for the first time in my life undertook a systematic study of Arabic philology and the classics of the Arabic tradition. By that time the Palestinian movement had been involved in a catastrophic clash with the Jordanians. Because a lot of my family lived in Jordan, I had been in Amman visiting relatives in 1970. When I was there I saw some friends of mine from college, Palestinians, who had gone back and joined the movement. It was quite a shock to see them there and realize that they, too, had gotten involved. Gradually, after the movement moved to Beirut-my family lived in Beirut by that time, in the seventies-I got more and more involved in the politics of the Palestinian struggle. That naturally honed my interest in issues of dispossession, exile, the political struggle for human rights, the struggle to express what is inexpressible, and a whole set of things that since that time have molded my work. My Book *Orientalism* really came out of that experience. " Viswanathan, Gauri （ed.）: *Power, Politics, and Culture: Interviews with Edward W. Said*. New York: Vintage Books. 2002. p.237. 瓦赫特尔访谈《萨义德：在两个文化之间》（1996），载〔美〕薇思瓦纳珊编：《政治、权力与文化——萨义德访谈录》，单德兴译，北京：生活·读书·新知三联书店，2006年，第318页。

义德的婚姻不止一次，可这种关系的建立对于其阿拉伯文化归属感的定位仍是重要的；三是原典重读，对于任何一个民族来说，其文化根基至关重要，无论是多么了不起的人物，也只有在亲自研读原典的过程中，才有可能极为深刻和亲密地寻到自身的民族根脉，寻找到那种血肉相连的文化感觉，这是任何其他方式所不能替代的。作为知识人的萨义德，其系统研读过程，其实也是更深入与自觉地寻根过程。

更重要的是，这一侨易事件导致的后果进一步导致了精神质变的发生。理论观念的产生，并非可以一蹴而就，乃是需要一个长期形成的过程，甚至可以说与具体语境、现实问题乃至创造主体是密切相关的。诚如萨义德自己所言，"即使一个理论的产生也是根植于历史和社会的环境，有时候是很大的危机，因此，要了解理论时，重要的是把它看成是来自一种存在的需要的东西，而不是抽象的东西"[①]。从1967至1978年，用了十年左右的时间，萨义德完成了其理论发覆，"东方主义"与其说是一种书斋里的名山事业，不如说是一种学者应对现实的理想书写。当然，按照萨义德的观点，理论是一种对于现实的回应，但却不应仅是一种简单的现实应对。经过由现实到理论的转换过程，可能发生种种并不完全如意的"话语变形"，诚如萨义德自

① 英文为："even the production of a theory is rooted in historical and social circumstances, sometimes great crises, and therefore, to understand the story, it's not important to see it as a kind of abstract thing but rather to see it as something that emanates from an existential need." Viswanathan, Gauri（ed.）: *Power, Politics, and Culture: Interviews with Edward W. Said*. New York：Vintage Books. 2002. p.266. 薇思瓦纳珊访谈《语言、历史和知识生产》(1996)，载〔美〕薇思瓦纳珊编：《政治、权力与文化——萨义德访谈录》，单德兴译，北京：生活·读书·新知三联书店，2006年，第356页。

己也承认的，“从理论上讲，《东方学》是前后矛盾的，而这是我刻意使之如此的”[①]。但这种矛盾性，在某种意义也是必然的，一者从来就没有一种能包打天下、完全正确的理论；二者著述只是一种求真的方式而已，关键在于它在求道过程中推进了什么，而不必求全责备；三者具体到萨义德本身，在他心目中，理论似乎是一个次要的事情，他明白无误地说：“从我的角度来看，理论本身作为一个主题——对于某个理论不断提出更精致的说法——其实是无趣的。但自从我在1970年代初书写《开始》这本书以来，我们所见到的就是，理论本身已经变成了一个题材，它本身已经变成了一种学术上的追求。而我对此完全没有耐性。为什么？因为在这个过程中所忽略的就是对文本的历史研究，那对我来说有趣得多。”[②]从这个意义上来看，我们更需要关注的，其实更应该是“东方主义”这一概念对学术和知识世界提供

① Salusinszky, Imrel: “Edward Said”, in *Criticism in Society*. New York and London: Methuen, 1987. p.137. 转引自〔英〕瓦莱丽·肯尼迪：《萨义德》，李自修译，南京：江苏人民出版社，2006年，第15页。

② 英文为：“Theory has become a substitute. From my perspective, theory is really not interesting s a subject in and of itself-to write endlessly refined accounts of some theory or other. But what's happened, in the years since I wrote *Beginnings* in the early seventies, is that theory has become a subject in and of itself. It has become an academic pursuit of its own. And I am totally impatient with it. Why? Because what has been neglected in the process is the historical study of texts; which to me is much more interesting.” Viswanathan, Gauri (ed.): *Power, Politics, and Culture: Interviews with Edward W. Said*. New York: Vintage Books. 2002. p.216. 碧泽（Beezer, Anne）、欧思朋（Osborne, Peter）访谈《〈东方学〉及之后》(1993)，载〔美〕薇思瓦纳珊编：《权力、政治与文化——萨义德访谈录》，单德兴译，北京：生活·读书·新知三联书店，2006年，第291页。

了何种精彩和富有启发性的思路，而不必吹毛求疵、停滞于细节问题。

在我看来，观念侨易的展开，可能是萨义德思路可以打开的更为广阔的空间。因为对于萨义德来说，其个体经验的侨易层面是不难勾勒清楚的；但如果进一步深入分析，就很难避免延展或上升到观念侨易层面，因为作为学者，其最重要的贡献就是观念的产生，或更准确地说是理论的创新，虽然萨义德很坦率地表示，他对此并不在意，但学术史家则不能对此掉以轻心。因为放置在一个客观语境中，理论创造绝对是重要的，而非不重要的。就此而言，德国接受美学的第二代代表人物，已在美国成名、担任加州大学尔湾分校教授的施瓦布（Schwab，Gabriele，1946—　）对萨氏的“理论旅行”之理论别有会心，她认为：

在批评理论领域中，真正使赛义德所谓的“旅行理论”在实质意义上容易起来的途径，不外乎印刷技术、电子媒介，还有学术方面的互访和交流。1983 年赛义德写作他颇具影响力的《旅行的理论》一文时指出，人们需要认识到，在某种程度上，理论总是基于一个具体的社会和历史语境。当初在美国，“批评理论”这一提法，就是对一个首先主要在文学系发起的、很快就跨越了学科的和领域界限的、相对新的批评活动的略称。到后来，“批评理论”不仅在美国，而且在国外的文化界也出尽了风头。赛义德以“旅行的理论”作其书名，意在强调理论是从欧洲，尤其是法国和德国这两个国家“引进”到美国这样一个事实。他坚信，这种“拿来”可以帮助我们绕开美国当前学术氛围的局限和阴霾。由于理论自身往往受到来自意识形态领域和政治因素方面的压力和影响，不可避免地，在翻译、移置以及适应新的文化语境的过程中发生一些变化。对每一种具体的理论，我们都必须从它所产生的时代和地域，也即当时的具体语境去理解和把握。具体到“旅行的理论”，我们的当务之急是同时从“全球”和“当地”的视角去考察它。在这里，“当地”不仅指理论被“拿来”的发源地，还包括它被“输入”的目的地。而“全球”则指一种理论之流入一个不同的民族和互文的语境。这种流动也包括具体的、决定其跨疆界传播以及因此标志其接受历史的政治、社会、经济和文化的因素。①

施瓦布本身具有侨易经验，她作为德国人而在美国长期任教，作为康斯坦茨学派的弟子辈而在美国学界崭露头角，显然对此中的甘苦颇多“理解之同情”，也能把握到关键处，她所强调的“当地”“全球”等不同视角，“拿来”“输入”等不同地域，其实都是在关注“交易”发生的可能性，其本质也就是文化体之间的接触与变易的不同向度。在这里，观念侨易比个体侨易更重要，也就是说，到了这个层面，我们关注的就不仅是作为理论发明者的萨义德了，而更是作为一种观念的理论本身。理论一旦产生，就有它自己的命运，有其“不为尧存，不为桀亡”的一面。所以萨义德的个案，也并非仅仅个案而

① 〔美〕加布理尔·施瓦布：《理论的旅行和全球化的力量》，国荣译，载《文学评论》2000年第2期，第141–147页，此处第143页。

已，而是具有更为宏大层面的“以象见群”的意义。[①]侨易学的一个重要功用就是始终促使我们超越具象，牵连宏观。也就是说，你对问题的追索，必然不可能仅停留于目前的研究对象，而是要追索其前世今生，勾连起前后左右，不仅要有“树状”的意识，而且也要有“块茎”的勇敢；或者说，你即使毕全力于一役，也不可能仅仅是就事论事，因为事物本身就从来不是孤立而存在的，“万物气象一握中，一心清澈万里虹”。

四、“文明冲突”“权力话语”抑或“求真之惑”？——以萨义德vs.亨廷顿为例

对于萨义德来说，中东是他的家园，是游子之根，这点并不是他与生俱来的身份认同，而是当他远行以后才获得的深切感受。而要理解这种感情，我们就必须更好地理解中东乃至闪系地区的历史语境。[②]也就是“变创”与“渐常”之间的“取势”，势境的形成是非常

① 这一点萨义德自己也有明确的意识：“我回顾生平，走笔不知不觉与二次世界大战、巴勒斯坦失陷以后与以色列建国、埃及君主制度结束、纳赛尔时代、冷战、一九六七年战争、巴勒斯坦运动的开端、黎巴嫩内战以及奥斯陆协议过程等构成的大背景相互衬托。这些背景只在这本回忆录中有所影射，但也能不时在字里行间看到它们游移不定的存在。”《前言》，载〔美〕爱德华·W.萨义德：《格格不入——萨义德回忆录》，彭淮栋译，北京：生活·读书·新知三联书店，2004年，第3页。

② 关于基本背景，可参见马丽蓉：《西方霸权语境中的阿拉伯—伊斯兰问题研究》，北京：时事出版社，2007年。江红：《为石油而战——美国石油霸权的历史透视》，北京：东方出版社，2002年。

重要的，因为舍此则无从认知一个特殊的情境生成过程及其相关因素。学术虽有其高出日常生活的阳春白雪一面，但它又不能不在现实语境中生存；正如再伟大的诗人、学者与思想家都不得不首先满足自己作为人的基本物质生存一样，他们也需要首先解决“柴米油盐酱醋茶”的问题，所谓“食色性也”。学者同样如此，他必须首先能在社会语境中生存，才有可能“独立象牙塔”，仰望人类精神的星辰闪烁，更何况每个个体都很难避免他对自己所生存的那个共同体的基本认同，亨廷顿如此，萨义德也不例外。

由此看来，萨义德对亨廷顿的批评就不难理解了。亨廷顿（Huntington，Samuel P.，1927—2008）那个有名的判断“文明的冲突”（The Clash of Civilizations）[1]，曾经风靡世界，不过“9·11”事件的发生以及随后在全球范围展开的“反恐战争”，似乎也成为亨廷顿自证理论边界的论据。亨廷顿也认为权力结构在全球范围内处于“文明体”的转移过程[2]，这既是一种客观把握和未来预测，同时也表现出一种西方精英的忧虑。

---

① 他不但提出了“文明的冲突”这样的理论概念，而且具体分析了作为当代世界组成的七个或八个文明，即：中华文明、日本文明、印度文明、伊斯兰文明、西方文明、东正教文明、拉丁美洲文明、非洲文明（可能的）。〔美〕塞缪尔·亨廷顿：《文明的冲突与世界秩序的重建》，周琪等译，北京：新华出版社，1998年，第29-31页。

② 参见〔美〕塞缪尔·亨廷顿：《文明的冲突与世界秩序的重建》，周琪等译，北京：新华出版社，1998年，第8页。西方学者的批评与讨论可参见〔德〕哈拉尔德·米勒：《文明的共存——对塞缪尔·亨廷顿“文明冲突论”的批判》，郦红等译，北京：新华出版社，2002年。

2001年10月21日，萨义德撰文嘲笑亨廷顿，将其题目归结为“无知的冲突”（The Clash of Ignorance）[①]。学者刘禾（Liu，Lydia H.，1957—　）在2004年出版《帝国的冲突》（*The Clash of Empires*），或许可以给这样一种“冲突”的学术潮流添加一个注脚[②]。萨义德指出亨廷顿思想的东方学根源，即刘易斯（Lewis，Bernard，1916—2018）的《穆斯林愤怒的根源》（*The Roots of Muslim Rage*，1990）[③]，他认为：“在两篇文章中，无数庞杂的现象被冠之以‘西方’和‘伊斯兰世界’而随意加以区分，就好像‘身份’和‘文化’这些巨大而复杂的事物能以卡通世界的逻辑来区分，在卡通中，对立双方进行残酷斗争，善良的一方往往战胜对手。事实上，亨廷顿和刘易斯都没有阐述每一种文明的内在动力和多样性，没有关注现代大多数文化在关于每种文化的定义或阐述上存在着很大争议的事实，没有关注当我们以一种宗教或一种文明的姿态进行言说时其中可能包含的巨大的煽动性和全然的无知。没有，西方就是西方，伊斯兰世界就是伊斯兰世界。”[④]

---

① Said, Edward W.: “The Clash of Ignorance: Labels like ‘Islam’ and ‘the West’ serve only to confuse us about a disorderly reality.” in *The Nation* （October, 2001）. 〈http://www.thenation.com/article/clash-ignorance.〉 访问日期：2022年2月17日。

② Liu, Lydia H.: *The Clash of Empires - the Invention of China in Modern World Making*. Cambridge: Harvard University Press, 2004. 刘禾曾直接表明自己的写作指向，参见刘禾：《帝国的话语政治——从近代中西冲突看现代世界秩序的形成》，杨立华等译，北京：生活·读书·新知三联书店，2009年，第343页。

③ 他的另一部著作已译为中文，参见〔英〕伯纳德·刘易斯：《穆斯林发现欧洲：天下大国的视野转换》，李中文译，北京：生活·读书·新知三联书店，2013年。

④〔美〕爱德华·W.萨义德：《无知的冲突》，刘耀辉译，载《国外理论动态》2002年第12期，第22-24页，此处为第22页。

在这里，似乎又回到了歌德（Goethe，Johann W.，1749—1832）与吉卜林（Kipling，Rudyard，1865—1936）那两段被广泛征引的诗语中哲思冲突的追问，即究竟是"谁若了解自身与他者，自当能明白。东方与西方，永不再分离"（Wer sich selbst und andere kennt / Wird auch hier erkennen：/ Orient und Okzident/ Sind nicht mehr zu trennen.），还是吉卜林的针锋相对："东方是东方，西方是西方。/这一对永不相遇。/直至天地并立/于上帝伟大的审判之位前。"（East is East，and West is West，and never the twain shall meet，Till Earth and Sky stand presently at God's great Judgment Seat.）只不过，在这里被更具体地将东方简化为伊斯兰文化体。

萨义德毫不客气地指出，亨廷顿"坚持这种范式的另一个更深层的原因是穆斯林人数在整个欧洲和美国的增长"[①]，这就有点揭掉"皇帝的新衣"的意味。但实际上亨廷顿考量更多的还是"墨西哥裔移民和拉美裔化"，这在他后来的另一部大作《我们是谁》中表达得很明显。[②]亨廷顿作为一个典型的美国知识精英，具有非常强烈的民族一国家意识，他对美国事实上的国民特性淡化或被解构而忧虑不已，所以虽然意识到"爱国之心和治学之心有时是会有冲突的"，但

① 〔美〕爱德华·W.萨义德：《无知的冲突》，刘耀辉译，载《国外理论动态》，2002年第12期，第22-24页，此处为第24页。

② 〔美〕塞缪尔·亨廷顿：《我们是谁：美国国家特性面临的挑战》，程克雄译，北京：新华出版社，2005年，第262、161页。

仍然努力超脱，试图调和两种身份而产生意义。[①]所以，亨廷顿更多是站在美国国家利益的立场上，主要起到政治策略的功用；萨义德在这个问题上似乎过于以伊斯兰为本位，譬如过于夸大亨廷顿理论的“伊斯兰威胁”因素，略有一叶障目之嫌，但这并不妨碍他敏锐与有见地的判断，譬如他坦率地说：“我们（包括西方人、穆斯林及其他人）都受到诸种文明的熏陶。既然这些文明是人类文明的一个组成部分，那么力图将它们割裂是徒劳无益的。这是充满张力的时代，用强势或弱势群体、关于理性或无知的世俗政治、关于正义和非正义的普遍原则等术语来进行思考要比漫无边际地寻找夸大的抽象概念要好，这种概念或许可以提供暂时的满足感，但几乎不能提供任何关于自我的知识或深邃的分析。‘文明的冲突’这样一个论题是一种策略，就像‘世界战争’一样，它有利于加强防御性的自豪，而无助于批判性地理解我们时代令人困惑的相互依赖。”[②]这无疑是针对亨廷顿立论的直接挑战，而且也确实触到了痛处，但我们也不要忽略，亨廷顿自己也表示：“我所期望的是，我唤起人们对文明冲突的危险性的注意，将有助于促进整个世界上‘文明的对话’。”[③]亨廷顿当然希望将冲突消弭于无形，但仅仅依靠西方思维是否能做到这点却很值得质疑。萨

---

①《前言》，载〔美〕塞缪尔·亨廷顿：《我们是谁：美国国家特性面临的挑战》，程克雄译，北京：新华出版社，2005年，第2页。

②〔美〕爱德华·W.萨义德：《无知的冲突》，刘耀辉译，载《国外理论动态》，2002年第12期，第24页。

③《中文版序言》（1997年），载〔美〕塞缪尔·亨廷顿：《文明的冲突与世界秩序的重建》，周琪等译，北京：新华出版社，1998年，第3页。

义德的东方身份，本来有助于提供一种迥异的思维方式，但由于其特殊的侨易过程导致了基本定位已有相当的移变，正如阿拉伯人对萨义德的质疑所表现出的那样，萨义德思想上的“西方特征”，其实是不言而喻的，而这在伊斯兰信徒心目中，显然也是“与严格的伊斯兰思想相对立的”[①]。这也正是萨义德的困境所在，当他在指责美国或西方精英的同时，其实他自己也是在这样一种范式之中的。这一点我们只要明白其知识形成和教育养成的基本背景，就很容易理解。对这一点，克利福德（Clifford，James，1945—　）的揭示非常深刻：“作为一个在埃及和美国接受教育的巴勒斯坦民主主义者，一个深深浸透着欧洲人文精神的学者和现在的哥伦比亚大学的英语和比较文学教授，萨义德在作为一个‘东方’写作，但只是概而言之。他作为一个巴勒斯坦人写作，但并未获取某种专门的巴勒斯坦文化或身份认同的支持，反而转向欧洲诗人寻求其自身核心价值的表述，以及向法国哲学寻找他的分析工具。萨义德对西方文化传统的一个基本组成部分的极端批评，其大部分标准恰恰是来源于那个传统。这里值得指出的关键点是，正是在这种状况下，像《东方主义》这样的著作自然就被书写出来了。这是一个萨义德在其他地方（在讨论乔治·艾略特和犹太复国主义的根源时）称之为‘无家可归的广义条件’的语境。这样一种

① 〔美〕爱德华·W.萨义德：《无知的冲突》，刘耀辉译，载《国外理论动态》，2002年第12期，第22-24页，此处为第23页。

状况会导致困难的问题。”[①]更直接地说，萨义德的主要教育规训和知识结构都是借助于西方文化传统而获得的，其所谓的“巴勒斯坦人”身份，甚至由此可引申而来的“东方”身份，都是在传统根源上很值得质疑的；其文化身份亟须重新界定，这个问题相当复杂，容以后详论。

萨义德的“权力话语”情结似乎深种之，自“东方主义”发覆以来始终未有根本变化，他认为“西方世界与世界其他地区对立的基本范式一如既往”[②]，这基本上可以认为是针对“西方中心论”的那种思维模式，强调了西方—他者的对立性。但他并非简单地空穴来风，而是有其理论背景的判断，譬如他对已有理论的批判就精辟而到位：“福山历史终结论或者亨廷顿文明冲突论的荒谬之处在于，二者误以

① 英语为：“A Palestinian nationalist educated in Egypt and the United States, a scholar deeply imbued with the European humanities and now professor of English and comparative literature at Columbia, Said writes as ‘anoriental’ but only to dissolve the cateogry. He writes as a Palestinian but takes no support from a specifically Palestinian culture or identity, turning to European poets for his expression of essential values and to French philosophy for his analytical tools. A radical critic of a major component of the Western cultural tradition, Said derives most of his standards from that tradition. The point in saying this is to suggest something of the situation within which books such as *Orientalism* must inevitably be written. It is a context that Said has elsewhere （in discussing George Eliot and the roots of Zionism） called ‘a generalized condition of homelessness’. Such a situation generates difficult questions.” “On Orientalism”, in Clifford, James.: *The Predicament of Culture: Twentieth-Century Ethnography, Literature, and Art*. Cambridge, Mass.: Harvard University Press, 1988. p.275.

② ［美］爱德华·W.萨义德：《无知的冲突》，刘耀辉译，载《国外理论动态》，2002年第12期，第22–24页，此处为第23页。

为文化史有着清晰的边界，有着诞生、发展和灭亡的过程。这两个理论家以原教旨主义的方式，对待处于变动中的文化，并且力图把固定的边界和内在的秩序强加给文化。”[①]但轮到自己建构时却难免不犯同样的毛病，真是“不识庐山真面目，只缘身在此山中”！只要是人，可能谁都免不了有眼高手低的危险和指鹿为马的荒诞。一方面，萨义德清楚地意识到：“我写作时，世界大多数地区正被迫屈从于美国或者美国与意大利、西班牙结成的一种机会主义同盟，它正准备对伊拉克发动一场颇为不得人心的战争。对世界范围内爆发的示威游行和抗议而言，战争是厚颜无耻的。那些美国人、欧洲人、亚洲人、非洲人以及拉美人走上街头公开抗议的事实表明，一些人最终意识到，美国，或者确切地说，少数控制美国政府的犹太—基督教白人在谋求世界霸权。”[②]但另一方面，萨义德的长处在于能非常清醒地意识到“美国并不是像阿拉伯世界和穆斯林世界所想象的那样铁板一块”[③]，因为在他看来，“美国和以前的古典帝国的差异在于：虽然历史上每一个帝国都声称不会重蹈其前辈过度扩张的覆辙，但当前这个帝国在这样做的同时，却令人震惊地声明了它神圣的利他主义和善意的纯

---

①〔美〕爱德华·W.萨义德：《美国与阿拉伯世界》，刘耀辉摘译，载《国外理论动态》，2003年第6期，第22页。

②〔美〕爱德华·W.萨义德：《美国与阿拉伯世界》，刘耀辉摘译，载《国外理论动态》，2003年第6期，第19页。

③〔美〕爱德华·W.萨义德：《美国与阿拉伯世界》，刘耀辉摘译，载《国外理论动态》，2003年第6期，第19页。

洁”[①]。他认为，需要这样看待美国：“我力陈以另一种方式看待美国，把它看成一个充满争议、动荡不宁的国家。我认为，把美国理解成一个经历着一种严重的身份冲突的国家更为准确。这种冲突类似于其他地区的别样的纷争。美国或许已经赢得了冷战的胜利，但其结果远不明朗，斗争也远未结束。过于关注美国执政者集权化的军事权力和政治权力会忽略内在辩证法，后者仍在起作用。”[②]这一点我们佐以亨廷顿的论述无疑更能理解其意义所在。亨廷顿曾指出：“那种美国承诺或理想一路凯歌高奏的意象，说轻了是爱国主义的幻想，说重了是虚伪而已。美国政治史是开端与残局、承诺与幻灭、改革与反动的循环往复。美国历史是各集团通过实现美国理想促进各自利益的历史。然而重要的是，他们不是成功而是失败了，梦想不是实现了而是没有实现，并且从来就没有完全或令人满意地实现过。”[③]其结果是，“这种承诺与实际之间的裂痕造成了美国社会的内在失衡，它时潜时显、时隐时现”[④]。在这里，亨廷顿给我们多少透露了他的历史观，看来他并不绝对相信启蒙以来那种线性前进的历史观，而更意识到循环观的客观存在。亨廷顿更在意如何通过对美国社会困境的揭示而寻

①〔美〕爱德华·W.萨义德：《美国与阿拉伯世界》，刘耀辉摘译，载《国外理论动态》，2003年第6期，第19页。

②〔美〕爱德华·W.萨义德：《美国与阿拉伯世界》，刘耀辉摘译，载《国外理论动态》，2003年第6期，第22页。

③〔美〕塞缪尔·亨廷顿：《失衡的承诺》，周端译，北京：东方出版社，2005年，第13页。

④〔美〕塞缪尔·亨廷顿：《失衡的承诺》，周端译，北京：东方出版社，2005年，第13页。

到弥补之法，这是一个局内人的“忧心之论”；而萨义德则更注重给外部世界撕开一个了解美国内幕的缺口，显示出一个局外人的“洞烛机先”。但两者作为精英，所看到的美国棋局的问题则并无二致。

亨廷顿指出的一种关键性现象是：“大规模的人口流动，包括暂时的和永久性的人口流动，使越来越多的种族和文化背景不同的人掺合在一起；亚洲人和拉丁美洲人流到美国，阿拉伯人、土耳其人、南斯拉夫人和阿尔巴尼亚人流入西欧。现代的通信联络和交通运输使这些流动人口能够继续保持为原有文化和社群的一部分，因此，他们的身份与其说是移民，不如说是散居海外的群落，保持着跨国的共性。”①这样一种大规模的跨国性迁移，既是一种全球化景观，同时也是一种民族性（文化体性）现象，是相当复杂的。对这一点，似乎英雄所见略同，萨义德也指出：“不同的文化，尤其是美国的移民文化，相互交织在一起；全球化的一个或许是无意识的后果是有着共同利益的一些全球化运动的形成——人权运动、妇女运动和反战运动。美国与这些运动并非没有任何联系，我们必须透过美国表面上的一致，看到其中存在着诸多争端和矛盾，这些争端和矛盾同时也涉及世界其他国家的人民。”②美国不是铁板一块，美国的这块貌似“铁板”，其实也正反映出全球化时代“全球性”与“文化体性”（更具体

① 〔美〕塞缪尔·亨廷顿：《我们是谁：美国国家特性面临的挑战》，程克雄译，北京：新华出版社，2005年，第11-12页。

② 〔美〕爱德华·W.萨义德：《美国与阿拉伯世界》，刘耀辉摘译，载《国外理论动态》，2003年第6期，第22页。

则是民族性）的你中有我、我中有你、彼此渗透。所以，也就难怪，像亨廷顿这样坚定的“美国人”会对美国特性有排不去的质疑：“假如美国的特性就在于普世的自由和民主的原则，那么美国对外政策的首要目标大概就是把这些原则推广到别的国家去。可是，假如美国是与众不同的‘例外’，那么在别国促进人权和民主的理由就不能成立。假如美国主要是多种文化和民族实体的联合体，那么美国的国家利益就该是促进这些实体的目标实现，我们就该奉行‘多文化的对外政策’。假如美国首先是一个具有欧洲文化传统的西方国家，那么我们首先就要注意加强与西欧的关系。假如外来移民使美国成为比较具有拉美裔文化特性的国家，那么我们的注意力首先就该放在拉丁美洲。假如美国的特性主要不在于欧洲文化，也不在于拉美文化，那么美国推行对外政策就不要跟我们与别国的文化联系扯在一起。国民特性的其他定义还会衍生出另一些不同的国家利益和政策目标。对外政策上的争论，其根源就在于我们在国内是什么人这一方面有争论。”[①] 其实质或许不是在诉诸困惑，而是希望以“爱国者”的角度寻到答案，建构共识。但无论如何，必须承认的是，就内部而言，美国的身份认同是有弹性空间的；而就外部来看，诚如萨义德所认识到的那样，也同样必须深度理解和把握美国：“在一个超级大国——美国——占主导地位的世界里，如果不熟悉美国，不对美国有一种深刻的了解，包括它的历史、它的机构制度、它的主流和非主流思想、它的

① 〔美〕塞缪尔·亨廷顿：《我们是谁：美国国家特性面临的挑战》，程克雄译，北京：新华出版社，2005年，第8-9页。

政治和文化，最重要的是，如果不能熟练地使用它的语言，任何政治活动和反应都将是无效的。”[①]可见，无论是倡言“文明冲突”而实质在为美国谋长久利益的亨廷顿，还是选择归属阿拉伯文化而“权力话语”情结深种的萨义德，其实都意识到深入了解美国、理解美国和追问美国的重要性。而无论其基于现实世界的何种利益或诱因，作为学者，他们无论怎样标榜自己作为“爱国者”的符号，其实也都很难避免作为“知识分子”的基本立场，或许就是一种求真的渴望，我在此将其表述为“求真之惑”。印度学者阿罕默德（Ahmad，Aijaz，1932— ）对萨义德的论述很精彩，他一方面承认自己与萨氏有根本性的立场分歧，另一方面却又对他“在美帝国主义中间所遭受的围攻有一种声援意识”，更重要的是他决定仍选择本着学术立场进行批评工作，“克制自己的批评并不是表达声援的最好方式”，阿罕默德意识到萨义德“竭尽全力，不辞艰难，跨越学科和之前知识结构的局限，他这样做并非出于职业或荣誉的冲动，也不是为了追求个人的成功，事实上，是冒着极大风险的。……应该看到，缘自民族身份的雄辩而勃发的党派倾向让他招致了暗杀威胁，这威胁来自以许多巴勒斯坦爱国人士遭到暗杀而为人所知的地方。萨义德下决心与这些风险为伍，而极大的荣誉——一种罕见的荣誉——是便随着这一决心而来”[②]。

---

① 〔美〕爱德华·W.萨义德：《巴勒斯坦人永远不会撤离》，黄晓武译，载《国外理论动态》2002年第6期，第7-8页，此处第8页。

② 〔印〕阿罕默德：《在理论内部——阶级、民族与文学》，易晖译，北京：北京大学出版社，2014年，第155页。

这是非常精辟的，也为我们上述理解萨义德的多重困境和理论悖论提供了理解的进路，他更多是将自己的知识诉求与政治影响力连为一体的，这点亨廷顿其实也不例外。但作为知识人，他们最终仍免不了需要在知识世界里甚或是学术谱系里被盖棺论定，从这个意义上来说，他们的争论或辩驳其实并不仅是意气之争，而更多具有普遍性的意义。由他们的理论或思想引发的“观念侨易”现象值得放置在一个更为开阔的知识史平台里展开，譬如阿罕默德对萨义德的批评就诸多精彩之论，同样，克利福德曾解构过萨义德的“理论旅行”，且被认为相当经典[①]，其批评发人深省。他借用莱瑞斯（Leiris，Michel，1901—1990）的判断，提出一系列很有趣的问题：“欧洲对世界其他部分的了解是如何被西方的权力意志所形塑的？西方作者，包括想象型的和科学型的，是怎样陷入殖民主义的和新殖民主义的彀中的？具体而言，在这些持续性的不平等条件下，他们是怎样忽略、抵抗和默许的？莱瑞斯指出了一个基本的失衡。数个世纪以来，西方人一直在

① 〔美〕詹姆斯·克利福德：《关于旅行与理论的札记》，叶舒宪译，载李陀、陈燕谷主编：《视界》第8辑，石家庄：河北教育出版社，2002年，第22-30页。“On Orientalism”, in Clifford, James.: *The Predicament of Culture: Twentieth - Century Ethnography, Literature, and Art*. Cambridge, Mass.: Harvard University Press, 1988. pp.255-276. 另著有 Clifford, J., George M., et al. *Writing Culture: The Poetics and Politics of Ethnography*. Berkeley: University of California Press, 1986.

为世界的其他部分做研究和代言；相反的情况还未成为事实。”[①]这些都是值得深入讨论和作为“理论旅行”实践的具体案例，这且暂置不论。[②]我想指出的是，或许还是森格哈斯（Senghaas，Dieter，1940— ）指出的问题更具有统合性：“什么是东西方冲突？无论是从1917、1950年或是从近日的角度来回顾，在东西方冲突中，相互对立的是两种互不相容的政治制度和由此而形成的两种不同形象的人和社会（以及相应的不同现实）。就西方而言，过去和现在具有代表性的是：个体主义和多元主义（它被视为现代社会的构成条件），权力分散（它被视为政治制度的原则），公开性（包括作为第四种力量的对媒体的现代设想，被视为内在的价值）；此外，科学、司法、管理被视为具有非党派和中立倾向的领域；市场和文化被视为具有自身工作价值和自身逻辑的行为空间；以及经济领域中的注重市场价格、私

① 英文为：“How has European knowledge about the rest of the planet been shaped by a Western will to power? How have Western writers, both imaginative and scientific, been enmeshed in colonial and neocolonial situations? How, concretely, have they ignored, resisted, and acquiesced in these enduring conditions of inequality? Leiris pointed to a basic imbalance. Westerners had for centuries studied and spoken for the rest of the world; the reverse had not been the case.” “On Orientalism”, in Clifford, James.: *The Predicament of Culture: Twentieth - Century Ethnography, Literature, and Art*. Cambridge, Mass.: Harvard University Press, 1988. pp.255-256.

② 对于因阿罕默德、克利福德、达伦斯沃（Dhareshwar, Vivek）等人关于萨义德“理论旅行”而展开的讨论而形成的学术史和思想史景观，我将从“观念侨易”角度另撰文讨论，此处不赘。Clifford, James and Dhareshwar (ed.)：*Traveling Theories, Traveling Theorists*. Inscriptions 5, 1989.

有制和成本与收益比等。”[①]其结论有失偏颇，而论述逻辑则仍然是在“元思维”差异基础上展开的。或者更深入地去分析仍是元思维差异的本质规定性，林语堂（1895—1976）曾说过：“中西思想法不同之大关键，就是直觉与推理之不同。直觉就是体会、体悟、妙悟。因这思想法之不同，乃使中西哲学走入不同的趋向。”[②]总结起来说，“中国重实践，西方重推理。中国重近情，西方重逻辑。中国哲学重安身立命，西人重客观的了解与剖析。西人重分析，中国重直感。西洋人重求知，求客观的真理；中国人重求道，求可行之道”[③]。以中国代东方是否合理，暂不置论，但作为东方的主要大国之一，中国的元思维模式确实迥异西方，也是特别值得关注的。

---

① 〔德〕德迪·森格哈斯：《文明内部的冲突与世界秩序》，张文武等译，北京：新华出版社，2004年，第134–135页。

② 林语堂：《论中西思想法之不同》，载刘华文编：《汉语典籍英译研究导引》，南京：南京大学出版社，2012年，第2–3页。

③ 林语堂：《论中西思想法之不同》，载刘华文编：《汉语典籍英译研究导引》，南京：南京大学出版社，2012年，第4页。林语堂举了一个具体的例子来说明，“单以道字而论，中国所谓道，非西洋所谓真理（truth）。中国人讲天道人道，西洋人也讲天道人道。但是中文道字，西文没有。西文truth字，讲客观的真理，中文也似乎少这观念。老实说，中国人对客观的确与不确，不大感兴趣。对于行为的是非，乃大感兴趣。中文是非两字包括两层意思，一是客观的事实之真伪，一是行为之是非，含有道德上的评判。英文便分出真伪之true-false及是非之right-wrong。我们所谓‘各是其所非，而非其所是’，常常含有道德上之评判，不单是真理之是非。中国之所谓道是要行的，可行之谓道，去行无所谓道。所以孔子说，‘道不远人。人以为道而远人，不可以为道。’西人言客观的真理，只要是真，虽然远人，为什么不可以为道？这样讲下去，东西思想内容难免就不同了。”林语堂：《论中西思想法之不同》，载刘华文编：《汉语典籍英译研究导引》，南京：南京大学出版社，2012年，第3页。

五、二元三维与主体消解

一个理论家，即便再伟大，他也不可能摆脱自己的时代而生存，摆脱他所受到的教育规训和知识给养而生存，甚至摆脱前辈的“影响的焦虑”而生存。萨义德自然也不例外，从他上面的自述中，我们已可清楚地看到他的局限所在，他是一个热血青年，更有强烈的故乡意识，即便曾被压抑，可一旦爆发，则如惊涛怒波，势不可遏。虽然他试图借助于福柯“不屈不挠的博学”（a relentless erudition）来对抗知识分子的困境，所谓“搜寻另类的材料，发掘埋藏的文件，唤回已被遗忘（或放弃）的各类历史。这包含了一种戏剧感和起义感，善用一己罕有的发言机会，博取观者的注意，比对手更具有才智、更善于辩论。既没有职位要守护，也没有地盘要巩固、防卫的知识分子，具有某种根本上更令人不安的特质；因此，自我嘲讽（self-irony）多于自吹自擂，坦率直言多于吞吞吐吐”[①]。可在萨义德，毕竟有着过于清

① 〔美〕爱德华·W.萨义德：《知识分子论》，单德兴译，北京：生活·读书·新知三联书店，2002年，第8页。但毕竟，他深刻意识到知识分子的“悖论”窘境，认为当今世界充满了专业人士与知识分子，而“这些人的主要角色就是以其心力提供权威，同时获取巨利”，而他们又不得不“面对一套具体的选择”，“不管是学院人士、波西米亚式的放荡不羁的散文随笔作者，还是国防部的顾问，都根据自认的观念或代表来行事：认为自己是为了报酬而提供‘客观的’意见？或者相信自己教给学生的具有真理的价值？或者认为自己倡导的是怪异却前后一贯的观点？”〔美〕爱德华·W.萨义德：《知识分子论》，单德兴译，北京：生活·读书·新知三联书店，2002年，第6页。

晰的政治诉求和激情，这很难不影响乃至伤害到他作为一个学者的价值中立立场。

当然，我们应该注意的，萨义德经历了复杂的多重精神质变过程，也就是多重侨易。他的观念形成显然受到时代语境和历史事件的刺激和影响，但他似乎并未能超越这种简单的民族困境束缚。我们取来陈寅恪的例子或许可以看得更清楚，陈寅恪那代人所面临的困境乃是全方位的，闻一多（1899—1946）的话可为代表："我国前途之危险不独政治，经济有被人征服之虑，且有文化被人至征服之祸患。文化之征服甚于其他方面之征服百千倍之。杜渐防微之责，舍我辈其谁堪任之！"[①] 所以他提出所谓的"中华文化的国家主义"（Cultural Nationalism）[②]，可被视为那代精英代言者的代表。日后国剧建构和国剧运动的兴起，都与此有关，可问题在于究竟是"大声疾呼"还是"压在纸背"？陈寅恪的民族情怀并不稍弱，所以发之为诗，有所谓"群趋东邻受国史，神州士夫羞欲死"的愤激之语[③]；可一旦发为文章，仍严守学术立场，主张："士之读书治学，盖将以脱心志于俗谛之桎梏，真理因得以发扬。思想而不自由，毋宁死耳。"[④]这里并无意

---

① 闻一多1925年3月致梁实秋函，载闻一多：《闻一多全集》第12卷，孙党伯、袁謇正主编，武汉：湖北人民出版社，1993年，第215页。

② 闻一多1925年3月致梁实秋函，载闻一多：《闻一多全集》第12卷，孙党伯、袁謇正主编，武汉：湖北人民出版社，1993年，第214-215页。

③《北大学院己巳级史学系毕业生赠言》，载陈寅恪：《陈寅恪集·诗集》，北京：生活·读书·新知三联书店，2001年，第19页。

④《清华大学王观堂先生纪念碑铭》，载陈寅恪：《陈寅恪集·金明馆丛稿二编》，北京：生活·读书·新知三联书店，2001年，第246页。

褒贬或区分各种路径的等次，而是强调即便是学人之路，就其价值取向而言，也是有不同取径的。

无疑，简单地给萨义德贴上任何标签都是无益的。作为一个具有多重身份的知识人，萨义德身上体现出的二元悖论也是清晰的，他是阿拉伯人，但却主要在美国语境里成长和生存；他其实已经开始在西方学术世界里按常规发展，但突发的政治事件却将他送回了阿拉伯认同，甚至巴勒斯坦认同之中；他是一个学者，却始终割舍不下政治情怀……但他其实始终是一个跨文化的个体，或者近似现在所谓的“全球族”[①]。萨义德似乎最终也意识到可能需要超越某种现有的框架和局限来看问题，正如他所强调的“知识分子”的责任那样，他在《文化与帝国主义》的结尾如此说道：

当今，没有一个人是单纯的。印度人、妇女或穆斯林或美国人之类的标签只是一个起点。一旦进入现实生活，这个标签很快就消失了。帝国主义在全球范围内把文化与认同合为一体。它最糟糕最矛盾的礼物是，使人们相信他们只是，主要是，只能是白人、黑人或西方人、东方人。正如人类创造了自己的历史一样，他们也创造了自己的文化和种族认同。没有人能否认悠久的传统、习惯、民族语言和文化地理的延续性。然而，除去畏惧和歧视以外，似乎没有理由坚持这些东西的特殊和不同点，好像这是人类生活的全部。生存事实上是关于

① 相关论述，参见〔美〕乔尔·科特金：《全球族——新全球经济中的种族、宗教与文化认同》，王旭等译，北京：社会科学文献出版社，2010年，第3页。

事物之间的联系的……更充满同情、更具体、更相对地考虑他人，要比考虑自己更有益、更困难。但这也是同时意味着不去企图统治他人，不去把别人分类，分高下，特别是不去不停地强调“我们”的文化和国家是天下第一（或者在这一方面，不是天下第一）。对于知识分子来说，放弃了这点，还是有极具价值的工作可做的。[①]

在充分展现了他对帝国主义及其对文化的操控利用的愤怒和抵抗之后，萨义德似乎仍想从激进的立场退回来，想展示知识分子的中立态度，回到某种普适性的立场上去，正如他所引用的歌德所言，即谁若试图了解自身与他者，就应能明白东西方永不分离之理。但实际上这确实是一个近乎永恒的难题，即便世界趋势如此，可毕竟东西融合仍是一种理想状态。[②]如果说萨氏批评的西方代表了一种主体的话，那么他通过自己的著述和行动则展现了针锋相对的另一种主体，二者之间所构成的二元关系；但在东方世界甚至即使是阿拉伯世界中，萨义德则未必被视为代表，他自己也觉得其并不为阿拉伯知识界所真正

① 〔美〕爱德华·W.萨义德：《文化与帝国主义》，李琨译，北京：生活·读书·新知三联书店，2003年，第477–478页。

② 马凯硕（Mahbubani, Kishore, 1948—　）将全球各国譬喻成一艘大船的若干船舱而缺乏船长，进而提出了“大融合”的概念，认为“我们这个世界正经历着不可逆转的大融合”。〔新加坡〕马凯硕：《大融合：东方、西方，与世界的逻辑》，丰民等译，海口：海南出版社，2013年，第235页。

理解。[1]而显然仅仅有这种二元关系是不够的，第三维的诱惑始终若隐若现，甚至连作为主体之一的萨义德自身都禁不住去向中间物跨出脚步，这也就是主体消解的步骤，甚至更是二元三维结构的隐约呈现。

不仅在文化和学术上持此态度，在现实世界的关注中萨义德也表示："在过去的35年中，我不遗余力地为巴勒斯坦人民争取权利与自决，但是我始终不曾忘记犹太人民的现状和他们曾遭受的苦难，包括迫害和大屠杀。现在最重要的事情是巴勒斯坦和以色列人之间应该朝向一个共同的目标共同努力，即和平共处，而不是进一步的压迫和否

① 英文为："*Orientalism*, I think, was read more profoundly in other places than in the Arab world. The reason is that *Orientalism* was basically used by Arab readers as a means for conflict and not for developing an analytical thought based on ideas. This factor made the term 'Orientalism' an insult. If you want to insult someone, you call him 'Orientalist'. This is one of the negative consequences of the caricatural reading of my book, because I do not say or imply anything like this." Viswanathan, Gauri (ed.): *Power, Politics, and Culture-Interviews with Edward W. Said*. New York: Vintage Books. 2002. p.438. 萨义德明确指出："其他地方阅读《东方学》的方式比阿拉伯世界里的阅读深入。"而其"原因在于阿拉伯读者基本上把《东方学》用作冲突的手段，而不是根据理念来发展出一种分析的思想。这个因素使得'东方学'这个术语变成一种侮辱。如果你要侮辱某个人，就称他为'东方学者'。这是以讽刺漫画的方式读我的书所造成的负面后果之一，因为我并没有明说或暗示任何这类的事"。雅拉（Jarah, Nouri）访谈《东方学、阿拉伯知识分子、马克思主义与巴勒斯坦历史中的神话》(1999)，载〔美〕薇思瓦纳珊编：《权力、政治与文化——萨义德访谈录》，单德兴译，北京：生活·读书·新知三联书店，2006年，第579页。

定。”①他似乎表现出对犹太人的某种理解和同情，甚至倾向于一个“泛阿拉伯主义”（a pan-Arab structure）的概念，认为可以有一个“阿拉伯—犹太人”的少数族群（an Arab-Jewish minority community）。②他甚至自称“我是最后的犹太知识分子”，“我是个犹太人—巴勒斯坦人”③。

显然萨义德具有其类型意义，也就是说，他不可能仅作为个体产生意义，而且还具有超越个体的更为广泛的群体代表性。因为像霍米·巴巴、斯皮瓦克、德里克等这批后殖民理论家，其实都共享一个类似的亚洲侨易背景，即他们都是从亚洲（如印度、阿拉伯、土耳其等国家）到北美（主要是美国）学术世界后再发展；而像余英时（1930—2021）、阿玛蒂亚·森（Sen，Amartya，1933—　）、阿明（Amin，Samir，1931—　）等人则在一个更广阔的学术世界里纵横驰骋，他们的侨易背景无疑更值得重视。这且按下不论，更为重要的

---

① 转引自维基百科“爱德华·萨义德”词条，〈http://zh.wikipedia.org/wiki/%E7%88%B1%E5%BE%B7%E5%8D%8E%C2%B7%E8%90%A8%E4%B9%89%E5%BE%B7〉，访问日期：2022年2月17日。Edward W. Said: *Reflections on Exile and Other Essays*. p.116. 中译文引自李意：《爱德华·萨义德与中东政治》，上海：上海人民出版社，2015年，第252页。

② Viswanathan, Gauri（ed.）: *Power, Politics, and Culture-Interviews with Edward W. Said*. New York: Vintage Books. 2002. p.455. 沙维特（Shavit, Ari）访谈《我的返乡权》（2000），载〔美〕薇思瓦纳珊编：《权力、政治与文化——萨义德访谈录》，单德兴译，北京：生活·读书·新知三联书店，2006年，第604页。

③ Viswanathan, Gauri（ed.）: *Power, Politics, and Culture-Interviews with Edward W. Said*. New York: Vintage Books. 2002. p.458. 沙维特（Shavit, Ari）访谈《我的返乡权》（2000），载〔美〕薇思瓦纳珊编：《权力、政治与文化——萨义德访谈录》，单德兴译，北京：生活·读书·新知三联书店，2006年，第607页。

是，萨义德为我们理解这个世界的整体结构提供了一个非常好的维度和个案，他不但以其自身的丰富经验贡献出如“东方主义”和“理论旅行”这样的精彩理论，影响和参与了现代世界的理论争锋，而且也融入了由伟大学者和思想家构成的“观念谱系”的宏大历史潮流之中，他的谱系定位尤需后来者盖棺论定。但至少在侨易思维的框架下，无论他如何地“我以我血荐故土”，无论他有多少次徘徊在理想与现实之间的冲突和彷徨，无论他曾经如何慷慨激烈地介入到现实场域斗争中去，他都仍不失其为一个知识人的本色，已经多少向二元三维的整体结构迈出了步伐。而这，在我看来，正是一个求知寻道者的价值所在。

第二章

侨易视域里的精英个体及其文明体“载像”

——以卡内蒂与卡夫卡所表现的“犹太之奥”与“犹太之华”为例

一、“犹太之奥”的流散意义

作为世界文明史中少有的伟大流散民族，犹太人可谓历经艰险、歧路多难，最终能以“以色利”塑造本族裔参与国是的身份，重新获得一块自身可以定居的土地，可谓文明史上的奇迹。我们更感兴趣的是，犹太人在其全球性的流散史中，不但书写了本民族的伟大历史，而且也是一部与世界各民族碰撞交融的文化互动史，或者就可以说是写就了“交往中的文化”[①]，甚至进一步引申出文明体侨易的重大命题。我们首先需要承认的是，不管对犹太人的态度如何，犹太问题一直是西方文明史的核心命题之一，而且“反犹太”也是在欧洲传统中占据主流的一种思潮，从思想观念到制度设计乃至社会层面都概莫

---

① 参见〔德〕狄克·赫德：《交往中的文化——第二个千年的世界人口流动史》，王昺等译，济南：山东大学出版社，2013年。

能外。

在思想先进者如恩格斯的眼中，“反犹太主义无非是中世纪的、垂死的社会阶层反对主要由资本家和雇佣工人组成的现代社会的一股反动逆流”[①]，他这样具体分析道：

在普鲁士，反犹太主义的传播者，是一些收入一万马克、支出两万马克，因而落到高利贷者手中的小贵族、容克地主；在普鲁士和奥地利随声附和反犹太主义者的，是一些因大资本的竞争而没落的小资产者：行会手工业者和小店主。如果说资本在消灭社会上这些反动透顶的阶级，那末它是在做它应该做的事，而且是在做一件好事——不管这资本是犹太人的还是雅利安人的、是行割礼的还是行洗礼的，反正都是一样；它在帮助落后的普鲁士人和奥地利人前进，促使他们最终达到现代发展水平，在这种发展水平下，先前的一切社会差别溶化成资本家与雇佣工人之间的一个巨大对立。只有在这种情况还没有发生的地方，即在还不存在强有力的资本家阶级，因而也不存在强有力的雇佣工人阶级的地方；只有在资本还薄弱得不能支配全国的生产，因而证券交易所是它的主要活动舞台的地方；也就是说，只有在生产还是掌握在农民、地主、手工业者以及诸如此类由中世纪保存下来的阶级的手里的地方，——只有在这种地方，犹太人的资本才占优势，

① 〔德〕恩格斯：《论反犹太主义（摘自一封寄往维也纳的信）》（1890年4月19日），载〔德〕马克思、恩格斯：《马克思恩格斯全集》第22卷，北京：人民出版社，2005年，第59页。

也只有在这种地方才有反犹太主义。[①]

犹太背景是否是一个问题，当然是仁者见仁智者见智的事情。可必须承认的是，这是一个不容忽视、关系到文化层面及其根源的核心问题。宗教、文化的关系还是要做出明确区分。

从启蒙时代开始，德国精英对犹太问题就显然已经有了更深层的认识，尤其是以莱辛为代表，他在《智者纳旦》中表现出的宗教宽容其实预示了一个新时代的到来[②]，“莱辛和他的启蒙运动者们确实为尊重宗教差异、包容宗教差异寻找到一条道路，越来越多的有识之士认识到德国犹太人的困境，他们郑重地伸出援助之手，教育人们去帮助犹太人融入德国的文化和生活。”其效果也是有所表现的，譬如犹太人可以通过分享共同之文化兴趣、通婚、改变宗教信仰以进入德国社会和民众阶层[③]。但要想求得问题的根本改变，仍是非常艰难。就德国犹太人来看，改宗基督教者不在少数，尤其是精英阶层，但要说是否能真正融入其中，却仍是一个谜一样的问题。譬如海涅之选择改宗基督教多半是策略的选择，但其实对自己的信仰始终是一种犹疑徘徊

① 〔德〕恩格斯：《论反犹太主义（摘自一封寄往维也纳的信）》（1890年4月19日），载〔德〕马克思、恩格斯：《马克思恩格斯全集》第22卷，北京：人民出版社，2005年第2版，第58–59页。

② 有论者甚至称其为一部乌托邦式的“调和戏剧”（Versöhnungsdrama），〔瑞士〕汉斯·昆：《启蒙进程中的宗教》，载汉斯·昆、瓦尔特·延斯：《诗与宗教》，李永平译，北京：生活·读书·新知三联书店，2005年，第88页。

③ 〔德〕克劳斯·费舍尔：《德国反犹史》，钱坤译，南京：江苏人民出版社，2007年，第62页。

的态度。[1]所以德国犹太精英的经验始终处于一种尴尬的两难困局之中，一方面，“许多犹太人的理想是坐在德国教授的周围，学习语言，感受德国的自由和文化”；另一方面，两个民族的根本状态却又是：“他们彼此钦佩又相互憎恨……都无法让对方喜欢，在奴性和傲慢之间摇摆不定，世界少不了他们但又嫌他们尽添麻烦，同样的盛气凌人，悲哀时都顾影自怜，一味贬低对方但又钦佩对方富有想象力的思维；善于深邃的哲学思辨，但在某一点上的差异又令人绝望：对待暴力的态度。但他们和我们的生活始终是如此的息息相关！”[2]马克思

---

① 海涅在作于1855年的《遗嘱》（*Testament*）中，曾将犹太拉比与中国皇帝相提并论：给谁好呢？我对圣父、圣灵 / 和圣子的信仰？我的宗教？/ 让中国皇帝和波森拉比抽签吧，/ 他俩谁运气好谁要。德文为：“Wem geb ich meine Religion, / Den Glauben an Vater, Geist und Sohn?/ Der Kaiser von China, der Rabbi von Posen, / Sie sollen beide darum losen.” ［*Werke: Nachlese. Heine: Werke, S. 1193* （*vgl. Heine-WuB Bd. 2, S. 347*） 〈 http://www.digitale-bibliothek.de/band7.htm〉］《遗嘱》，载〔德〕海涅：《乘着歌声的翅膀——海涅诗选》，杨武能译，桂林：广西师范大学出版社，2003年，第233页。波森（Posen）乃指时当普鲁士治下的波兹南（现属波兰），那里是犹太人较多的聚居区。

② Maltitz, Horst von: *The Evolution of Hitler's Germany: The Ideology, the Personality, the Moment*. New York: McGrawHill, 1973. p.85. 中译文转引自〔德〕克劳斯·费舍尔：《德国反犹史》，钱坤译，南京：江苏人民出版社，2007年，第76、74页。1954年，西堡（Sieburg, Friedrich, 1893—1964）还在《对毁灭的渴望》（Die Lust am Untergang）中说：“把世界或至少人类引向深渊，这一向就是德国人的差事。”接着阐释道：“深渊既可吓退人，亦可引诱人。深渊可以意味着自身本质的深邃或是毁灭，德国人始终愿意道出或散布令人类毛骨悚然的观念，听者有的为其伟大而狂喜，有的因其糟糕而错愕。”西堡的前辈托马斯·曼（Mann, Thomas, 1875—1955）也在《一个不关心政治者的观察》（*Betrachtungen eines Unpolitischen*）中写道：“德意志是深渊，让我们牢牢抓住它。” Mann, Thomas: *Betrachtungen eines Unpolitischen*. Frankfurt am Main: Fischer Verlag, 1974. S.58.

的基本困境也不外乎此，即便其家庭顺应19世纪早期犹太人融入基督教而发起的洗礼运动，他们却无论如何也改变不了自身源出犹太的本质。

如果考虑到德、奥的正式分野其实是在1871年普法战争之后，那么这样的表述其实在很大程度上是适用于奥国的。那么，我们就不妨来看看，生活在奥国的犹太知识精英，是如何看待和理解他们的语境的。卡夫卡（Kafka，Franz，1883—1924）、卡内蒂（Canetti，Elias，1905—1994）都是奥国犹太人的文学星空的耀眼之星，虽然未必生前就星光闪烁，但身后确实是声名不绝。这或许就是文学史的吊诡之处，缪斯之神未必就会那么及时地将辉煌降落给现世的诗人，因为那样更可能“伤仲永”。不过对我们来说，更关注的还是还原历史场景，他们在奥国究竟过得如何？作为卡夫卡的同龄人，同为犹太裔的茨威格（Zweig，Stefan，1881—1942）这样描述他所生长的世界：

我们年轻一代亲身经历的，正是艺术中的新事物酝酿发展的阶段，这些新事物远比我们的父母及其周围的人要求更热烈、更难解决、更有诱惑力。但是，由于我们被那段生活所迷惑，致使我们没有注意到美学领域中的变革，它促进了社会上的一切变化。这变化是新事物的先导，是旧事物的掘墓人。这种变化正在动摇和最终毁灭我们父辈们的安全世界；一场触目惊心的社会大变革，正在我们这个衰老的、昏昏入睡的奥地利国土上开始酝酿。几十年来，广大群众心甘情愿不声不响地把统治权让给了自由资产阶级，可是现在他们突然变得不安分守己，并且组织起来，要求得到自己的权利。正是在上世纪后十年，政治像暴风骤雨冲进平静安逸的生活。新的世纪要求有一种新的制度和一个新的时代。[1]

当然，即便作为奥匈帝国的二元首都，维也纳与布拉格还是不太一样，匈牙利人在获得充分自治权后，布拉格的文化中心地位就更凸显出来了，卡夫卡所经历的是这样日益在政治与文化意义上崛起的布拉格[2]。作为同龄人的米塞斯（Mises，Ludwig von，1881—1973）也是犹太人，在他的记忆中："1900年的奥地利是一个饱受国民厌弃的政治实体。民族原则已经否定了这个国家存在的理由，因此每个人都殷切盼望它早日解体。"[3]显然他对世纪末的维也纳所代表的政治体意义相当不以为然，在他看来："只有在维也纳还有一小群人关注保存国家的办法。后来哈布斯堡君主国的灭亡以及由此引发的一系列事件，表明这群人为了挽救欧洲和人类文明免于一场巨大的灾难，曾经尽了多大的努力。但是由于他们缺乏可靠的意识形态基础，他们的努力注

---

① 〔奥〕斯蒂芬·茨威格：《昨天的世界——一个欧洲人的回忆录》，徐友敬等译，合肥：安徽文艺出版社，2013年，第42-43页。

② 关于卡夫卡与布拉格的关系，参见 Salfellner, Herald: *Franz Kafka und Prag*. Prag: Vitalis, 1998. S.3.

③ 〔奥〕路德维希·冯·米塞斯：《米塞斯回忆录》，黄华侨译，上海：上海社会科学院出版社，2015年，第30-31页。

定是徒劳的。”[①]“多语的哈布斯堡国家本来有望在一场宏图伟业中扮演必不可少的角色。它本来可以创立一部使得操持不同语言的人民能在一个联合体内和平相处的宪法。”[②]但事实则不然，哈布斯堡王朝似乎早就到了寿终正寝的时候，其溃败可谓兵败如山倒，一下子就“树倒猢狲散”了。

卡夫卡的奥国经验无疑是特殊的，他的维也纳居留并不长，总体是一个布拉格的犹太人经历。卡内蒂虽日后主要成长在维也纳，但他是在1913年才随着母亲到此定居的，此时他8岁，说来也算是“成长少年时”了。在幼年时期，卡内蒂的生活始终是在漂泊迁徙之中的，“坐落在多瑙河下游、我在那儿出生的鲁斯丘克，对一个孩子来说是个极美的城市。如果我说它是在保加利亚，那我关于它所作的介绍是不充分的。因为那里生活着来自五湖四海的人，一天就可以听到七八种语言。除了保加利亚人外——他们常常来自农村，还有许多土耳其人，他们有自己的住宅区，与之毗邻的是从西班牙被逐的犹太人后裔的住宅区，即我们的住宅区。还有希腊人、阿尔巴尼亚人、亚美尼亚人、吉卜赛人。从多瑙河对岸来的罗马尼亚人，我的乳母——但我想

① 〔奥〕路德维希·冯·米塞斯：《米塞斯回忆录》，黄华侨译，上海：上海社会科学院出版社，2015年，第31页。

② 〔奥〕路德维希·冯·米塞斯：《米塞斯回忆录》，黄华侨译，上海：上海社会科学院出版社，2015年，第30页。

不起她来了——就是一个罗马尼亚人。还有个别俄罗斯人”[①]。这种出生地无疑是孕育了多种可能的区域，是一个典型的文化交域，不仅有东欧各国人，还包括了犹太人、希腊人、吉卜赛人，甚至俄国人。正是在这里，卡内蒂父母亲找到一个合适的机会，即其母的两个兄弟在曼彻斯特开办一家商行而其中之一不幸去世，其父乃受邀替补，所以他们就迁居去了英国的曼彻斯特，“对父母亲来说，这是一次摆脱他们觉得太狭小并且过于东方化的鲁斯丘克，摆脱爷爷那太令人憋闷的专横的求之不得的机会”[②]。但遭到祖父诅咒的父亲却病死在了英国，于是仅仅两年之后卡内蒂兄弟又不得不随母亲迁往维也纳，从此开始了一段不断迁居、多点侨易的过程。

但他对奥地利的感情其实早就有了，“关于奥地利对我们的影

① 〔英〕埃利亚斯·卡内蒂：《获救之舌——青年时期的历史》，陈恕林等译，北京：新星出版社，2006年，第5页。德文为：“Rustschuk, an der unteren Donau, wo ich zur Welt kam, war eine wunderbare Stadt für ein Kind, und wenn ich sage, daß sie in Bulgarien liegt, gebe ich eine unzulängliche Vorstellung von ihr, denn es lebten dort Menschen der verschiedensten Herkunft, an einem Tag konne man sieben oder acht Sprachen hören. Außer der Bulgaren, die oft vom Lande kamen, gab es noch viele Türken, die ein eigenes Viertel bewohnten, und an dieses angrenzend lag das Viertel der Spaniolen, das unsere. Es gab Griechen, Albanesen, Armenier, Zigeuner. Vom gegenüberliegenden Ufer der Donau kamen Rumänen, meine Amme, an die ich mich aber nicht erinnere, war eine Rumänin. Es gab, vereinzelt, auch Russen.” Canetti, Elias: *Die gerettete Zunge - Geschichte einer Jugend*. Frankfurt am Main: Fischer Taschenbuch Verlag, 1983. S.8.

② 〔英〕埃利亚斯·卡内蒂：《获救之舌——青年时期的历史》，陈恕林等译，北京：新星出版社，2006年，第44页。德文为：“Für die Eltern war das eine erwünschte Gelegenheit, sich von Rustschuk, das ihnen zu eng und zu orientalisch war, und von der noch viel beengenden Tyrannei des Großvaters zu befreien.” Canetti, Elias: *Die gerettete Zunge-Geschichte einer Jugend*. Frankfurt am Main: Fischer Taschenbuch Verlag, 1983. S.43.

响，在这个鲁斯丘克度过的时期有许多事情可讲，不仅仅是父母亲都在维也纳上学，也不仅仅是他们之间都说德语。父亲每天都读《新自由报》，当他慢慢地打开报纸的时候，那是一个伟大的时刻。一旦他开始读报，就看都不看我一眼，无论如何不答理我，这个时候母亲也不向他询问事情，甚至也不用德语跟他交谈。报纸上有什么东西使他如此沉迷呢？……他跟我说话，向我做了解释，说问题在于字母，在于许多小不点儿的字母。他用手指点一点字母，说我很快也要学习字母了。父亲的话在我的心中唤起了学习字母的巨大渴望”[①]。这种经由字母文字而勾连起的母语情结（如果可以这样认为的话），对文化传承和认同至关重要，读报本身似乎就成就了一种文化仪式，给幼小的孩子以十分庄重和神圣感。所以德语对卡内蒂来说是极为重要的，因为这是他的文化之根，是他可以从此出发的文化起点。

1924年卡内蒂进入维也纳大学，直到1938年因纳粹德国入侵而离

---

①〔英〕埃利亚斯·卡内蒂：《获救之舌——青年时期的历史》，陈恕林等译，北京：新星出版社，2006年，第37页。德文为：“Über den Einfluß Österreichs auf uns schon in dieser frühen Rustschuker Zeit wäre viel zu sagen. Nicht nur waren beide Eltern in Wien in die Schule gegangen, nicht nur sprachen sie untereinander deutsch: der Vater las täglich die *Neue Freie Presse*, es war ein großer Augenblick, wenn er sie langsam auseinanderfaltete. Sobald er sie zu lesen begonnen hatte, hatte er kein Auge mehr für mich, ich wußte, daß er dann auf keinen Fall antwortete, auch die Mutter fragte ihn dann nichts, nicht einmal auf deutsch. Ich versuchte herauszubekommen, was es war, das ihn an der Zeitung so fesselte, … und erklärte mir, daß es auf die Buchstaben ankomme, viele kleine Buchstaben, auf die er mit dem Finger klopfte. Bald würde ich sie selber lernen, sagte er, und weckte in mir eine unstillbare Sehnsucht nach Buchstaben.” Canetti, Elias: *Die gerettete Zunge-Geschichte einer Jugend*. Frankfurt am Main: Fischer Taschenbuch Verlag, 1983. S.36.

开维也纳，说来他可也是在维也纳的文化与学术语境中成长起来的，同样是犹太人的哈耶克（Hayek，Friedrich，1899—1992）对其在维也纳大学学到的方法论引以为豪：

> 我们的做法在当时非常有益。我觉得，我们更有可能提出问题，也时刻准备提出问题，但我们的知识可能确实不如现在的学生扎实。在一定程度上说，并不是我们不重视某门学科。我觉得，如果就我们对自己所学专业进行能力测试，我们可能确实不像现在的学生那样训练有素。但我们却保有一颗开放的心灵；我们对各种各样的事情都兴致盎然。我们确实不是训练有素的专家，但我们知道如何去掌握某门学科的知识。我们发现，今天，即使是那些在本专业具有很高声望的人士，也不知道如果让他们去学习一门新专业，该如何下手。而对我们来说，这却根本不成问题。我们本来就在不断地学习新专业。我们相信，如果你想搞一门专业，你就得掌握如何学习有关知识的技巧。①

在哈耶克眼中，1920年代的维也纳是“世界重要的学术中心，没有哪个地方能像20世纪20年代和20世纪30年代上半叶那样激动人

① 〔英〕阿兰·艾伯斯坦：《哈耶克传》，秋风译，北京：中国社会科学出版社，2003年，第36-37页。

心"[①]。卡内蒂应该不会反对哈耶克的论断，因为他在维也纳大学就享受了同样的知识创造的过程，他是学习化学专业的，在1929年甚至获得了化学博士学位，不过他很自由地按照内心的冲动走，没有去当化学家，而是成了一代名作家。这和其以维也纳作为居住地，便于时而去往德语区文化中心——柏林的经验是密切相关的，这就给了他一种灵动游移的物质和精神的双重空间。

按照卡内蒂的说法，"毁灭已经在我心中扎下根，并且我摆脱不了它"[②]。这个"毁灭"的概念值得重视，因为其在个体内心的扎根过程也意味着他思想的演进过程。具体言之，"早在七年前，毁灭就已在《人类的末日》中烙下了印迹，而现在它已具备了非常有个性的外形，这种外形又源于我自己生命中的常数：火。认识到这一点，是七月十五日我在研究群体现象的时候，此外还要归功于我每天与之打交道的那些书。尽管小说的主人公与我有很多不同之处，但我出借给他的，都是最本质的东西，以至于在其达成目的之后，我无法完好无损、不受惩戒地将它们收回"[③]。这段叙述，对于我们进入卡内蒂的精神世界其实很重要，因为只有在这样一个世界里，我们才能观察到貌似有异的外部著作的内在精神关联，更明确地说，即《自传三部

①〔英〕阿兰·艾伯斯坦：《哈耶克传》，秋风译，北京：中国社会科学出版社，2003年，第37页。
②〔英〕埃利亚斯·卡内蒂：《眼睛游戏——1931—1937年间生活经历》，陈良梅译，北京：新星出版社，2006年，第4页。
③〔英〕埃利亚斯·卡内蒂：《眼睛游戏——1931—1937年间生活经历》，陈良梅译，北京：新星出版社，2006年，第4页。

曲》《迷惘》与《群众与权力》之间的彼此相生甚至环环相扣，这或许应从《迷惘》的题名之变说起：

《康德着火了》，那部将我折腾得形容枯槁的小说当时就叫这名字。小说中的焚书之举，是我不能原谅自己的地方。我不认为自己还在为康德（后更名为吉恩）感到惋惜。在这部小说的整个创作过程中，他被捉弄得够呛；我费尽心机才抑制住自己对他的同情，才没有让别人察觉到，哪怕是察觉到蛛丝马迹都不行，站在我这个写作者的立场上，结束他的生命更像是解脱。

但为了这一解脱，所有的书籍都遭了殃。看着它们在烈火中燃烧，我仿佛自己置身其中，仿佛毁掉的不仅仅是我自己的书，而是全世界的书，因为对这个世界具有重要意义的一切书籍，尽在汉学家的藏书中：所有的宗教书籍，所有思想家的著述，所有关于东方文学的典藏，那些尚存人间的西方文学书籍。如今，这一切都化作了灰烬，而我眼睁睁地看着这一切发生，却想都没有想过要从中抢救出一部分。剩下的是一片灰烬，除了灰烬什么也没有，而这一切都是我一手造成的。因为，这样一部书中发生的事不是单纯的游戏，而是人们应为之负责的现实，它比任何从外部发出的批评以及对自我所作的批评都更重要。即使迫使我写下这些东西的是一种巨大的恐惧，但是，那令人生畏的事情的发生是否为这种恐惧所招致，还是值得思考的。[1]

---

① 〔英〕埃利亚斯·卡内蒂：《眼睛游戏——1931—1937年间生活经历》，陈良梅译，北京：新星出版社，2006年，第3-4页。

从这段叙述里，我们可以看到卡内蒂精神世界的“人物塑形”过程，显然并非简单的赋姓立名而已，作为这个虚构文学世界的“创世者”，作家也有其痛苦挣扎的“创生”过程。这就是该怎样安排故事的进程和结局，或许是要和他自己的理论相吻合，所谓“人需要密集的群众”，因为“只有在群众中，人才能免于对这种接触的畏惧心理”[①]。对群众和权力的理论阐释固然是一种依据，而对代表了群众的“火”这个意象的特别关注也是一个要素，因为两者间颇有结构相似性。[②]正是由于这些因素的相连接，所以在卡内蒂的叙述中，“一九三一年秋天，康德放火烧了自己的图书馆，他把自己和那些藏书一起烧掉了。他的灭亡让我感觉形同身受，仿佛它发生在自己身上一样。从这部作品起，我开始有了自己的见解和体会。我没动过那份手稿，几年里，它一直都叫《康德着火了》。这一题目带来的痛苦是很难承受的。当我勉强做出决定要改变时，我无力做到完全与火脱开干

---

① 〔英〕埃利亚斯·卡内蒂：《群众与权力》，冯文光等译，北京：中央编译出版社，2003年，第2页。

② 有论者如此阐释：“（1）火和群众都有着同质性：书籍和房子在被火焰吞噬后，成为一样的东西；群众中的个体同样也丧失了个性，成为完全一样的一分子。（2）火与群众都有着摧毁一切的骇人力量：在火的面前，绝大多数物质都毫无反抗能力；个体在面对群众时，也总是轻而易举放弃抵抗，自愿融入进去。（3）火和群众两者都在短时间内实现迅速扩张。”李轩《卡内蒂长篇小说〈迷惘〉中“火”的主题》，载复旦大学外文学院编：《复旦外国语言文学论丛》（2013年研究生专刊），上海：复旦大学出版社，2013年，第32页。

系”[①]。为什么让康德来焚书？“焚书”这个意象确实很值得推敲，因为中国人固然熟悉秦始皇“焚书坑儒”的故事，而西方世界熟稔的则是德国纳粹时代的“大学城焚书”事件，1933年纳粹上台后即发生了大学生在各地的焚书事件。按照海涅那句名言，“焚书的地方，最后人也要被焚”[②]，所以最后总是要着火到人身上的，似乎本来卡内蒂有意将作为德意志精神世界象征的康德作为被燃烧的对象，但最终还是改成了相近的吉恩（Kien，德文原意为“松木”，乃易燃木料），他所想要寄托的理念显然是不能忽略的。按照他自己的说法，“康德变成了吉恩，我感觉到世界的可燃性所带来的威胁，而这可燃性在主角的名字中保留了下来。痛苦在《迷惘》的名字里得到强化。没有人看出它保存了对参孙之盲的记忆，即便在今天我也不敢否认这一

---

① 德文为：“Im Herbst 1931 legte Kant Feuer an seine Bibliothek und verbrannte mit seinen Büchern. Sein Untergang ging mir so nahe, wie wenn es mir selber geschehen wäre. Mit diesem Werk beginnt meine eigene Einsicht und Erfahrung. Während einiger Jahre trug das Manuskript, das unangetastet bei mir lag, den Titel *Kant fängt Feuer*. Der Schmerz dieses Titels war schwer zu ertragen. Als ich mich widerstrebend zur Änderung entschloß, vermochte ich mich nicht ganz vom Feuer zu trennen.” Canetti, Elias: *Die Fackel im Ohr-Lebensgeschichte 1921—1931*. Frankfurt am Main: Fischer Taschenbuch Verlag, 1982. S.344.〔英〕埃利亚斯·卡内蒂：《耳中火炬——1921—1931年间生活经历》，陈良梅等译，南昌：新星出版社，2006年，第368页。

② 转引自翁义钦《纳粹焚书——危险的信号》，载褚钰泉主编：《悦读MOOK》第32卷，南昌：二十一世纪出版社，2013年，第104页。

点”[①]。我以为这样一个康德—吉恩的过程是值得关注的，因为从以一代大哲为名到将其转化为一个汉学家的命名，这其中必然包含了作者迁变的思想过程，也就是寻找意义的过程。甚至这部书的汉译名也是值得推敲的，我以为若称之《迷盲》会更合适些。因为引用“参孙之盲”就是一个最好的提示[②]，这是一个人生之途变盲的过程，目盲的结局其实暗示了道盲的必然。吉恩的自焚与焚书，其实也是人生的毁灭之路，为什么会有这样的结局？为什么会在一个汉学家身上发生这样的悲剧？我们不妨就此接着追问下去，这样的故事为什么要设定在一个与中国文化关系密切的汉学家人物身上？卡内蒂对中国究竟有多少认知？

---

① 德文为：“Aus Kant wurde Kien, die Entzündbarkeit der Welt, deren Bedrohung ich fühlte, blieb im Namen der Hauptfigur erhalten. Der Schmerz aber steigerte sich zum Titel *Die Blendung*. Er bewahrte, für niemand erkennbar, die Erinnerung an Simons Blendung, der ich auch heute nicht abzuschwören wage.” Canetti, Elias: *Die Fackel im Ohr-Lebensgeschichte 1921—1931*. Frankfurt am Main: Fischer Taschenbuch Verlag, 1982. S.344.〔英〕埃利亚斯·卡内蒂：《耳中火炬——1921—1931年间生活经历》，陈良梅等译，北京：新星出版社，2006年，第369页。中译文有所调整。

② 卡内蒂在自传中还浓墨重彩地描写了他对“参孙被刺瞎”（Simsons Blendung）的感受，参见 Canetti, Elias: *Die Fackel im Ohr-Lebensgeschichte 1921—1931*. Frankfurt am Main: Fischer Taschenbuch Verlag, 1982. S.109-114.〔英〕埃利亚斯·卡内蒂：《耳中火炬——1921—1931年间生活经历》，陈良梅等译，北京：新星出版社，2006年，第116-121页。

二、“犹太之华”的精神漫游特质[①]

相比较在欧洲，上述在奥国风景中的定居与融入尤其艰难，对于遥远的东方，犹太人似乎远隔关山万重，但即便如此，居然也割不断千丝万缕的联系和因缘。犹太人在中国历史颇长，有“周代说”“汉代说”“唐代说”“宋代说”等。他们大概是自波斯（西域）、印度（天竺）等地辗转到华，在中国的丹丹乌里克、敦煌、杭州、宁波、宁夏、北京等地都留下了足迹。17至18世纪后，唯有在开封的犹太人还是一个较强的民族群体。中国犹太人一般自称“挑筋教徒”、“一赐乐业”（Israel的对音）教徒、“蓝帽回回”等。[②]

当然，与百年间（1820—1920）逾300万之多的犹太人移居美国相比，[③]犹太人来华史确实是过于微薄，但这样未必就可以忽略不计，毕竟这同样谱写出另一种的犹太流散史。19世纪以来，犹太人来华进入了一种新的状态，这是全球化与清末半殖民期的交合。譬如1840年以后，因上海开埠而蜂拥而至的来沪犹太人就有三大群体：塞法迪犹

① 关于卡夫卡、卡内蒂与中国文化关系的简要叙述，参见卫茂平：《中国对德国文学影响史述》，上海：上海外语教育出版社，1996年，第406-412、449-459页。忻剑飞：《醒客的中国观：近百多年世界思想大师的中国观感概述》，上海：学林出版社，2013年，第307-329页。

② 耿昇《译者的话》，载〔法〕荣振华、〔澳〕莱斯利：《中国的犹太人》，耿昇译，郑州：中州古籍出版社，1992年，第1-2页。

③ Diner, Cf. Hasia R.: *The Jews of the United States*. Berkeley, Los Angeles and London: University of California Press, 2004. p. 115.

太人（经商）、俄国犹太人（谋生）、欧洲犹太难民（避难）。到20世纪30年代末，犹太人总数超过3万，形成远东最大的犹太社团，拥有自己的宗教公会、犹太会堂、学校、医院、俱乐部、公墓、商会、出版物、政治团体（锡安主义组织）、小型军队——上海万国商团犹太分队。[①]

我们这里着重要讨论的显然不是这种直接的地理侨易过程，而是换一种视角，从历史世界的真实可靠转换到文学世界的虚拟映射。通过这两位作家主要是奥国在场的“两卡氏”，来看看他们与中国发生的精神关联。

卡夫卡的中国经验是通过多种知识渠道来实现的[②]，他当然写过像《万里长城建造时》这样的中国小说，虽是未竟之作，但确实反映出了他对于“帝国”的一种想象[③]。但更重要的应是他对中国的知识

① 潘光《导言》，载潘光、王健：《一个半世纪以来的上海犹太人——犹太民族史上的东方一页》，北京：社会科学文献出版社，2002年，第2页。另可参见卫茂平、冯晓春：《论二战期间上海犹太人的生存状况》，载吴友富主编：《外语与文化研究》第6辑，上海：上海外语教育出版社，2007年，第870–888页。

② 关于卡夫卡与中国的关系，参见 Adrian, Hsia （ed.）: *Kafka and China*. Frankfurt am Main, Berlin, Bern, New York, Paris and Wien: Peter Lang AG, 1996. Goebel, Rolf G.: *Constructing China-Kafkas Orientalist Discourse*. Columbia: Camden House, 1997. 曾艳兵：《卡夫卡与中国文化》，北京：首都师范大学出版社，2006年。

③ 有论者从《万里长城建造时》探讨卡夫卡关于“长城帝国”的想象，参见周宁：《天朝遥远——西方的中国形象研究》下册，北京：北京大学出版社，2006年，第655–665页。也可参见 Nakazawa, Hideo: “Über Die Chinesische Mauer”, in Huang Guozhen and Sun Longsheng (hg.) : *Chinesisch-japanischens Germanistiktreffen-Dokumentationen der Tagungsbeiträge*. Beijing: Gesellschaft für internationale kulturelle Publikationen, 1994. S.77–96.

性了解，譬如卡夫卡曾在1912年7月8日晚听过一场关于衣服的演讲，让他印象深刻的竟然是“中国女子把脚变成畸形，就为了有一个大屁股”[①]。这样一种文化误读当然比比皆是，可对于卡夫卡来说毕竟也影响到他的中国知识的形成，不知道他稍后在读《寒夜》并很感慨时有否将这样一种知识关联起来？就此而言，一个良性的知识网络构成无疑很重要。譬如卡夫卡至少通过两种渠道接触到了中国的民间故事，就影响力而言，卫礼贤（Wilhelm，Richard，1873—1930）德译的《中国民间故事集》（*Chinesische Volksmärchen*，1914）似更大[②]，卡夫卡甚至将其购置当作礼品送给了妹妹，并题词：“致奥特拉——一个在噪杂声中跃入轻舟的跳跃者”[③]；但另一条渠道也值得重视，就是通过布伯（Buber，Martin，1878—1965）的转介作品《中国的鬼怪和爱情故事》[④]而了解的。布伯本身不通汉语，乃通过英译本转

---

① 1912年7月9日日记，Kafka, Franz: *Tagebücher 1910—1923*. Frankfurt am Main: S. Fischer Verlag, 1967. S.480. 叶廷芳主编：《卡夫卡全集》第6卷，叶廷芳等译，石家庄：河北教育出版社，1996年，第535页。

② *Chinesische Volksmärchen*. Übersetzt und eingeleitet von Wilhelm, Richard. Jena: Eugen Diederichs, 1914. 关于此书的内容介绍，参见 Walravens, Hartmut (zusammengestellt)：*Richard Wilhelm (1873—1930). Missionar in China und Vermittler chinesischen Geistesgutes*. Nettetal: Steyler Verlag, 2008. S.87-90.

③ Hsia, Adrian (ed.)：*Kafka and China*. Frankfurt am Main, Berlin, Bern, New York, Paris and Wien: Peter Lang, 1996. p.119. 中译文引自曾艳兵：《卡夫卡与中国文化》，北京：首都师范大学出版社，2006年，第88页。

④ Buber, Martin (dt. Auswahl)：*Chinesische Geister und Liebesgeschichten*. Frankfurt am Main: Rütten und Loening, 1922.

译[①]；而卡夫卡与布伯有过接触，他对布伯作的报告评价不高，所谓"我早已听过他的报告，他给我的印象是这个人相当乏味"，但认为其转译的《聊斋志异》故事"精彩绝伦"[②]。卡夫卡对中国古典小说《聊斋志异》的关注是值得注意的，卡内蒂就曾深刻地指出："最令人吃惊的是他（指卡夫卡，笔者注）如此驾轻就熟地掌握的另一种手法：变化成小动物。这种手法通常只有中国人堪与媲美。"[③]其实，如果我们关注知识谱系的形成史的话，那么作为奥国犹太人，从卡夫卡到卡内蒂的轨迹也似乎自然型构，因为两者本就熟识。卡内蒂甚至认为，卡夫卡"可以说以他的一些短篇小说进入了中国文学之列。18世纪以来欧洲文学一再采用中国的主题，但是卡夫卡是西方可以提出的从本质上说属于中国的唯一作家"[④]。这个判断相当敏锐而重要，就等于说，卡夫卡是最接近中国艺术本质的西方作家。

---

① 曾艳兵：《卡夫卡与中国文化》，北京：首都师范大学出版社，2006年，第88页。卫茂平：《中国对德国文学影响史述》，上海：上海外语教育出版社，1996年，第358页。但布伯在出版此书之外，还有一部《庄子——德国选本的语录和寓言》，可参考 *Reden und Gleichnisse des Tschuang-Tse*, Leipzig: Insel Verlag, 1910.

② 1913年1月16日卡夫卡致菲莉斯信，载叶廷芳主编：《卡夫卡全集》第9卷，叶廷芳等译，石家庄：河北教育出版社，1996年，第215、216页。

③〔英〕埃利亚斯·卡内蒂：《另一起诉讼——卡夫卡致菲莉斯的信（节选）》（1969），载叶廷芳编：《论卡夫卡》，北京：中国社会科学出版社，1988年，第609页。参见 Canetti, Elias（ed.）: *Kafka's Other Trial—The Letters to Felice*. Translated by Christopher Middleton, Berlin: Schocken Books, 1974.

④〔英〕埃利亚斯·卡内蒂：《另一起诉讼——卡夫卡致菲莉斯的信（节选）》（1969），载叶廷芳编：《论卡夫卡》，北京：中国社会科学出版社，1988年，第612页。

卡内蒂当然对变形这种中国手法并不陌生，但我觉得最值得探究的仍是《迷惘》（*Die Blendung*）中的汉学家彼得·基恩的形象。那么，卡内蒂对汉学与中国究竟了解多少？他为什么在自己青年时代的这部名作中竟以一位汉学家做主人公呢？汉学家的形象究竟只是一种象征性的符号，还是他对卡内蒂来说有着切入底里的意义？卡内蒂如此描绘基恩：

基恩宁愿用笔而不是用口来表达自己的思想。他掌握了十几种东方语言，西方语言当然就更不用说了。人类的各种文献他都不感到陌生。他用各种格言警句进行思考，论文的结构独具匠心，数不清的文章之所以能够产生都应归功于他。在那些中国的、印度的和日本的古老文稿中，凡有损坏或霉烂的地方，他都能设法把上下文连贯起来。正因为如此，别人嫉妒他，而他就不得不付出大量精力来自卫。他律己极严，总是过分小心地、慢慢地、不厌其烦地用几个月的时间仔细斟酌一个字母、一个词汇或一个句子，直到他觉得肯定无懈可击了才肯罢休。虽然他迄今发表的论文为数甚少，但每篇论文的内容坚实，以一当百。这使他享有当时首屈一指的汉学家的声誉。汉学界的同行对他的论文谙熟备至，几乎能全文背诵。这些文章的论断严谨有力。每当人们遇到有争论的问题，总是来请教他。同时，他在同行中，又是邻近学科的最高权威。他曾给少数人复过信，从而给他们以莫大的荣誉。能接到他复信的人，都是经过他精心选择的。谁要是接到过他一封复信，就会受到无比的鼓舞，并用数年的时间来撰写论文。考虑到鼓励者的声望，论文尚未发表就可预见它必然成功。不过，他从不出面和人交往，毫无例外地谢绝一切邀请。无论什么地方，只要有东方语言教授的空席，人们总会首先想到聘请他，而他总是以轻蔑的态度婉言拒绝。[①]

这样的描绘极为精彩而形象，同时也基本属于作者的想当然耳。如此伟大的汉学家，在现实生活中却被社会规则撞得头破血流，最后竟然不得不以自焚的方式而归于毁灭，真是悲哉哀乎？何以然？基恩的悲剧本来是应被安排在康德身上的，但最终却由一个伟大德国哲学家的象征符号转换成了著名的中国学研究者，基恩之书痴、之受难、之火燃，似乎构成某种逻辑的轨迹链，即是对中国文化的接受导致了他的灾难性后果。根据目前的材料来看，卡内蒂对中国文化两道基本源流，即道家—儒家的格局显然是偏向后者的，他对老子论述不多，而对孔子则显然很熟悉，这也充分表现在基恩的行动和思想过程中对孔子语录的不断征引上。他认为：“孔子的《论语》是一个人的最古老和最完整的精神画像，人们把它视为一本现代的书。其中不仅包含一切，就是其中缺少的东西也意义重大。”所以，他把孔子视为“一个典范”[②]。当然他对中国文化的了解是丰富的，诸如孟子、列子等

① 〔英〕埃利亚斯·卡内蒂：《迷惘》，章国锋、舒昌善、李士勋译，北京：外国文学出版社，1986年，第14页。

② Canetti, Elias: *Konfuzius in seinen Gespräechen*. In *Das Gewissen der Worte*. Müenchen & Wien: Hanser, 1983. S.191–192. 中译文引自卫茂平：《中国对德国文学影响史述》，上海：上海外语教育出版社，1996年，第452页。

人的著作和论述他都有所涉猎。但借助中国儒家的典范人物的思想来表达“没有世界的头脑”，进而展现“没有头脑的世界”，最后达到“世界的头脑”的三部曲进程，却倒是饶有意味的。“头脑”—“世界”大致可理解为一种“理想”—“现实”的二元关系，基恩显然在理想的精神世界里走得很远，但却是“物极必反”，最后一旦到了极端，之后的反弹居然连其物质世界里的基本生存保障都被彻底剥夺了。所以任何事物的发展都有一个必需的“度”需要去把握，不能做“不食人间烟火”的神仙。当然，将这种“精神反例”的思想源头定位在中国儒家，尤其是孔子思想，确实是值得深思的。因为一般来说，相比较老子的淡薄无为、潇洒飘逸，孔子其实一直是以积极入世、兼济天下而著名的。究竟是基恩读孔别入旁门，还是孔子思想确有其必然使人走火入魔的一面，或也只是作者探究普遍化问题过程中的一个符号更易而已（因为原名为康德），这其中深层的文化交域因子值得深入剖析。

当然，中国文化因子之外，奥国本身的背景，甚至是犹太因素都值得考察。譬如卡内蒂就毫不讳言自己从卡夫卡那里获得的教益：“他有着把自己化作无足轻重的小人物的本领，并且使自己摆脱权力的束缚。我要向他学习一辈子，这是至为必要的。”[①] 这还是说卡夫卡那种“化身文本”，追索人类生存之谜的艺术探险家的执着和努

① 埃利亚斯·卡内蒂《获奖演说》，载刘硕良主编：《诺贝尔文学奖授奖词和获奖演说》下册，桂林：漓江出版社，2013年，第442页。

力，当然还有其他比如将人变形为兽的具体艺术技巧和方法[①]，卡内蒂自称在投身工作时，也会尽量运用此变形手法，可达致一种奇遇境界[②]；另外，也还有相互传承的一面，甚至这不仅是在卡内蒂、卡夫卡两个作家个体之间的相互影响和学习，而且也内含着中国文化西向侨易之后发生的变形，其实表现出主体被消解之后的观念侨易的复杂过程。

我们比较一下卡夫卡与卡内蒂这两者的个体经验，似乎处于两种极端，即一个是独坐书斋、思接天外，一个则是充满了动感，一直在侨易空间里不断运动，并由此直接勾连起多种文明体关联。“我想每个人在其一生中都有自己特别崇敬的城市，这是由于威胁、无法测度的灾难或别具一格的风姿而在人们头脑中形成的美妙的反映吧。对于我来说，有三个城市属于这种城市之列，这就是维也纳、伦敦和苏黎世。”[③]当然卡内蒂的居留范围绝不止这“三城记”而已，但在其追溯往事的时候，有时也不得不删繁就简，凸显重点。这其中显然表现出日耳曼区和英格兰文化的影响。而两度各三个月左右的柏林之旅，对其思想形成也至关重要，尤其是在创作《迷惘》的过程中。但即便是充满动感的卡内蒂，也免不了“精神漫游”的过程，正是借助抽象知

① 卡内蒂明确指出：“人是变形的动物，因为有变形的能力，才会变成人。” Hanuschek, Sven: *Elias Canetti-Biographie*. München & Wien: Carl Hanser Verlag, 2005. S.14.

② Hanuschek, Sven: *Elias Canetti-Biographie*. München & Wien: Carl Hanser Verlag, 2005. S.14.

③ 埃利亚斯·卡内蒂《获奖演说》，载刘硕良主编：《诺贝尔文学奖授奖词和获奖演说》下册，桂林：漓江出版社，2013年，第441页。

识的帮助，他才完成了“中国精神之旅”的变创，而建构出基恩这样一个非常典型的“知识型人物”。然而或许值得追问的是，“中国元素”究竟在何种意义上成就了卡内蒂的艺术创造，又如何型构成一种更为复杂的文化交域的实践模型，甚至勾连出多边文化的博弈场景，在具体的作家个体身上得以生动呈现。我们会看到同样没有中国的实践经验，但这两位奥国犹太人（当然卡内蒂更加复杂）的中国书写或资源应用是很不一样的。相比较卡夫卡似乎化盐于水的信手拈来（当然背后其实是非常广博的阅读和深刻的思考），卡内蒂似乎显得更加沉重与笔力千钧，无论是从其自传还是小说中都能感受明显，更不用说是理论著作了，这当然可以归因于作者的生性与路径不一，但也无疑揭示出即便有大致相同的文化背景，其展现出的成长与致思路径也可能有根本差异。显然，就此来说，“犹太之华”的命题并非那么轻易就可以破解，还有待于我们进一步深入探讨。

三、精英个体表现的文明体侨易

我们考察这两个个案的意义究竟何在呢？或许可以展示给我们的正是文明体之间复杂纠缠的关系问题，按照维特根斯坦（Wittgenstein，Ludwig J.J.，1889—1951）的看法，“思想家与制图员十分相似，制图员的目的在于表现事物之间的各种相互联系”[①]。无论

①〔奥〕维特根斯坦：《文化和价值》，黄正东等译，北京：清华大学出版社，1987年，第15页。

思想家的功用有多么崇高，就其工作实质而言，确实是要阐明“关系”问题。但此处一方面是非常简洁地道出了思想家的意义，另一方面则提示我们给予思想史家的基本任务，那就是给思想史制图，能够描述出基本的思想观念之间的谱系脉络，当然也包括思想家之间的各种相互关系。美国文化史家休斯克（Schorske，Carl E.，1915—2015）曾对奥匈帝国的文化做出如下总结：

> 奥地利贵族的传统文化，与资产阶级和犹太人尊重法律、严守道德的文化相比，可谓大相径庭。它深受天主教教义影响，是一种崇尚美感灵活多变的文化。传统的资产阶级文化把自然看成是依靠神圣法则加以规范才能掌握的领域，而奥地利贵族文化则把自然当成是欢愉的场景、圣恩的展现，需将其在艺术中加以颂扬。传统的奥地利文化不像德国北方文化那们是道德、哲学和科学的，它主要是审美的，其最大成就便在于对艺术的应用和演绎：建筑、剧院以及音乐。植根于自由主义文化（理性法规）的奥地利资产阶级于是就同重感官和圣恩的旧贵族文化形成对抗。[①]

在这里，他所讨论的显然并不仅是个体之间的具体比较，而是文化体的特征描述。譬如奥国贵族的传统文化、资产阶级文化、犹太人的文化等，虽然并不是那么特点鲜明，但确实显示出多重文化交错相

① 〔美〕卡尔·休斯克：《世纪末的维也纳》，李锋译，南京：江苏人民出版社，2007年，第5页。

融的复杂性。那么，通过考察卡夫卡与卡内蒂的犹太个体作家的侨易过程，连带勾勒出的文化空间的线路风景，我们究竟可以观察到什么有趣的现象呢？个体载共的文化史风景和文明体交错是怎样呈现的呢？

其一，侨易路线的复杂性与地理位移的“链性”与“间续”。像卡内蒂这样的人物，他有着非常丰富的跨文化经验，既有类似犹太文化身份这种规定性的元素，同时在地理意义上也始终连续位移，实现了文化交易的特殊形式。奥匈帝国乃是二卡氏主要的安身立命之地，虽然像卡内蒂早期曾在保加利亚出生和成长，也在英国有过暂居经历，但考察其主要成长过程，仍以维也纳为首要之地。那么，此地的文化语境和教育环境，究竟给他们带来怎样的动力和刺激？在我看来，19至20世纪之交的奥国，虽然已是“夕阳无限好”，但仍有着一般区域所难以企及的文化氛围和贵族气息，这对身处此境的后来者来说确实是极为有利的成长条件和环境。当然，犹太是一个始终不能忽略的核心文化要素，有论者说，“没有任何其它德国文化领域像文学一样被犹太人留下了如此之多，之深的足迹”[①]。在我看来，德国文学乃是人类文明史上最有特殊性的宝藏之一，其大师辈出，不仅表现在文学叙述作品本身的成绩，更因其思想史意义而成为特别另类的知识文本。而犹太人能在最擅长此领域的德国人的本土蛋糕上留下如此

① 德文原文是：“In keinem anderen Bereich deutscher Kultur haben Juden so viele und tiefe Spuren hinterlassen wie in der Literatur.” Lamping, Dieter: *Von Kafka bis Celan-Jüdischer Diskurs in der deutschen Literatur des 20. Jahrhunderts*（从卡夫卡到策兰——20世纪德语文学里的犹太话语）. Göttingen: Vandenhoeck und Ruprecht, 1998. S.9.

浓墨重彩的标记，正足以证明其强大的思想和诗性力量。

其二，“地理位移”与“精神漫游”的双重作用下对“高简”原则的努力。这一点尤其体现在与中国文化的关系上，特别是对具体创作技巧上的承继和化用。而中国文化之所以在此被提起，乃是在二者的实践经验中，相比较日常生活里体现出的地理位移，中国镜像或许更多只能属于精神漫游的类型，在这样一种比较关系中，实际上出现一种明确的错位现象，即“犹太之奥”为实实在在的亲身体验，而“犹太之华”则为来自书本的虚拟想象，因为二卡氏均非亲历中国，所言所塑，不过纸上苍生而已，可即便是“纸上谈兵”，也不宜太过忽略，因为此种精神交流很可能是孕育了新思想与新观念的创生之门。卡内蒂曾引证《论语》，称孔子反对把人变成工具[①]，此处应指“君子不器”之意。在阅读中尝试理解，但往往产生误解，而误读可能是荒谬解释，也未必就不能有孕育新思之可能。至于卡夫卡，他至少接触到中国文化的两块很重要的领域，一是文学本身，即以诗为主体的中国古典文学；二是中国的思想元典，如《老子》《庄子》《论语》等。当然卡氏不通中文，他当然要借助于德译本，前者所利用的是黑尔曼（Heilmann，Hans，1859—1930）的《公元前12世纪至今的

① 张克芸：《论埃利亚斯·卡内蒂的变形观》，载《同济大学学报》，2013年第2期，第18页。

中国诗》[①]，据称卡氏甚爱此书，并对友人朗诵其段落[②]；他颇感兴趣的如唐诗中的李白、杜甫、白居易等[③]，而其中印象犹深者则是清人袁枚之《寒夜》[④]。如果谈到中国经典的德译史，则作为出版家的狄德里希斯绝不可忽略不计，正如同尼柯莱之于德国古典时代的重要意义那样，狄德里希斯的眼光和功用在现代德国文化史与思想史上可谓“举足轻重”。而狄德里希斯正是现代德国出版德译中国经典的重要出版社。有论者称卡氏曾收集该社出版的《老子》等中国经典著作，乃至“相当深入地研究过道家”[⑤]，此论或待进一步论证。但至少在卡夫卡的笔下就记录了布罗德（Brod，Max，1884—1968）与狄德里希斯（Diederichs，Eugen，1867—1930）的交往：“马克斯去耶拿见狄德里希斯。”[⑥]以卡夫卡与布罗德交谊之密，至少卡夫卡是没有不关注该

---

① Heilmann, Hans: *Chinesische Lyrik vom 12. Jahrhundert vor Chr. bis zur Gegenwart*. München and Leipzig: Piper, 1905.

② Brod, Max: *Über Franz Kafka*. Frankfurt am Main: Fischer-Taschenbuch-Verlag, 1966. S.344. 另可参见〔奥〕马克斯·布罗德：《卡夫卡传》，叶廷芳等译，石家庄：河北教育出版社，1997年。

③ 所列举作品包括李白《侠客行》，杜甫《寄李十二白二十韵》，《秋兴八首》，白居易《松声》，张籍《节妇吟寄东平李司空师道》等，卫茂平：《中国对德国文学影响史述》，上海：上海外语教育出版社，1996年，第410页。参见 Brod, Max: *Über Franz Kafka*（论卡夫卡）. Frankfurt am Main: Fischer-Taschenbuch-Verlag, 1966.

④ 1912年11月24日、1913年1月19日、1913年1月21—22日、1913年3月11—12日卡夫卡致菲莉斯信，载叶廷芳主编：《卡夫卡全集》第9卷，叶廷芳等译，石家庄：河北教育出版社，1996年，第83、220-221、226-227、302页。

⑤ Janouch, Gustav: *Gespräche mit Kafka*（卡夫卡谈话录）. Erweitere Ausgabe. Frankfurt am Main: Fischer, 1968. S.207.

⑥ 1912年7月4日日记，叶廷芳主编：《卡夫卡全集》第6卷，叶廷芳等译，石家庄：河北教育出版社，1996年，第528页。

社及其出版物的道理。果然，卡夫卡确实读过卫礼贤所译的中国古代哲学和宗教书籍，而且“这些书里的成语、比喻和风趣的故事也让他着迷”[①]。更重要的是，雅诺施记录了卡夫卡对中国经典的态度，其时偶然的机会让我们了解到卡夫卡与中国文化的深度接触：

有一次，我把老子的《道德经》的第一本捷文译本带到保险公司，就这个机会，我发现了卡夫卡对中国的兴趣。卡夫卡饶有兴味地翻阅了一会儿纸张很差的书，然后把它放到桌子上说：“我深入地、长时间地研读过道家学说，只要有译本，我都看了。耶拿的狄德里希斯出版社出版的这方面的所有德文译本我差不多都有。”

为了证明这一点，他打开办公桌边上的抽屉，从里头拿出五本有黑色装饰图案的黄色精装书籍，放到我面前的桌子上。

我一本一本拿起这些书：孔子《论语》《中庸》，老子《道德经》，《列子》，庄子《南华经》。[②]

---

① 〔捷克〕雅诺施（Janouch, Gustav, 1903—1968）记录的《卡夫卡谈话录》，载叶廷芳主编：《卡夫卡全集》第5卷，叶廷芳等译，石家庄：河北教育出版社，1996年，第454页。

② 雅诺施记录的《卡夫卡谈话录》，载叶廷芳主编：《卡夫卡全集》第5卷，叶廷芳等译，石家庄：河北教育出版社，1996年，第454页。

在具体的细节上或许有所讹误，但雅诺施大致没有必要说谎。[①]卡夫卡对中国文化的关注以及对卫礼贤德译本、狄德里希斯出版社的认知当是没有疑问的。卡夫卡对德国人的文化建设积累事业表示高度认同："德国人做事都很认真。无论什么，他们都要把它办成博物馆。"但他显然无意穷根究底，对于狄德里希斯十卷本的"中国古代思想家文库"计划，他并不试图收集齐全，他有这样一番论述："这是一个大海，人们很容易在这大海里沉没。在孔子的《论语》里，人们还站在坚实的大地上，但到后来，书里的东西越来越虚无缥缈，不可捉摸。老子的格言是坚硬的核桃，我被它们陶醉了，但是它们的核心对我却仍然紧锁着。我反复读了好多遍。然后我却发现，就像小孩玩彩色玻璃球那样，我让这些格言从一个思想角落滑落到另一个思想角落，而丝毫没有前进。通过这些格言玻璃球，我其实只发现了我的思想槽非常浅，无法包容老子的玻璃球。这是令人沮丧的发现，于是我就停止了玻璃球游戏。这些书中，只有一本我算马马虎虎读懂了，这就是《南华经》。"[②]这让我们窥见一战后欧洲知识精英的思想世界，这个世界是包容的，是谦逊的，是有着追逐真理之思的"求真渴

① 有论者指出其时《中庸》德译本未出版，参见 Meng, Weiyan: *Kafka und China*. München: Indicium Verlag, 1986. S.49. 卫茂平：《中国对德国文学影响史述》，上海：上海外语教育出版社，1996年，第410页。雅诺施与卡夫卡的对话发生在20世纪20年代。不过查其著作出版目录，卫礼贤似乎就没有出版过《中庸》的德译本。Walravens, Hartmut （zusammengestellt）: *Richard Wilhelm* （*1873—1930*）. *Missionar in China und Vermittler chinesischen Geistesgutes*. Nettetal: Steyler Verlag, 2008. S.61-159.

② 雅诺施记录的《卡夫卡谈话录》，载叶廷芳主编：《卡夫卡全集》第5卷，叶廷芳等译，石家庄：河北教育出版社，1996年，第454-455页。

望”的。按照卡夫卡所言：“真理总是深渊。就像在游泳学校那样，人们必须敢于从狭窄的日常生活经验的摇晃的跳板上往下跳，沉到水底，然后为了边笑边呼吸空气，又漂浮到现在显得加倍明亮的事物的表面。”[①]卡内蒂的境界似乎并没有那么高，他虽然也像基恩那样不断学习，甚至有学术著作《群众与权力》(*Masse und Macht*)问世，并强调：“人最畏惧的是接触不熟悉的事物，人想看清楚，触及他的是什么东西，他想辨认清楚，或者至少弄明白是哪一类东西。”[②]这种对问题的思考显然很有深度，但究竟如何才能达到那种“飞花摘叶”“化盐于水”的境界，却并不简单。或许我们对精神质变的这个层次可称之为“高简”。对于作家或艺术家、思想家来说，仅仅是提升自己的境界和思想也还是不够的，更重要的或在于如何能将其“化繁为简”，提炼出更为简洁的原则，所谓大道至简是也。慧能在悟道的过程中虽然颠沛流离，但其说谒则十分简洁见道。如“菩提本非树，明镜亦非台。本来无一物，何处惹尘埃”，又如“不是风动，不是幡动，是心动”等皆是。卡夫卡、卡内蒂都做到了这一点。但相比较卡夫卡的不着一字，尽得风流，卡内蒂似乎有些急迫地企及那种致思致简的目标，层次还是有高下之别的。

其三，系统的结构性：精英个体与文明体侨易之相互作用。在茨

---

① 雅诺施记录的《卡夫卡谈话录》，载叶廷芳主编：《卡夫卡全集》第5卷，叶廷芳等译，石家庄：河北教育出版社，1996年，第456页。

②〔英〕卡内提：《群众与权力》，冯文光等译，北京：中央编译出版社，2003年，第1页。

威格看来："你要发现一个民族或者一座城市最关键和最隐秘之处，却永远不能通过书本；同时，即使你整天四处游逛，也永远不能获得；而是始终只能通过这个民族或这座城市最优秀的人物。你要了解民族和乡土之间的真正关联，唯有从你和活着的人的思想友谊中获得；一切外部的观察始终是一幅不真实的粗略图像。"[①]也就是说，若想深入认知某个文化符号体的内在深层因素，只能通过个体或群体的方式来以点带面，由象见道。那么，精英个体"个体载共"的意义自然不言而喻。必须承认的是，犹太人在文化领域和知识结构中的优势几乎是绝对的，罗曼·罗兰（Rolland，Romain，1866—1944）在日记中记录了茨威格的天真话语，他夸耀德国犹太人在知识领域中的优势，说那些即便不是犹太人的知识界人物也常有犹太女人为妻，断言说："在德国不可能排斥知识界的犹太人……德国人完全明白，他们需要犹太人……他们自己太笨拙。他们不可能成为有才干的新闻记者……"[②]他对奥国犹太人就更是自信，称"19世纪维也纳文化的十分之九，是由维也纳的犹太人促成、哺育，甚至是由他们自己创造的文化"[③]。他指出欧洲犹太人的期望是"通过进入知识阶层，从而使

① 〔奥〕茨威格：《昨日的世界——一个欧洲人的回忆》，舒昌善等译，北京：生活·读书·新知三联书店，1991年，第146页。

② 〔法〕罗曼·罗兰：《罗曼·罗兰日记选页》，罗大冈译，杭州：浙江文艺出版社，1991年，第85页。

③ 〔奥〕茨威格：《昨日的世界——一个欧洲人的回忆》，舒昌善等译，北京:生活·读书·新知三联书店，1991年，第25页。

自己摆脱那种纯粹犹太人的气质而获得普遍的人性"①。他进一步列举卡尔·戈德马克、古斯塔夫·马勒、勋伯格、霍夫曼斯塔尔、阿图尔·施尼茨勒、阿尔滕贝格、弗洛伊德等人的名字，这些人甚至可说是创造了维也纳文化的主要部分，当然茨威格指出，这种创造是有特点的，并非纯粹以犹太人的方式，而是以"移花接木"的方法来表现"最强烈的奥地利和维也纳的特点"，具体言之：

因为正是在十九世纪的末年，维也纳的犹太人在艺术创作方面变得相当活跃——而在西班牙的犹太人当时正面临着艺术方面的可悲没落——诚然，这种艺术绝不可能是以一种犹太人特有的形式出现，而是通过移花接木的奇迹，表现出最强烈的奥地利和维也纳的特点。在音乐创作方面，戈德马克、古斯塔夫·马勒尔和勋柏格成了国际性的人物，奥斯卡·施特劳斯、莱奥·法尔、卡尔曼使圆舞曲和轻歌剧的传统获得新的繁荣。霍夫曼斯塔尔、阿图尔·施尼茨勒、贝尔-霍夫曼、彼得·阿尔滕贝格等人使维也纳文学达到欧洲的水平，这是格里尔帕策和施蒂弗特所代表的维也纳文学从未达到过的。索嫩塔尔、马克斯·赖因哈德使这座戏剧城市再度誉满全球。弗洛伊德和科学界的泰斗使早已闻名的维也纳大学举世瞩目。——这些身为学者、艺术名流、画家、导演、建筑师和新闻工作者的犹太人，在维也纳的精神生活中无可争辩地到处享有较高和崇高的地位。由于对这座城市的热爱和那种入乡随俗的愿望，他们使自己完全适应了这里的环境，并且觉

①〔奥〕茨威格：《昨日的世界——一个欧洲人的回忆》，舒昌善等译，北京：生活·读书·新知三联书店，1991年，第13页。

得能为奥地利的荣誉效劳，不胜荣幸，他们觉得为自己的奥地利作出贡献，是自己的世界使命，的确，应该实事求是地再次指出这一点：在现今欧美的音乐、文学、戏剧和工艺美术中被人赞誉为是奥地利文化获得新生的相当一部分——如果不说大部分的话——是由维也纳的犹太人创造的；而犹太人自己则在这种移花接木的工作中达到了千余年以来精神追求的最高成就。几个世纪以来无处寻找出路的智能在此和已趋式微的传统结合在一起，以新的生气和勃然的活力使旧的传统获得新的生命，焕发出新的青春。只是最近几十年想把这座城市强行民族化和地方化的企图，才大大亵渎了维也纳，因为这座城市在精神和文化方面恰恰遇到最多样化的因素，它在思想上完全是超民族的。维也纳的天才——一种独特的音乐天才，从来都是把民族和语言的一切对立因素和谐地融合在自身之中；维也纳文化是西方一切文化的综合。凡是在维也纳生活和工作的人都感觉到自己摆脱了偏狭和成见。再也没有一个地方能比在那里更容易当一名欧洲人。而我知道，我之所以能早早学会把欧洲共同联合的理想作为我心中的最高理想来加以热爱，在相当程度上应该感谢这座早在马可·奥勒留时代就维护着罗马精神——兼容一切的精神的城市。①

或许这正是犹太人最适合作为“世界公民”的原因，他们行走世界，一方面能够挣钱养活自己，同时也将自己所属的文化体元素播撒

① 〔奥〕茨威格：《昨日的世界——一个欧洲人的回忆》，舒昌善等译，北京:生活·读书·新知三联书店，1991年，第25–27页。

到世界各地，从这个意义上来说，犹太人具有传教士的特点，不过他们传的绝非基督教而已。有论者专门讨论“德语文学中的犹太人”，即被认为是“将德语文化圈里的犹太人视为一种特殊现象”（den Juden innerhalb des deutschen Kulturkreises als eine Sondererscheinung zu sehen）①；还有论者则进一步提出了“德国和犹太精神熔炉”（Verschmeltzung von deutschem und jüdischem Geist）的概念来描述德语犹太文学。②无论如何，德、犹文化关系乃是“理不断剪还乱”的亲密关系，而我们在此试图讨论的问题显然希望能进一步拓展层次，即不仅是德、犹文化关系，而且更是奥国、犹太与中国的文化关系，这种三边（在某些具体个案上可能更多）文化关系并不一定完全落实在地理位移上，而往往是与精神漫游互补的。

同为维也纳犹太人的维特根斯坦在1931年的笔记中这样说：“或许说（正确地或错误地），犹太人的头脑没有创造最小的花和小草的力量，他们仅从他人的思想土壤上将生长的花和草拔出来，移植于综合图案中。我们这样说话，不是指出什么谬误。只要所做的事情十分清楚，那一切就是对的。只有犹太人的工作的本质与非犹太人的工作的本质相混淆时，才会有危险，尤其当犹太人作者自己陷入混乱时，更是如此，因为他容易陷入混乱（他是否看上去神气十足，好像他自

① Krojanker, Gustav: Vorwort. In Krojanker, Gustav: Welt - Verlag, （Hg.）: *Juden in der deutschen Literatur-Essays über zeitgenössische Schriftsteller*. Berlin,1922. S.7–16. Hier S.7.

② Susman, Margerete: Vom Gestigen Anteil der Juden in der deutschen Geistesgeschichte. In Schulte, Christoph （Hg.）: *Deutschtum und Judentum - Ein Disput unter Juden aus Deutschland*. Stuttgart: Reclam, 1993. S.138–149. Hier S.140.

己生产了牛奶似的呢？)。”他接着加上一句：“犹太人的头脑特别对于他人的作品比对于自己的作品能更好地加以理解。”[①]这样的描述，好像过于渲染了犹太人善于“站在巨人的肩膀上”的特点，但这确实也反映了犹太民族最强势的地方，即虽颠沛流离、种群量少，但却极为善于汲取新知、具有极为厚重的文化传统，并能够为我所用。所以，“犹太人的‘天才’仅仅指的是圣人。甚至犹太人的最伟大的思想家只能算是有才干的人（譬如我自己）”[②]。在这里，维特根斯坦提出了一组有意思的概念，即圣人—干才，他敢于自诩乃犹太人最伟大的思想家，固然是相当自负的言辞，但却认为只是干才而非天才，算不得上是圣人。那么这里“圣人”概念究竟何指呢？或许就是类似于歌德这样的人物，因为在维特根斯坦看来，“歌德真正寻求的不是生理的色彩理论，而是心理的色彩理论”[③]。这当然是能切中肯綮的高论，因为歌德确实是太为广博而浩大，即便就知识域的拓展而言，他也是“后少见来者”的典范。显然，维特根斯坦在这里为犹太知识精英又确立了新的典范，而这对那代人来说具有普遍意义。譬如如果没有在维也纳等地的切身体会，卡内蒂恐怕很难成功地完成其成名作

① 〔奥〕维特根斯坦：《游戏规则：维特根斯坦神秘之物沉默集》，天津：天津人民出版社，2007年，第185页。另参见〔奥〕维特根斯坦：《维特根斯坦笔记》，许志强译，上海：复旦大学出版社，2008年。〔英〕瑞·蒙克：《维特根斯坦传》，王宇光译，杭州：浙江大学出版社，2011年。

② 〔奥〕维特根斯坦：《游戏规则：维特根斯坦神秘之物沉默集》，天津：天津人民出版社，2007年，第184页。

③ 〔奥〕维特根斯坦：《思想札记》，唐少杰等译，长春：吉林大学出版社，2005年，第161页。

《迷惘》，因为后者的素材和灵感颇有来自20世纪20年代发生的暴民焚烧维也纳正义宫的现象。“开放的心灵”这个概念相当重要，或者这正是维也纳教育所培育出的一代新人，正是在一种自由、敞开和阔大的心灵世界中，哈耶克、维特根斯坦、卡内蒂那代人才可能脱颖而出，展现出诗、知与思融通的光芒。从这个意义上来说，这确实表现出了系统的结构性特征，也就是说精英个体与文明体侨易之间始终是在相互作用，前者经由后者而规训与成长，后者则通过前者来展现和发展。陈寅恪当初的总结或许过于沉痛：“凡一种文化值衰落之时，为此文化所化之人，必感苦痛，其表现此文化之程量愈宏，则其所受之苦痛亦愈甚；迨既达极深之度，殆非出于自杀无以求一己之心安而义尽也。”[①]但其意思是对的，即文化（文明）并非完全抽象之物，它必须是借由具体的个体之人表现出来的。没有这种精英意识的自觉承担，文化终究是空洞无物的；反之，没有文化（文明）的浩荡延绵不绝，个体精英又如何能够凭空而出，真的如石猴般“横空出世”吗？那也是需要沐天地之灵气的。从这个意义上来说，卡内蒂与卡夫卡这两位具有强烈中国文化情结的奥国犹太精英，无疑有着太多的知识史意义和范式可能，可以牵连起更为广泛的多边文化交融意义，具有文明体侨易的标本价值，值得深入探讨。

---

① 《王观堂先生挽词并序》，载陈寅恪：《陈寅恪集·诗集附唐篔诗存》，北京：生活·读书·新知三联书店，2001年，第12页。

第三章
从“普通知识”到“高深知识”的范式转型及其制度依托
——以严复、辜鸿铭、王国维、陈寅恪的侨易背景与代际评价为中心

一、严复、辜鸿铭的侨易背景简析：从“非学者说”谈起

辜鸿铭（1857—1928）表述得最清楚，“我怎么说也不是一个学者”，以他的博学强闻、胜擅外语，如此说来，别人自是以为矫情。所以辜鸿铭接着就解释之所以如此，“不错，我是精通多门外国语言，但仅靠这个是够不上学者资格的。不言自明，所谓学者，必须对他所研究的事物十分地精通。迄今为止，我虽然也做过不少研究，接触了不少事物，但在浩瀚的客观世界面前，我所得到的知识是非常浅薄的”[①]。这或许不乏其中面对外人（日本人）的自谦因素，但实事求是地说，我认为这个定位是反映了辜鸿铭的自知之明的。虽然西方

① 《什么是民主》，载辜鸿铭：《辜鸿铭文集》下册，黄兴涛等译，海口：海南出版社，1996年，第311页。

知识界乃至学术界对辜鸿铭评价甚高，但却不是在学术意义上的，更多地是出于一种思想史的意义。

对于1850年前后出生的那代学者来说，辜鸿铭很有代表意义，相比较严复（1854—1921）、陈季同（1851—1907）、马建忠（1845—1900）等同是留欧归来的同代人，辜鸿铭的海外经验仍与众不同。辜鸿铭所建立的知识范式是有意义的，那就是在中西对话的关系里来确定自己的位置。相比较传统的知识精英来说，他无疑是有着明显的优势的，不仅是多年负笈欧洲，而且是幼年出国。但必须指出的是，虽然在清廷事后追认的排名中严复与他分列首席、次席，但他与严复其实很不一样。严复留英之前已经是成年人，他是福建侯官（今闽侯）人，幼年修习旧学，后考入福州船政学堂学习5年，系该校首届毕业生；1877年奉派赴英国留学，1879年归国。我们可以看到在这个过程中，严复是弱冠后出国，基本世界观都已形成；而辜鸿铭则不然，他虽然祖籍也是福建（同安县），但却早就随着家庭下了南洋，14岁从槟榔屿出发留英，其前期的中国知识近乎空白。

就侨易效应来说，我们必须考虑若干核心环节的基本要素，以及它们之间相互作用达致的一个整体张力。这其中主要可分为定量、变量两类因子，譬如说侨易主体（对象）所具有的生性、资本、接受能力等就是在侨易现象发生之前就已基本决定的，是属于不可更变的因素。在辜鸿铭，他是一个相当特殊的例子，也就是在他14岁留英的时候[1]，不但其前知识几乎为空白，尤其是对本土知识是相当陌生的；而且其世界观、人生观都处于待形成阶段，可塑性非常之强，所以英国教育阶段，不仅是爱丁堡大学的大学经验，尤其是苏格兰公学时期的基础教育，对其有着基本的规训与塑形作用。而严复则不同，他留英之际已是23岁，之前的五年福州船政学堂学习经验，让他不但打下了良好的中学、西学基础，而且有助于其人生观基本成型。他自己回忆称："不佞年十有五，则应募为海军生。当是时，马江船司空草创未就，借城南定光寺为学舍。同学仅百人，学旁行书算。其中晨夜伊毗之声与梵呗相答。……已而移居马江之后堂。"[2]当时福建船政学堂分前、后两堂，前者为制造学堂，以法国人长于制造舰船，乃以法为师，先学法文，故又名法国学堂；后者为驾驶学堂，以英国人海军强大，乃以英为师，先学英文，故又名英国学堂。[3]可以说，从此时开始，严复就开始了与英国的因缘。根据学堂的课程设计，学员不仅要学习外语、自然科学、专业知识外，还要进行严格的实践——也就是要上船实习。

侨出语境也是重要的，具体言之，则是侨出地的前影响很不一样。对于辜鸿铭来说，是英国殖民背景，槟榔屿在英殖民时期发展为东南亚重要港口和贸易集散地。而在严复，则主要是海禁初开、变法

① 这是根据辜鸿铭的书信档案，刘小源做出的考证。刘小源《英租时期威海卫档案中的辜鸿铭书信》，载陈思和、王德威主编：《史料与阐释》二零一二卷合刊本，上海：复旦大学出版社，2014年，第25页。

②《海军大事记弁言》，载《严复集》第2册，北京：中华书局，1986年，第352页。

③ 马勇：《严复学术思想评传》，北京：北京图书馆出版社，2001年，第28页。

图强的晚清时代，而且福建作为沿海要地，其地方性特色还是比较鲜明的。譬如近代一批睁眼向洋的精英多出于福建，包括后来的林语堂也是福建人。闽粤一带，因其在南方沿海，易与南洋交通，近于南洋空间的"北面边界"，像厦门大学等恐都可作此文化象征看。[①]而在一个更大的历史背景中考量，则其时正是洋务运动中海军教育与留学教育逐渐兴起之时，时任福建船政大臣沈葆桢（1820—1879）与李鸿章联名奏派留欧船政生的奏折里强调其功用，所谓"从此中国端绪渐引，风气渐开，虽未必人人能成，亦可拔十得五，实于海防自强之基不无裨益"[②]，极其明确地道出了他们大力推动留学生派遣的根本思路。

侨入语境同样重要。在这种比较框架里，侨入语境是大致相同而

① 黄贤强认为，"南洋"是"有特殊历史含义的地理名词。如果以地理疆域而言，约等于今天的东南亚（Southeast Asia）。由于'东南亚'这个地理名称是在第二次世界大战期间因为盟军划分战区之便，才正式被启用，所以，当我们谈到战前东南亚华人时，更符合当时的称法应该是南洋华人。"《前言》，载黄贤强：《跨域史学：近代中国与南洋华人研究的新视野》，厦门：厦门大学出版社，2008年，第3页。对厦门的意义，陈嘉庚讲得最清楚："厦门虽居闽省南方，然与南洋关系密切，而南洋侨胞子弟多住厦门附近，以此而言，则厦门乃居适中地位，将来学生众多，大学地址必须扩大，备以后扩充。"陈嘉庚：《南侨回忆录》，长沙：岳麓书社，1998年，第15页。厦门确实在南方有其特殊的重要性，这一点也表现在西方人的相对集中上，参见李颖：《来华西方人与晚清厦门社会》，厦门：厦门大学出版社，2011年。这里讲的南洋，当然是以马来群岛为中心的一种地理与文化双重认同的概念，如此则南中国的相当部分也被涵盖在内。

② 李鸿章、沈葆桢等《奏闽厂学生出洋学习折》（1877年1月13日），载陈学恂主编：《中国近代教育史教学参考资料》上册，北京：人民教育出版社，1986年，第154-155页。

细部有差异的，就英国来说，自然要求侨易对象有相当程度的文化适应，譬如学习当地语言、适应学习环境、融入当地社会等，这些都是相同的。两者留英期间，一在伦敦的格林威治海军学院，一在爱丁堡大学，教育传统是不同的。而且辜鸿铭在中学阶段就已经赴英，其在苏格兰公学的教育就已有绅士风格，“忆昔在苏格兰公学时，其校中游戏规则，凡合众力而搏一童者，虽是童在校中为至顽劣，胜之亦不武”[①]。这说明他幼时在苏格兰公学接受过教育而且颇受到影响，认为“然在英国游戏规则中，其义尚有存焉者”[②]，这种讲究公平、正义、平等、单打独斗的西方式的绅士教育对他影响深刻，直到多少年后，还将之举出作为例证。此期辜鸿铭虽然年纪幼小，但所接触到的异邦风俗仍给他以深刻印象。严复的留英经历，首先主要是专科学院的训练，他抄录的学院考问课目包括：“一曰流凝二重学合考；二曰电学；三曰化学；四曰铁甲穿弹；五曰炮垒；六曰汽机；七曰船身浮率定力；八曰风候海流；九曰海岛测绘。”[③]作为驻英公使且别具关怀的郭嵩焘，对留英船政生显然十分关心，于光绪四年正月一日接见格林威治海军学院的六名留学生，并详细询问并记录下他们的读书作息日程：“每日六点钟分赴各馆听讲，礼拜一上午九点钟重学，十一点

① 《读易草堂文集·义利辩》，载辜鸿铭：《辜鸿铭文集》上册，黄兴涛等译，海口：海南出版社，1996年，第228页。

② 《读易草堂文集·义利辩》，载辜鸿铭：《辜鸿铭文集》上册，黄兴涛等译，海口：海南出版社，1996年，第228页。

③ 郭嵩焘：《郭嵩焘日记》第3卷（光绪时期上），本社校点，长沙：湖南人民出版社，1982年，第495页。

钟化学，下午三点钟画炮台图。礼拜二上午算学、格致学，下午画海道图。礼拜三上午重学，论德、法两国交战及俄、土交战事宜，下午无事。礼拜四与礼拜一同。礼拜五与礼拜三同。礼拜六上午论铁甲船情形，论炮弹情形，下午无事。在家读书有疑义，听讲毕就问所疑，日尝十余人。各堂教师皆专精一艺，质问指授，受益尤多。或听讲时无馀力质问，则录所疑质之，以俟其还答。诸所习者并归宿练习水师兵法。”①这段记录虽然体现出很明显的专门教育模式，但只要仔细品味，我们仍可以窥出英国传统大学教育的某些普遍性特点，譬如“自由教育”的方式，如“相互问答”“学生自习”等。大体说来，这种军事院校，很大程度上沿袭了中学教育的模式②，其中纯粹技术性的知识传授不少，诸如画图等皆是；但除了必要的自然科学基础知识，诸如数学、物理、化学之外，有两点值得注意：一是战史课；二是答疑课。当时距普法战争不过十年，俄土战争（1877—1878年）更是近在眼前，就已进入课堂，由此可见英国教育之注重实用的特征，其背后当然亦不无“功利思潮”的制约。答疑课则更显示出“自由教育”

① 郭嵩焘：《郭嵩焘日记》第3卷（光绪时期上），本社校点，长沙：湖南人民出版社，1982年，第406-407页。

② 英国是自由理念发端之国家，其自由主义观念渗透到政治、经济和文化生活的各个方面，包括亦成为公学的“生存原则”。参见原青林：《揭示英才教育的秘诀——英国公学研究》，哈尔滨：黑龙江人民出版社，2006年，第260-262页。公学（public school）这一概念源于英国，其既为英国民族传统产物，亦是英国社会等级标志。它相当于中学阶段，属于私立教育性质，实施英才教育，注重陶冶绅士品格，其生源往往非富即贵，而毕业生则占据各个领域的要津。甚至有论者认为“公学乃英国最古老的学校”。Hardy, J.G.: *The public school phenomenon*. Harmondsworth, Middlesex: Penguin Books Ltd., 1977. p.27.

的模式来。诚如福州船政学堂的英籍总教习德勒塞（Tracey）所判断的那样："以他们（指船政生）目下的学习情形，相信必能在英充分吸收高等教育的益处，而不需要太多的时间。"[①]英国教师看重的显然是英国大学教育的体制性优点，事实上，即便是专业化教育有着与传统教育背道而驰的一面，也不乏在制度层面尽可能借鉴原有优点的方面。所以，即便严复就学于专门学院，也未必就对传统大学的体制性优点一无所获，这是我们在区分19世纪英国两种不同大学教育模式时应予以注意的。正是在这样的基础上，郭嵩焘（1818—1891）在安排同时的方伯谦、刘步蟾等人"上水师船实习"的时候，独留严复一人继续在学院求学。[②]有论者由此推导出严复一生思想大成的枢纽所在："而严复由于继续留校，更进而推求西洋致富强的学问，接触到西洋重要思想家，如亚当·斯密（Adam Smith）、孟德斯鸠（Mountesquieu）、卢梭（Rousseau）、边沁（Bentham）、穆勒（John

① 转引自王家俭《清末海军留英生的派遣及其影响（1876—1885）》，载中华文化复兴运动推行委员会主编：《中国近现代史论集》第8编，台北：台湾商务印书馆，1985年,第460页。

② 光绪四年十二月初六日日记，郭嵩焘：《郭嵩焘日记》第3卷（光绪时期上），本社校点，长沙：湖南人民出版社，1982年,第722页。严复的留英情况是很特殊的，即在同期留英军事生如方伯谦等上海军军舰实习的情况下，郭嵩焘又专门安排他在学院里延期学习一学期（半年）。为此郭曾于1878年8月3日专门致函英国海军大臣沙里斯百里（Sallsbury）；8月14日，沙复函批准；8月19日，郭再复函致谢。故严复结束留学时间当在1879年6月。郭廷以：《郭嵩焘先生年谱》，台北："中央研究院近代史研究所"，1971年，第778-789页。"General Correspondence", F. O.17/794（1878）:108. 转引自高增杰《严复留英若干问题辨析》，载《近代史研究》，1998年第1期，第251页。

Mill）、达尔文（Charles Darwin）、赫胥黎（Thomas Huxley）、斯宾塞（Herbert Spencer）等人著作。再以典雅深思之笔，译介给国人，终于成为近代中国的一位启蒙大师。”[①]是否大师，暂不作论，但严复在留英期间，另辟蹊径，进入英国乃至西方的人文思想世界，则是不争之事实，其后由于严译名著的影响，在现代中国厥功甚伟亦所公见。

但是，我们必须指出的是，严复虽少有大志，亦具通识，但其启蒙思想真正成型却要在19世纪90年代之后。从严复留英归来，到甲午战争之爆发，其间长达十五年之久，严复这样谈及此段思想大进的直接诱因与思想资源：“我近来因不与外事，得有时日多看西书，觉世间惟有此种是真实事业，必通之而后有以知天地之所以位、万物之所以化育，而治国明民之道，皆舍之莫由。但西人笃实，不尚夸张，而中国人非深通其文字者，又欲知无由，所以莫复尚之也。且其学绝驯实，不可顿悟，必层累阶级，而后有以通其微。及其既通，则八面受敌，无施不可。”[②]也就是说精神质变的关键点形成，不仅是因为简单的地理位移或留学经历就可以获得，而且也需要关注到多重侨易的

① 汪荣祖：《走向世界的挫折——郭嵩焘与道咸同光时代》，长沙：岳麓书社，2000年，第218页。另一种表述，是严复“开始接触到穆勒（John Stuart Mill, 1806—1873）、达尔文（Charles Darwin, 1809—1882）、斯宾塞（Herbert Spencer, 1820—1903）、赫胥黎（Thomas Henry Huxley, 1825—1895）等等一些使得英国思想发展进入一个‘转型时代’的维多利亚王朝时代思想家的思想”。林载爵《严复对自由的理解》，载刘桂生等编：《严复思想新论》，北京：清华大学出版社，1999年，第175页。关于这些英国维多利亚时代的思想状况，请参见Houghton, Walter E.: *The Victorian Frame of Mind 1830—1870*. New Haven: Yale University Press, 1957, pp.1-4.

②《与长子严璩书》(1894年)，载《严复集》第3册，北京：中华书局，1986年，第780页。

可能性。实际上物质位移至少包括若干层面，一是最明显的地理位移；二是精神位移，即在由知识地图的虚拟文化空间的虚拟位移；三是时间位移，即在纵向的时间变动中其实也构成一种物质位移和精神质变的关系。也就是说，我们需要区分三种“位移空间”，即：地理空间、虚拟空间、时像空间。有时候侨易是单纯的一种含义的位移，譬如地理位移最清晰，但往往是包含多种含义，譬如时像空间是时刻存在的，时像位移也是时时存在的，如果以精确到分秒来计算的话，一般来说时像位移的计量程度应该是大时间单位，譬如说年月。而虚拟空间的位移的重要性也是不能忽视的，因为我们的精神层面是一个不能简单地以“精确度”来衡量的尺度。

在严复这个个案中，我们可以看到其精神质变的发生有着多重刺激和影响。其中的变量因素尤其应当注意，其意则指可能由于客观环境的改变，而形成的不同的对侨易主体产生影响、刺激与生发的因素，所以留英时代固然是“种瓜得豆”，本为军事生而成就思想家的“种子”；归国之后的经历同样让其不断地“反刍自省”，甚至最终完成了思想上的“凤凰涅槃”，若非官场的不得意，恐怕也难得其译介事业的一鸣惊人。所以也需要注意侨易条件的不同要素，譬如对侨易对象的推拉力影响、返侨地的后制约因素、对大语境的同生共息能力、生性敏感度等，总之作为一个严格意义上的侨易现象的形成，不可能仅是单向度的产物，而必然是在立体结构与交叉系统中的合力作用的结果，也自然会在随后的历史演进过程中得到相关的呼应，成为历史链条中难以回避的一环。

二、王国维对辜鸿铭、严复一代的批评及其侨易背景简析

对于陈季同、严复、辜鸿铭这批上代人，王国维有什么看法？他对严复这样批评：“侯官严氏（复）所译之赫胥黎《天演论》（赫氏原书名《进化论与伦理学》，译义不全）出，一新世人之耳目。比之佛典，其殆摄摩腾之《四十二章经》乎？嗣是以后，达尔文、斯宾塞之名腾于众人之口，‘物竞天择’之语见于通俗之文。顾严氏所奉者，英吉利之功利论及进化论之哲学耳。其兴味之所有，不存于纯粹哲学，而存于哲学之各分科，加经济、社会等学，其所最好者也。故严氏之学风，非哲学的，而宁科学的也。此其所以不能感功吾国之思想界者也。”[①]可见对于严复这样一个知识史和思想史上绕不过去的人物，王国维不但没有回避，而且很有独到之见，甚至一针见血。对于留学生的意义，梁启超曾有过很激烈的批评：“晚清西洋思想之运动，最大不幸者一事焉，盖西洋留学生殆全体未尝参加于此运动。运动之原动力及其中坚，乃在不通西洋语言文字之人。坐此为能力所限，而稗贩、破碎、笼统、肤浅、错误诸弊，皆不能免。故运动垂二十年，卒不能得一健实之基础，旋起旋落，为社会所轻。就此点论，

---

① 《论近年之学术界》，载王国维：《王国维学术经典集》上册，干春松、孟彦弘编，南昌：江西人民出版社，1997年，第97页。

则畴昔之西洋留学生，深有负于国家也。”[①]梁氏此说有所偏颇，留学生对现代中国的贡献，尤其在引进西方思想文化的功用上，其实相当重大。相比较之下，王国维同样具有强烈的学术史和谱系意识，但其评论更为公允。在撰于20世纪初期的具有标志性的《论近年之学术界》（1905）一文中，王国维对国内之著译、杂志、学校均表失望之后，专门论及留学生的学术史与思想史功用，选中的代表人物正是严复：

> 则海外之留学界如何？夫同治及光绪初年之留学欧美者，皆以海军制造为主，其次法律而已，以纯粹科学专其家者，独无所闻。其稍有哲学之兴味如严复氏者，亦只以余力及之，其能接欧人深邃伟大之思想者，吾决其必无也。即令有之，亦其无表出之之能力，又可决也。况近数年之留学界，或抱政治之野心，或怀实利之目的，其肯研究冷淡干燥无益于世之思想问题哉！即有其人，然现在之思想界，未受其戋戋之影响，则又可不言而决也！[②]

客观地说，王国维要比梁启超更为冷静和公平，严复、辜鸿铭、马建忠诸君对晚清思想运动均有贡献，只不过发力点各有不同，不宜过于偏激。相比较对严复科学立场的揭示及其思想史意义之否定，那

---

① 梁启超：《清代学术概论》，上海：上海古籍出版社，1998年，第98页。

②《论近年之学术界》，载王国维：《王国维学术经典集》上册，干春松、孟彦弘编，南昌：江西人民出版社，1997年，第98-99页。

么对辜鸿铭如何？王国维曾专门撰文《书辜汤生英译〈中庸〉后》，对辜鸿铭引为得意的《中庸》英译颇有发覆批评。首先，王国维肯定辜鸿铭的眼光，认为《中庸》虽“不独如《系辞》等代表儒家古代之哲学，亦古今儒家哲学之渊源也”，所以“辜氏之先译此书，亦可谓知务者矣”[①]。虽然肯定，但却并不意味着不挑刺，旋即挑出两项“大病”，十条“以己意释经之小误”[②]，真是“行家一伸手，便知有没有”，真是发聋振聩，让人耳目一新。

这里仅挑一个例子略作申说，王国维说：

“‘中庸’虽为一种之哲学，虽视诚为宇宙人生之根本，然与西洋近世之哲学，固不相同。子思所谓诚，固非如裴希脱（Fichte）之‘Ego’、解林（Schelling）之‘Absolut’、海格尔（Hegel）之‘Idea’、叔本华之‘Schopenhaue’、哈德曼（Hartmann）之‘Unconsious’也。其于思索，未必悉皆精密，而其议论，亦未必尽有界限。如执近世之哲学，以述古人之说谓弥缝古人之说则可，谓之忠于古人则恐未也。……欲求其贯串统一，势不能不用语意更广之语；然语意愈广者，其语愈虚，于是古人之说之特质渐不可见，所存者其肤廓耳。译古书之难，全在于是。如辜氏……之译‘中’为 Our true self、‘和’

① 《书辜汤生英译〈中庸〉后》，载王国维：《王国维学术经典集》上册，干春松、孟彦弘编，南昌：江西人民出版社，1997年，第125页。

② 《书辜汤生英译〈中庸〉后》，载王国维：《王国维学术经典集》上册，干春松、孟彦弘编，南昌：江西人民出版社，1997年，第128页。

为 Moral order，其最著者也。余如以‘性’之为 Law of our being、以‘道’为 Moral law，亦出于求统一之弊。以吾人观之，则‘道’与其谓之 Moral law，宁谓之 Moral order。至‘性’之为 Law of our being……不如译为‘Essence of our being’ or ‘Our true nature’之妥也……《中庸》之第一句，无论何人，不能精密译之。外国语中之无我国‘天’字之相当字，与我国语中之无 God 之相当字无以异。理雅各之译‘中’为 Mean，故无以解‘中也者天下之大本’之‘中’，今辜氏译‘中’为 Our true self，又何以解‘君子而时中’之‘中’乎？吾宁以理雅各氏之译‘中’为 Mean，犹得《中庸》一部之真意者也。”①

辜鸿铭西学知识虽然广博，但面对王国维，则若要说具有压倒优势恐怕也是绝难其必也。作为其貌虽旧、其学维新的王国维，所论却是处处切中要害，其对“中”的英译追问，可以说让辜鸿铭很难抵挡，后者是过于“以己注人”了。阐扬自家的见解并不错，但面对此类经典，涉及的共有精神财富，还是需要特别谨慎。而此处对理雅各的肯定，则尤其值得重视。因为一般来说，都会批评理氏英译之笨拙冗长，但正所谓“横看成岭侧成峰”，换个角度或者也不失为保存经典原意的一种可能途径。

那么，相比较这里的高手较技，我们要追问的当然不仅是临场发挥的“高下短长”，也还有此类人文学养相比拼的“漫长过程”。王国

① 《书辜汤生英译〈中庸〉后》，载王国维：《王国维学术经典集》上册，干春松、孟彦弘编，南昌：江西人民出版社，1997年，第126页。

维日后虽然似乎颇有悔意，但却并非就文章内容而言：“此文对辜君批评颇酷，少年习气，殊堪自哂。案辜君雄文卓识，世间久有定论，此文所指摘者，不过其一二小疵。读者若以此而抹杀辜君，则不独非鄙人今日之意，亦非二十年前作此文之旨也。”①二十年后再回首，有些恍然若梦之感，但青年意气的王国维的考论，其实并非仅是“狂躁气矜”而已，而是自有其学理根源在。我们要拷问的则是，王国维的知识结构如何？形成过程又如何？何以能如此居高临下，势如破竹？

辜鸿铭、严复、陈季同基本上可以被视为同代人物，他们在中国知识界的筚路蓝缕，其贡献甚大，而且多半具有双向功能，譬如辜鸿铭的英文写作、陈季同的法文写作，都在西方世界很有影响。虽然更早的一代，譬如容闳、王韬、杨文会等已经开始了走向世界的历程，但毕竟只是“小荷才露尖尖角”而已。容闳虽然已经是“留美第一人”，是耶鲁大学的毕业生，但他的睁眼看世界，其主要成就也就在于派遣“留美幼童”，王韬虽与理雅各合作颇多，且曾到英国，但不通外文；杨文会（1837—1911）亦然，他曾随曾纪泽（1839—1890）、刘芝田（1827—1892）等两度出使英伦，但也是不通英文的。但陈季同、严复、辜鸿铭不同，他们相比较上代人已经有了非常明确的知识建构意识，而且都精通外语，有长期的入外国大学的就读经验，亲身体验到欧洲学术的发达。再往下一代，到了蔡元培、梁启超、王国维这代人就更不一样了，他们的求知意识更加自觉。蔡元培

①《书辜汤生英译〈中庸〉后》，载王国维：《王国维学术经典集》上册，干春松、孟彦弘编，南昌：江西人民出版社，1997年，第135页。

尤其意义不凡，因为他去了德国。像梁启超、王国维也都对德国文化有所意识，但基本上以留日为主，而这种留日，更近乎旅日，因为主要不是正规地入日本大学，而带有培训留居自学性质；而从代际传递上来说，辜鸿铭、严复都多少意识到德国学术的重要意义，尤其是辜鸿铭对歌德、俾斯麦的双重推崇，表现出他的知识广度和识力之深。

大致说来，王国维要晚上一代了（1870年前后出生），他的侨易经验是有些特殊的。王国维的侨易过程中，一个核心变化是在对高深知识的自觉转向，除了经由罗振玉（1866—1940）这条线索的“入门”之外，主要与其个体的学术求知和向学自觉有关。也就是说，地理侨易有时可能仅是一种触动力和机缘，精神侨易才是根本。对这一代人来说，章太炎、梁启超、蔡元培等都可谓一代之雄，各有其惊人之贡献，但如果就学术而论，则舍王国维之外，再不作二人之选，恐怕也是事实。

王国维的侨易经验可分为两段，一则入沪，二则留日。1898年他由父亲王乃誉陪送，赴沪求学，入《时务报》馆；随即参加东文学社（罗振玉创办）。1900年春，王国维为参加出洋考试及安排赴日留学事奔波，在罗振玉的资助及藤田、田岗两位日本教师的帮助下得能留日。1900年出发留日，12月赴日本东京物理学校求学，因病于1911年即返沪。但这段时间不长，实际上辛亥革命之后，王国维即携全家随罗振玉东渡日本，侨居四年余，1916年归国。这两段经历合在一处，其留日大约在五年。其中就在京都期间，“此四年中生活，在一生中最为简单，惟学问则变化滋甚”[①]。王国维的求学虽然有海外经验，但是单向度的，既比不上辜鸿铭的英伦为点、跨越英法德，也不能与陈寅恪的周游世界相比。但作为留日一代的代表人物，王国维给我们展现出一个可以通过虚拟知识世界的精神漫游所能达到的高度。而通过日本而了解德国学术，或许是王国维那代人的优长，他是充分体现了这个特点的，且不说他对叔本华哲学的深度接受[②]，且看其对康德的推崇：“笃生哲人，凯尼之堡。息彼众喙，示我大道……赤日中天，烛彼穷阴。丹凤在霄，百鸟皆喑。谷可如陵，山可为薮，万岁千秋，公名不朽。”[③]总体来说，留日学人通过留学日本而对德国文化的亲近乃至推崇，是当时一个颇为普遍的现象，因为在当时，“尼采思想乃至德意志哲学，在日本学术界是磅礴着的”[④]。就中国留日学人来看，因留日而受到德国文化影响的，不乏其人。

---

① 《丙辰日记》，载王国维：《王国维书信日记》，房鑫亮编，杭州：浙江教育出版社，2015年，第735页。

② 关于王国维对叔本华思想的接受，请参见王攸欣：《选择·接受与疏离——王国维接受叔本华、朱光潜接受克罗齐美学比较研究》，北京：生活·读书·新知三联书店，1999年。鲁迅也一样受到德国思想的影响，请参见伊藤虎丸：《鲁迅的早期尼采观与明治文学》，载王琢编《中日比较文学研究资料汇编》，杭州：中国美术学院出版社，2002年，第201-225页。

③ 《康德像赞》，载王国维：《海宁王静安先生遗书》第15册，上海：商务印书馆，1940年，第22页。

④ 《鲁迅与王国维》，载郭沫若：《沫若文集》第12卷，北京：人民文学出版社，1954年，第535页。

三、陈寅恪对王国维的肯定及其侨易背景简析

而最典型的则是陈寅恪，他要更晚出，但却最为典型地代表了高深知识在中国语境里的制度化确立，是中国现代学术建立期当之无愧的精英巨子。而正是以陈寅恪对王国维之死的盖棺论定，确立了中国现代学术精神的心魄之所在："士之读书治学，盖将以脱心志于俗谛之桎梏，真理因得以发扬。思想而不自由，毋宁死耳。斯古今仁圣所同殉之精义，夫岂庸鄙之敢望。先生以一死见其独立自由之意志，非所论于一人之恩怨，一姓之兴亡。呜呼！树兹石于讲舍，系哀思而不忘。表哲人之奇节，诉真宰之茫茫，来世不可知者也。先生之著述或有时而不章，先生之学说或有时而可商。唯此独立之精神，自由之思想，历千万祀，与天壤而同久，共三光而永光。"[①]陈寅恪对王国维的肯定，不仅是一种精神和道义的同气相应，同时也意味着在学术理念和治学方法上的高度认同。这一点，在陈寅恪所撰写的《王静安先生遗书序》中表现得更为清晰：

自昔大师巨子，其关系于民族盛衰学术兴废者，不仅在能承续先哲将坠之业，为其托命之人，而尤在能开拓学术之区宇，补前修所未逮。故其著作可以转移一时之风气，而示来者以轨则也。先生之学博

① 《清华大学王观堂先生纪念碑铭》，载《陈寅恪集·金明馆丛稿二编》，北京：生活·读书·新知三联书店，2001年，第246页。

矣，精矣，几若无涯岸之可望，辙迹之可寻。然详绎遗书，其学术内容及治学方法，殆可举三目以概括之者。一曰取地下之实物与地上之遗文互相释证；凡属于考古学及上古史之作，如《殷卜辞中所见先公先王考》及《鬼方、昆夷、猃考》等是也。二曰取异族之故书与吾国之旧籍互相补正；凡属于辽、金、元史事及边疆地理之作，如《萌古考》及《元朝秘史之主因亦儿坚考》等是也。三曰取外来之观念与固有之材料互相参证，凡属于文艺批评及小说戏曲之作，如《红楼梦评论》及《宋元戏曲考》《唐宋大曲考》等是也。此三类之著作，其学术性质固有异同，所用方法亦不尽符会，要皆足以转移一时之风气，而示来着以轨则。吾国他日文史考据之学，范围纵广，途经纵多，恐亦无以远出三类之外。[①]

可以说，在高深知识的层面上，陈寅恪给予王国维以高度评价，并以“大师巨子”相称誉，更赋予其极为厚重的载道者的角色，就不仅是一个简单的友朋交谊和悲惋痛惜的关系了。因为在中国学术史上，正是以陈寅恪的出现为标志，则高深知识的崇高意义得到充分和全面的肯定。在经历上，陈寅恪类似辜鸿铭，只不过更加丰富，相比较共享的留德、留法，陈寅恪还曾留学日、美、瑞士；虽然没有留英经验，但其两度留德，对德国学术更有一种体贴入微的亲切认识。陈寅恪的优长之处，更在其国学修养和家世熏陶，这远非辜鸿铭可比；

① 《王静安先生遗书序》，载《陈寅恪集·金明馆丛稿二编》，北京：生活·读书·新知三联书店，2001 年，第 247-248 页。

即便较之王国维也可谓“百尺竿头更进一步”，可他对王国维的态度却是高度认同，这固然与彼此在清华园中的深厚交谊有关，如果就一个更为广阔的学术史和大历史框架来看，也是就如何选择和确立传统标示典范。

对于陈寅恪这代人来说，可以说更是英杰辈出，譬如赵元任、胡适、汤用彤、冯友兰等都是一代大家，即便是本土学者如陈垣、钱穆等之流，也是气象博大、卓然自立。而陈寅恪之所以在群星璀璨之中，仍能耀眼夺目、众流皆伏，确实有其独到之处。这其中最核心的或有如下几条：一、道统意识极其明确，其治学之术明显融化西学，但载道之意更重于单纯的兴趣和求知，所以“吾侪所学关天意”并非简单的亮明志向，所以也才有对“神州士夫羞欲死”的锥心之痛，其自称“思想囿于咸丰同治之世，议论近乎曾湘乡张南皮之间”[①]，自有其立论道理，在他这里“学”“道”是相通的；二、其游学世界固然是勇于求知、胸有成竹，妙处在更能于精神境界上“跳出三界外，不在五行中”，所以善能将西学精神之长化为己有，进行真正的创造性转化。故此他对世界学术和世界文化能有一种通达超越之认知，从而在其学术思想上初步确立了东方现代性意识之萌芽，通过具体治学方式的选择，譬如梵学选择、平章华梵和背后指向的东方意识，发展出一条在学论学的普适性关怀，这是尤其难得的；三、有一种以生命践履理念的坚毅担当和使命感。抗战时期，困居沦陷地香港而不得不

①《冯友兰〈中国哲学史〉下册审查报告》，载陈寅恪：《陈寅恪学术文化随笔》，刘桂生、张步洲编，北京：中国青年出版社，1996年，第17页。

面对侵略者的威胁利诱：“回忆前在绝岛、仓皇逃死之际，取一巾箱坊本《建炎以来系年要录》，抱持诵读。其汴京围困屈降诸卷，所述人事利害之回环，国论是非之纷错，殆极世态诡变之至奇，然其中颇复有不甚可解者，乃取当日身历目睹之事，以相印证，则忽豁然心通意会，平生读史四十年，似无此亲切有味之快感，而死亡饥饿之苦，遂亦置诸度量之外矣。”①盲目衰翁，漂泊海上，遥想故国，又是何等的坚贞守节，真可当“海上苏武”也。而将及晚年，陈寅恪又不得不重新面对新的考验，既不在威权制度之下丧失学人志节，所谓“思想及主张，毫无改变，……在我辈个人如寅恪者……决不从时俗为转移”②。这不仅表现在撰于20世纪50年代的《给科学院的答复》中表现的立场③，而且尤其体现在最后二十年的生命实践之中。悲哉，岂仅是膑足之痛、盲目之惨！身体之病痛，生存之危机，精神之煎熬，往往三位一体。正是在这样的艰难困苦之中，寅恪先生为我们书写出一个大写的“学人”形象。这或许，也正是他敢于标示自家伦理标准的原因吧：“为人不侮食自矜，曲学阿世，可告慰友朋。——为文贬斥势利，尊崇气节，可有裨治道学术。”④由此我们当可理解，他为什

---

①《陈述〈辽史〉补注序》，载陈寅恪：《陈寅恪学术文化随笔》，刘桂生、张步洲编，北京：中国青年出版社，1996年，第40页。

② 1961年8月30日日记，载吴宓：《吴宓日记续编》第5册，北京：生活·读书·新知三联书店，2006年，第160页。

③ 陆键东：《陈寅恪的最后二十年》，北京：生活·读书·新知三联书店，1995年，第102页。

④《赠蒋秉南序》，载陈寅恪：《陈寅恪学术文化随笔》，刘桂生、张步洲编，北京：中国青年出版社，1996年，第55页。

么说："夫纲纪本理想抽象之物，然不能不有所依托，以为具体表现之用；其所依托以表现者，实为有形之社会制度，而经济制度尤其最要者。故所依托者不变易，则依托者亦得因以保存。……自道光之际，迄乎今日，社会经济之制度，以外族之侵迫，致剧疾之变迁；纲纪之说，无所凭依，不待外来学说之掊击，而已销沉沦丧于不知觉之间；虽有人焉，强聒而力持，亦终归于不可救疗之局。盖今日之赤县神州值数千年未有之巨劫奇变；劫尽变穷，则此文化精神所凝聚之人，安得不与之共命而同尽……"①

我曾借歌德撰《少年维特之烦恼》意，提出"文化假殉"的概念。所谓"不有行者无以图将来，不有死者无以酬圣主"，谭嗣同此语揭示出程婴、杵臼和月照、西乡各有其归所之意义。而仁圣之殉，则更超越政治国家的俗谛之义！在我看来，作为原生代学人的王国维，与作为第一代学者代表的陈寅恪，可谓更高境界的月照、西乡。王国维不死，道统不得以最英华人物之殉；陈寅恪不生，则中国道统又如何能保存其最后之风骨？王国维死，陈寅恪生。貌似一种偶然的对待世事生命的态度和选择，然而气质似乎又孕育着时代进程与精神选择的不逆之途。如谓不信，20世纪50年代之后陈寅恪豹隐岭南的艰难过程，或许更有可以发覆之处，诚如吴宓1961年时所记录的陈氏之言："思想及主张毫无改变，即仍尊守昔年'中学为体，西学为用'之说（中国文化本位论）。在我辈个人如寅恪者，决不从时俗为

① 《王观堂先生挽词并序》，载陈寅恪：《陈寅恪集·诗集附唐篔诗存》，北京：生活·读书·新知三联书店，2001年，第12-13页。

转移。”（1961年8月30日日记）[1]这可以见到一个坚守学术伦理维度的学人，他内心的原则立定有着怎样的精神支撑之力！“独立之精神，自由之思想”，这一发端于中国现代学术建立期的名言，也就有了远超出区区一碑之文的深远含义！

这几点通过对王国维之死的辨析阐释得到充分展现，既明道统，更确立中国现代学术的“学统”架构和精神基础，乃开辟出中国现代学术的辉煌气象，而这一轨迹，又被陈寅恪自身以其生命史而延续之，虽历经磨难、生死以之而执守不变，乃产生一种极为撼动人心的力量。现代中国的知识转型，也借此高深学术与崇高精神的结合，而有了一种悲沉契阔的壮美画卷！

四、从“普通知识”到“高深知识”的范式转型：兼论知识类型、立体系统与制度依托

中国的知识形式有其内在系统，譬如《汉书·艺文志》将中国古代的书籍分为六艺、诸子、诗赋、兵书、数术、方技，或者我们也可进一步说，知识被分为六类。[2]传统的知识类型基本上是致用的，不仅具有普通意义的教化规训功能，而且更具备世俗知识的“百姓日用而不知”作用，传统学术有其自身的轨迹；当然必须承认的是，汉唐以来，随着佛教东渐，中国的知识系统和印度的知识系统有着一种相

① 转引自刘以焕：《国学大师陈寅恪》，重庆：重庆出版社，1996年，第268页。
② 葛兆光：《中国思想史》第2卷，上海：复旦大学出版社，2001年，第37页。

遇接轨的过程，这种二元关系并非简单的“你情我愿”，而是东方文化体（至少是亚洲）的南北文化的核心子文化的深层融合；这一过程，延绵漫长，而最终以中国文化终究融化新知而获得凤凰涅槃为结局。千余年后，到了明清之际，虽然西学东渐已经有重大之挑战，但仍然不能深入到中国文化，或曰东方文化的肌理深处，这近五百年的相互触动、博弈和对垒过程，也仅仅是将一局大棋鏖战近乎中盘而已。到了清民之际或许才是一个天翻地覆的关键期，因为西方携其强势之坚船利炮取得了文化上的仿佛天然优势，其东来之势也，十分汹涌猛烈！而至今，这一进程仍在发展之中，我们都是“局中人”，可需要指出的是，这个过程有几个背景需要关注：其一，西方现代性的主导型地位毋庸置疑，但东方现代性有其自身的内部规律，虽始力不及，为所裹挟，但终必自省，归其本道；其二，西方内部也存在二元传统，这种二元性随着西方现代性劣势的凸显逐渐表现出来，即“秘索思”传统的一面，这正可与东方传统之主流有共谋的因子；其三，中国的儒道释多元，充分体现出东方文化的代表性，但还需进一步考察其容纳其他宗教的层次，如此则中西接触或可更具世界性的代表意义。

如果说学术乃是高端的高深知识的表现，那么讨论知识转型则必须考虑到世俗知识、普通知识的层面。具体解释之，世俗知识是不必经过专门教育，在日常生活中通过家庭、社会的耳口相传就能够传播并发生作用的知识。包括宗教知识，也可以成为沟通世俗的规则性质的知识。普通知识是通过一般的教育过程来接受的知识，就是学校里可以传播的教育知识，既有一般的规训，也有普适性的常识，这是社会大众接受面最广的知识类型。高深知识指的是专门性的趋近于学术研究的专业知识。但每种知识之间并不是相互割裂的，而往往是你中有我、我中有你，彼此相关。

此处选择四个个案看现代中国的知识转型问题，纵横两方面的问题都不可避免。一方面是其横向语境，也就是知识接触的文化体系交流关系；另一方面则是纵向语境，即传统向现代的转型。无论是从哪个角度来看，“高深知识”都是呼之欲出的，而且有着制度层面的基础。

辜鸿铭基本上可定位在普通知识层面，即是主要立足于获得知识和运用知识，而非追求高深学理为标的的一种知识兴趣。这点他自己交待得很清楚，即他本人并非学者式的探究，他是借助一个公共舆论空间来发声，来产生社会影响力，当然其中也有文化因子和某种创造因素，但绝不是学术意义上的那种知识创造。或者总体来说，知识创造的功能是不明显的。基本不属于高深知识的层次，亦或介于普通知识—高深知识之间的那个部分。

王国维就不一样了，他虽然在留学经验上不如辜鸿铭，但对现代学术的认同度和理解力、创造力，都远超辜氏。这可能与两者的前期职业经历有关系，辜鸿铭长期在张之洞幕府任职，是一个具有文人性质的行政官僚，虽然是幕宾性质的，但“官”的成分还是居多。而王国维则不然，他从一开始就是一个学者，虽然起步很卑微，但自得到罗振玉的帮助之后，就如虎添翼，通过西学资源的自由汲取，达到了一种相当自如的学术境界，乃能慨然陈词：“学无新旧也，无中西也。无有用无用也，凡立此名者，均不学之徒。即学焉而未尝知学者也。”[①]那么到了陈寅恪，他是个典型的留学生，虽然没有获得任何学位，但确是在欧美大学里入学听课，受过严格的学术训练，对王国维的知识与学术世界和境界，有充分的理解和共鸣，同时又不仅于此，在制度层面有着更深刻的维系和关联。所以，他会在清华大学建立20周年之际撰文《吾国学术之现状及清华之职责》，开篇即说：“吾国大学之职责，在求本国学术之独立，此今日之公论也。”[②]明确地将大学职责和学术独立联系起来。而对大学职责和意义的关注乃至凸显，更是因为他自己就是现代大学和学术制度所孕育的精灵儿。就现代学术制度上的开创范式而言，王国维的意义其实要弱于陈寅恪，但之所以王国维会在现代学术史上享有甚为崇高的地位，与陈寅恪借王国维之死确立中国现代学术之精神大有关系，那几篇大手笔的碑铭、书序、挽词，意义极为重大深远。

王国维与陈寅恪的“双簧绝唱”真可谓中国现代学术史上的绝响，以二者品格之高洁、学行之纯粹，道统承担意识之坚、学问追求意识之深，而又清华相遇、忘年而交，真是难得之极。这一点在辜鸿铭那个时代基本上还是很困难的，因为现代大学和学术制度都未建

①《（国学丛刊）序》，载王国维：《王国维遗书》第3册，上海：上海书店出版社，1983年，第202页。

② 刘桂生、张步洲编：《陈寅恪学术文化随笔》，北京：中国青年出版社，1996年，第47页。

立。譬如北大、清华都是在20世纪10至20年代确立了现代大学制度，这几位也都与这种制度密切相关。但不同的是，辜鸿铭、王国维虽然分别在北大英文系、清华国学研究院任职，但却没有发生非常密切的关联，或者说他们基本上没有融入到这个制度中去，惟有陈寅恪与这个现代学术制度是生命与共的。我们看他当时在清华任教时参与校务的积极态度，看他力挺胡适出任中研院院长时的那种较真劲儿，就可以意识到他作为纯粹学院知识分子的那种品格。他从客观上是认同现代的学术共同体的，也是愿意为之而付出努力的。所以我们考察知识转型的过程中，必须考察制度因素，这是一个基本的分野，有无此制度和语境之孕育，对于学人来说其意义大不一样。

这样，个体侨易的层次就融入到一个更高的范式侨易的层次，也就是说，辜鸿铭、王国维、陈寅恪的侨易过程不再是一个简单的某个学人的个性经验，如果我们在现代中国的知识范式转型过程中来考察，那么，“高深知识”追求目标的出现，是具有共性追求的。但我们同样不可以忽视辜鸿铭表现出的这一过渡性价值，即在“普通知识—高深知识”的过程里，他是很重要的。甚至不仅如此，这样就可能出现一种阶梯差或者“立体系统”的交叉图景，即不是单向度、单线索，而是立体多元的、交叉成线的。譬如在此凸显的这条线索，并非是唯一的，甚至仅是其中之一而已。诚如我指出的那样，有时并非如萨义德在“理论旅行”中描述的那么简单，即单纯的理论从某地到另一地，而是：“个体仿佛是多线行道的交叉点，他是一个可以从不同的透视镜角度来把握的镜像，可以以他为中心来观察事物，也可以将其只视作一种时空隧道中暂时过客，甚至仅将他视作为一个链接，无论其在各种专门领域或历史中如何伟大杰出，就其本质而言，不出于此。”①

一方面，我们意识到，就现代中国知识转型而言，有着一个从“普通知识”到“高深知识”的重要转折期。另一方面，我们也意识到，它也仅是全局图中的一个重要部分而已，即便就高深知识而言，它更接近象牙塔内，所谓“为学术而学术”可能更多体现出的是一种普适性的无用之用。其轨迹链发展也有多重可能，譬如此处的人文知识之外，还有科学知识的方向，譬如竺可桢、任鸿隽等一代科学人的出现标示的是与人文不同的路径。

可即便强调从“普通知识”到“高深知识”的范式转型意义，我们也会根据侨易学的原理追究其“前世今生”，考察其交叉系统和立体结构，如此即便“普通知识”之链也并非就此而绝。往前追溯，譬如曾国藩—张之洞的传统精英领袖型的知识链延续；有海外经验的如容闳、王韬、杨文会等人的系谱；周馥、王树枏、孙宝瑄等本土精英的西学认知和兴趣；乃至底层精英如刘大鹏的知识地图，都可以让我们看到知识转型过程的复杂面相。这基本上也是一种普通知识层面的东西，当然可以说是较为高等的，接近“高深知识”的那块普通知识。往后梳理，譬如晏阳初、梁漱溟等人的乡村建设运动就更体现出这一维度的努力，虽然晏阳初是留美归来，但其将知识向大众普及并

① 参见叶隽《“理论旅行”抑或“观念侨易”——以萨义德与卢卡奇为中心的讨论》，载《侨易》第1辑，北京：社会科学文献出版社，2014年。

产生的巨大影响仍不能忽略。梁漱溟则是连接三者的一个很好案例，他的初衷和立意，还是希望普及普通知识的，使大众，尤其是农村大众受益；但其立足点，却是在学院专门，尤其是北大聘约，使其自然列名学术中人；而就其关注的知识因素和组成而言，其实世俗性的东西相当不少。而就“世俗知识”来说，太虚（1890—1947）的努力值得重视，其“人间佛教”的努力和海外游踪，也具有广泛的社会史和文化史意义。宗教性的缺失是现代中国发展进程里一个特别值得关注的现象，那么，如何关注此类世俗知识的意义？尤其是它在构建世道人心中的基本价值的方面，则考察此类代表人物或许不失为一条捷径。

大致说来，有几个因素是重要的，我曾列举了三种非常典型的侨易学域，即留学史、文化下延、传统变型[①]，指向的是分别关注的是空间、结构、时间三大维度的侨易问题。在我们讨论的这几个个案中，其实这几个问题均已涉及了，也就是说，这并非简单的侨易个体或侨易群体的问题，而是进一步涵盖了观念侨易。从普通知识到高深知识的这个面相，说明的是现代性的一个非常核心的环节，就是“知识生产”成为一种为资本规训和驱动的经济形式[②]。这一点我们必须有充分认知，即虽然科学院、现代大学这类机构的目的是追求学问，

① 参见叶隽：《变创与渐常——侨易学的观念》，北京：北京大学出版社，2014年。

② 所谓“知识生产”，即“无论什么人的（或人引起的）任何一种活动，其目的是在一个人（他自己或其他任何人）的脑子中产生、改变或肯定一种有意义的知觉、知晓、认知或意识到的任何事物”。〔美〕弗里茨·马克卢普：《美国的知识生产与分配》，孙耀君译，北京：中国人民大学出版社，2007年，第24页。

譬如洪堡（Humboldt，Wilhelm von，1767—1835）强调“大学应视科学为一尚未完全解答之问题，因而始终处于探索之中”[①]。他确定大学的基本组织原则是“寂寞与自由”，表述则是：“自由是必需的，寂寞是有益的；大学全部的外在组织即以这两点为依据”[②]。而更具体到与国家权力的关系，认为国家“不应就其利益直接相关者要求大学，而应抱定以下信念：大学倘若实现自身目标，那也就实现了、并且是在更高层次上实现了国家的目标，而这样的收效和影响的广大，远非国家之力所能及”[③]。洪堡虽然能够意识到国家权力对大学理想的威胁，但更为严重的、深层次的看不见的手则是资本的巨大驱动力，即“物化”后的新符号。

再从另一个角度看，这与文化下延其实是相关联的一个问题。后者更着重在文明结构三层次的器物、制度、文化之间保持一种张力关系，而知识形式的范式变型则让我们看到这三层次之间资本、权力、知识之间的必然关系。如果说文化下延更多是自上而下的高端下沉，那么知识生产则更多体现出一种自下而上的低端上侵，究竟是资本驱动知识，还是知识影响社会，这似乎又进入到一个两难悖论之中。或许说到底又是一种二元三维的关系，我们需要努力在知识、资本、权

① 洪堡：《论柏林高等学术机构的内在和外在组织》，转引自陈洪捷：《德国古典大学观及其对中国的影响》，北京：北京大学出版社，2002年，第38页。

② 洪堡：《立陶宛学校计划》，转引自陈洪捷：《德国古典大学观及其对中国的影响》，北京：北京大学出版社，2002年，第39页。

③ “Über die innere und äussere Organisation der höheren wissenschaftlichen Anstalten in Berlin”. In Humboldt, Wilhelm von: *Schriften zur Anthropologie und Bildung*. Frankfurt am Main, Berlin, Wien: Ullstein, 1984, S.85.

力之间构建一种有效的张力。必须承认的是，随着现代大学和学术制度的建立，“高深知识”的范式意义逐步建立起来。对于现代中国来说，一流精英对于现代学术理念的自觉服膺，以及对自由与自律的学术空间构建的诉求，是最好的对于“高深知识”范式建构的例证。这一点，被推崇为“文史领域中‘建立学术社会’的大工程师”[①]的傅斯年就认为当时中国首要的任务是“建立一个学术社会”，那代人对此有基本共识，如顾颉刚亦有同样表述[②]。但这种出于学人自身诉求的“学术社会”建构意识，与权力当局固然是格格不入，更重要的是更难与深层的资本驱动力相抗衡。所以陈寅恪曾对吴宓说过这样的话：“我侪虽事学问，而决不可倚学问以谋生，道德尤不济饥寒。要当于学问道德之外，另谋求生之地，经商最妙。”[③]日后吴宓在暗悼王国维的《落花诗》中云：“渺渺香魂安所止，拚将玉骨委黄沙。”蕴悲凉于香艳之中，盖下有自注：“宗教信仰已失，无复精神生活，全世皆然，不仅中国。”这种对于世界性的精神缺失问题，极为关键，也道出了中国之处于世界的根本场域态势，而背后最为本质的驱动力仍是资本。这种挑战，或许是比此前任何的暴虐君主和专制权力都强势的力量，当然也有其优点的一面。或许还是陈寅恪借王国维之死表明的最为明确：“吾侪所学关天意，并世相知妒道真。”（《王观堂先生

① 《思想史与生活史有交集吗——读〈傅斯年档案〉》，载王汎森：《中国近代思想与学术的系谱》，石家庄：河北教育出版社，2001年，第336页。

② 《思想史与生活史有交集吗——读〈傅斯年档案〉》，载王汎森：《中国近代思想与学术的系谱》，石家庄：河北教育出版社，2001年，第336页。

③ 吴学昭：《吴宓与陈寅恪》，北京：清华大学出版社，1992年，第8-9页。

挽诗》）

我们看这三位日后对待“学术社会”尤其是“制度依托”的态度和选择就可以更清楚些，辜鸿铭、王国维虽然进入了现代大学制度，但基本上并不太善于运用，辜氏因其老派和思维定式，而王氏则因自沉昆明湖而打断了这一进程，但他去清华主要是因了末代皇帝的圣旨；必须强调的是，陈寅恪之所以能有那样大成就，还是巧妙运用了这种现代大学和学术制度优势的，没有这种制度作为依托和基础，在现代商业资本社会中学者其实很难依靠单纯的“普通知识”生存，同时又保证“高深知识”的生产力。

这个问题到了后代人那里表现得愈加明显。譬如到了钱锺书（1910—1998），仍固执而带有理想主义地希望：“大抵学问是荒江野老屋中，二三素心人商量培养之事。”但大时代的风雨已经在摧枯拉朽，个体在这个暴风骤雨的过程中其实所能为者有限，钱氏确实仍以其沉静的执着与智慧完成了立定学术史的大著作《管锥篇》，可这显然不是制度性的普遍现象。所以，对“高深知识”的坚守和融入，并非没有可能的缝隙和张力，但却也绝非易事；在权力直接介入相对被惊醒的情况下（譬如洪堡、蔡元培等人的表述），对于资本的本质操控，是“高深知识”共同体需要更具自觉性和联合力去面对的。

对于现代中国这个更大的文化体来说，其所要面临的还有更深层的问题，按照陈寅恪的说法就是：“中国古人，素擅长政治及实践伦理学，与罗马人最相似，其言道德，惟重实用，不究虚理，其长处短处均在此。长处，即修齐治平之旨，短处，即实事之利害得失，观察过明，而乏精深远大之思。”[1]或者是：“专趋实用者，则乏远虑，……今人误谓中国过重虚理，专谋以功利机械之事输入，而不图精神之救药……”[2]所以说到底是一个多重侨易问题，既有个体的文化间转移，也有共同体的志业诉求，甚至有文化体的转型必由之路。但这些都必须在一个整体性的框架下来看，而非仅“头痛医头脚痛医脚”。

---

① 1919年12月14日日记，载吴宓：《吴宓日记》第2册，北京：生活·读书·新知三联书店，1998年，第101页。

② 1919年12月14日日记，载吴宓：《吴宓日记》第2册，北京：生活·读书·新知三联书店，1998年，第101页。

第四章

角色符号、观念侨易与制度变迁

——以民国首任教育总长蔡元培及其教育国家理念为例

一、角色符号：中华民国首任教育总长的事功

作为教育行政长官的蔡元培，名声相对不彰，主要是被他在北大校长任上的光芒所掩盖，但如果回归历史语境，亲切触摸他的心路历程，相对日后更多名誉色彩的大学院院长高位，我倒更在意其在民国草创之初出任的首任教育总长之职，虽然时间短暂，但绝对雁过留痕、意义重大。更进一步说，之所以能够如此，倒未必是在于其个体如何英姿勃发、天纵才情，而是一个时代需要有这样的人物来承担其“时代之手”的重任。蔡元培教育国家观念之形成，主要与其此前的地理位移经验有关，即首次留德，正是通过对侨入地的文化汲取与知识获得，来实现他作为一代精英的宏图大志。

当历史的影像焦距定格在1912那一年，当南京国民政府在金陵故都登场之时，时代中人恐怕很难没有一种欢呼雀跃的喜悦，毕竟，这是中国人前所未有的大日子：帝制崩解，满清退位，共和初肇，民主将启……对于这个大时代而言，这是一个标志性的中国转折；而对于

蔡元培这个人来说，则可谓与此时代“同呼吸共命运”的同龄人。蔡元培是浙人，这可是一个不能忽略的背景，因为地理环境因素，无论是从自然地理角度的“水汽风土”，还是文化地理方面的“人杰地灵”，都为一个个体的成长提供了必不可少的滋养条件。而1892至1898年的京侨经验，则是后天努力而获得的侨移机会，因为正是通过这种明显的侨变过程，使得蔡元培得以进入中国的政治与文化中心场域，虽然并未在这一阶段长袖善舞、功名显赫，但却为其未来的星光灿烂提供了必要的条件准备。因为这次京侨对于个体来说确实“金碧辉煌”，一方面是科举高中，得点翰林，达到了那个时代个体荣誉追求的一个高峰；另外一方面，则是因为这四年的风云际会，使得蔡元培不但因为地理环境的变化而进入了作为中国政治、文化中心的京师，得以通过侨移过程实现一种精神质变；更在于时间坐标的变化，乃在这四年间有惊天动地的大事件发生，这对于那代精英人物的长成来说，有着毋庸置疑的绝大影响。1894至1895年间的中日甲午战争，使得中国朝野上下哀鸿遍野，精英人物从此不复有对本土文化的强烈自信，走向世界寻求新知成为强烈的时代潮流；而1898年的戊戌变法，既是一种国族自救的政治变革，同时也对个体产生剧烈刺激，年届而立的蔡元培，毅然弃官出走，正是因此而实现了开辟日后鸿蒙事业的“教育志业”。而正是在京师，在权力的中枢位置，蔡元培能够“得天下风气之先”，率先以其直觉生性和深厚学养，感受到扑面而来的时代风云浪潮，并作出决断与选择。

1898至1907年间的蔡元培，主要活动于浙沪一带，几乎就是以一个布衣之身而浪迹于江南杏花烟雨间，或则“慷慨刺暴秦”（试制炸弹以暗杀），或则“栽木欲擎天”（当老师和校长），但却是事倍功半，非但未真的能达到救国兴华的宏图大志，甚至连自家性命都危险难保；1907至1911年间的留德学习，则使得他能够从容脱出此重困境，原来积累的文化资本与政治资本，依然能转换为现实场域中的“通行证”，变成了他求知异域的叩门密钥。要知道，当千辛万苦、千方百计地获得了留德机会的时候，蔡元培已经将及不惑之年了，一个四十岁的人留学异域，该是多么的艰辛不易！且不说攻读外语、汲取新知所必需的那种体力、意志与智慧，就是长途跋涉、远渡重洋的物理艰难，也不能等闲视之。而当蔡元培排除万难，苦心经营，在获得留德机缘并完成德邦学业之后，他究竟有何出色表现和成果产出，则无疑让人心生好奇，希望能知道究竟。但并不是每一个胸怀大志的留学生学成都有那么好的平台可以施展手脚，甚至是蓦得高位。稍后顾维钧（1888—1985）收到邀任大总统的聘请，他自己尚不以为意，美国导师却马上意识到这是良机不可错过，竟然大开绿灯，让其答辩即归国。所以天时、人和与地利，真是成功者缺一不可的要素。这些同样也是蔡元培能够获得高位、甚至一展身手的重要背景，如果没有辛亥革命的轰轰烈烈，没有革命党人尤其是孙中山、陈英士等的接引，没有在南京期间共和初肇时代的创业氛围，作为民国首任教育总长的蔡元培，是不可能那么牢固地树立在国人印象之中的。

1911年11月5日，留德的蔡元培“决计回国一次，受同人之劝也”[①]；其中更重要的原因，或许乃是“接陈英士先生电报，催我回国”[②]。这里有来自国内的迫切呼唤，其归国的动因又不同。而同样记述来自国内的消息，则已经对发生的革命明确表明立场：“我军得上海及吴淞炮台，宣布共和政体。”[③]所以，蔡元培会迫不及待地选择归国，1911年11月13日，“由柏林行，晚十一时开车”，于是长途跋涉，历经半月之久，于11月28日“午十二时抵上海。寓天津路开泰栈”[④]。而这在那批留德学人中并非首创之举，此前即在10月19日，“马君武归国，送之于车站（Zoo）”[⑤]德语原文的标出，显然告诉我们这就是柏林著名的动物园火车站。马君武曾有诗云：“故乡吾负汝，岁岁远别离。万里生还日，六洲别战时。疾声唤狮梦，含泪拜龙旗。吾岁今方壮，服劳或有期。”[⑥]上月送故友，本月自家归，蔡元培在火车之上，恐怕是激情满腔，浮想联翩，中国究竟会变成怎样？

其时距离武昌起义时间不远，而蔡元培的特殊身份决定了他必然在这场大变革之际扮演重要角色的宿命。他自己的口述历史则甚为简

① 1911年11月5日日记，载蔡元培：《蔡元培全集》第15卷，中国蔡元培研究会编，杭州：浙江教育出版社，1998年，第438页。

② 高平叔：《蔡元培年谱长编》第1卷，北京：人民教育出版社，1999年，第391页。

③ 1911年11月5日日记，载蔡元培：《蔡元培全集》第15卷，中国蔡元培研究会编，杭州：浙江教育出版社，1998年，第438页。

④ 1911年11月13日、28日日记，载蔡元培：《蔡元培全集》第15卷，中国蔡元培研究会编，杭州：浙江教育出版社，1998年，第438页。

⑤ 1911年10月19日日记，载蔡元培：《蔡元培全集》第15卷，中国蔡元培研究会编，杭州：浙江教育出版社，1998年，第437页。

⑥ 转引自李喜所：《近代留学生与中外文化》，天津：天津教育出版社，2006年，第316页。

洁："辛亥武昌起义，孑民受柏林同学之招，赴柏林为鼓吹。未几，回国，于同盟、光复两会间，颇尽调停之力。"[①]显然，蔡元培是进入革命党人的高层人物之列的。辛亥革命成果的暂时性集中体现，自然在孙中山归国后对南京临时政府的筹建上，谁获得权力，谁就有了一展身手的空间。在每个领域里都面临着"除旧布新"的格局，也存在着"开天辟地"的可能。

历史很快就给予了我们的主人公一个展示牛刀的机会，这种天赐良机，真可谓"可遇而不可求"。从1912年1月到7月，虽然蔡元培任职教育总长不过半年时间，但却从南到北，历经两位总统，正可见出民国肇创之际的艰难。而且，即便是在如此短暂的任期之内，蔡元培虽无长袖善舞的演技，但却以其超卓之品格、厚积之学识、恢弘之气度，努力将前无古人的现代中国教育制度从无到有建构出来，并使之趋于"范式化"，其功绩不但彪炳史册，而且更为"后世范"。

二、制度变迁的视角：制度是如何形成的？[②]

1912年1月1日，孙中山在南京就任中华民国临时大总统，新的民主共和国成立。按照总长取名、次长取实的原则，革命党人多半屈

---

① 《蔡元培口述传略》，载蔡元培：《孑民自述》，南京：江苏人民出版社，1999年，第109页。

② 相关线索，参见田正平、杨晓：《辛亥革命与中国教育近代化》，载《浙江大学学报》，2002年第1期，第5-13页。马建强：《蔡元培出任教育总长的日子》，载《南京日报》2013年7月30日。

居次长之位，蔡元培则是极少数的例外之一（可以列举的还有如老资格的革命党领袖黄兴，任陆军总长）。就提名人选而言，胡元倓、汪精卫、严修等都曾获得推荐，而孙中山属意人选则为章太炎，可一旦蔡元培被提出，则为所有代表一致投票同意，可见其人望之高。他以革命党人兼前清翰林的身份出任民国的教育总长，虽然为期不过半年，但其开创性之意义，其实并不亚于日后的北大改革。

场域占位与组阁之权。我们可以看到，民国初肇的岁月，不仅政治形势复杂，而且武力冲突动荡，可谓世事艰难。这既是一个百废待兴的时代，也是一种多重博弈的过程，引用狄更斯那段名言就是："这是最好的时代，这是最坏的时代；这是智慧的年代，这是愚蠢的年代；这是信仰的时期，这是怀疑的时期；这是光明的季节，这是黑暗的季节；这是希望之春，这是绝望之冬……"[①]而蔡元培之所以能脱颖而出，也是因为他自身的文化资本和革命资本等合力因素所致，章太炎曾引浙人不入阁之约相难，而蔡元培亦为顾全大局而不惜准备在报纸上公布其背约之罪以谢之。由此可见，蔡氏这样的教育总长是有着绝对的理想主义情怀的。

蔡元培任总长，教育部次长则为景耀月（1882—1944）[②]，按照蔡氏的说法，"景君未尝推举一人，亦不问部事，惟有时与我谈话而已，盖景君是一个不羁的文学家，又热心党务，对于薄书期会等事，

① 〔英〕狄更斯：《双城记》，张玲，张扬译，上海：上海译文出版社，2006年，第1页。
② 关于景跃月其人，参见景柔、景炎：《景耀月事略》，载《山西文史资料》总第76—77辑，太原：山西省政协文史资料委员会，1991年，第258-268页。

殊不耐烦”[①]。这段文字虽短，却能表现出景耀月的性格特征以及教育部初创之际蔡元培必须承担的事务之繁忙。说到底，行政之事，其实就是“薄书期会”，就是要与案卷、事务和会议整日为伍交道。

蔡元培其实也不是那种善于埋首“薄书期会”之人，这从日后傅斯年开玩笑说他与胡适是北大功臣、蒋梦麟与自己是北大功狗的玩笑之说就可以见出。但他是那种“在其位必谋其政”的君子，所以自然要抖擞精神做事，“乃邀钟宪鬯先生及蒋竹庄、王小徐、周豫才、许季茀，胡诗庐诸君同为筹备员，从事于本部组织、学制改革、学校登记等事”[②]。从这段回忆可以明显看出，作为首任教育总长的蔡元培是如何筚路蓝缕，从最基本大搭班子开始做起的。可以说，也正是由于教育部初创的这张“白纸”，随后才容易“盖房建屋”，不仅是这里提到的钟宪鬯、蒋维乔、王小徐、鲁迅、许寿裳，而且还有王云五、黄炎培、陆费逵等一批日后教育界、出版界精英们，也都参与了这一最初的教育肇端的大业。

民初教育部可谓星光璀璨，人皆一时之选。之所以能形成这样一种盛世景观，其中的用人原则至关重要，这也可以从其时总统府秘书长胡汉民的抱怨声中得到反证，蔡元培说：“我那时只有能者在职的一个念头，竟毫没有顾到老同志的缺望，到正式组织时，部员七十人

①《蔡元培口述传略》，载蔡元培：《孑民自述》，南京：江苏人民出版社，1999年，第116页。

②《蔡元培口述传略》，载蔡元培：《孑民自述》，南京：江苏人民出版社，1999年，第116页。

左右，一半是我所提出的，大约留学欧美或日本的多一点；一半是范君静生所提出的，教育行政上有经验的多一点，却都没有注意到党派的关系。”[①]这里需要举出的一个事例就是趁蔡总长北上迎袁世凯之际，景大昭代理总长，“景君忽开数十人名单，加以参事、司长、科长、秘书等名义，而请总统府发委任状，除旧有各员外，大抵皆文学家而非教育家。在景君之意，为彼等先占一地位，庶北迁时不致见遗”[②]。这其实是可以理解的，即利益是要分配的，革命党人既然经过流血牺牲好不容易得来政权，自然想要有所勋酬获得官职。但对于致力于教育建设和制度构造的理想主义者来说，却是难以接受的，所以蒋维乔、钟宪鬯等均对此不以为然，甚至有联名辞职之举；幸则总长蔡元培是同类人，“乃开一会议，我声明次长此举，固是美意，但不为其他教育行政的专家留若干地位，使继任的长官为难。又多人即被委任，而或为后任长官所淘汰，则反使本人难堪，不如乘此尚未正式发表之时，取消他。多数赞同我说，景君亦不反对，遂将几十张委任状送还总统府”[③]。在民初教育部初创过程中，扮演相当重要角色的人物，其实当属蒋维乔，按照他的回忆：

①《蔡元培口述传略》，载蔡元培：《孑民自述》，南京：江苏人民出版社，1999年，第116–117页。

②《蔡元培口述传略》，载蔡元培：《孑民自述》，南京：江苏人民出版社，1999年，第116页。

③《蔡元培口述传略》，载蔡元培：《孑民自述》，南京：江苏人民出版社，1999年，第116页。

辛亥革命成功，临时政府，成立于南京。任命蔡元培为教育总长。蔡方自欧洲回国，造余庐而请曰："去国多年，于近来国内情形，殊多隔膜，望公相助为理，部中一切，事无大小，皆愿为我计划之"。余亦以国家之事，非异人任，重以旧友情谊，慨然允之。蔡曰："今者天下纷纷，尚未统一，论及教育，应如何著手"？余曰："军事未毕，实施教育，尚非其时。不过帝制推翻，民国成立，前清学制，多不适用，且谓天下诟病已久，不若于此数月中，先行草拟民国学制，一面颁发通令，于旧制之抵触国体者去之，不抵触者仍之，以维持现状。"蔡亟称善。是时各省都督府，多发临时学校令，省自为政，日趋纷歧。余乃于未进教育部前，在商务印书馆编译所，与高梦旦、陆费逵、庄俞等计议，草定普通教育暂行办法通令，计一十四条。携此稿偕蔡元培并会计员共三人，赴南京组织教育部。①

从这段叙述来看，蔡元培就任教育总长，确实如同"光杆司令"上任，是没有班底的，而其核心幕僚就是蒋维乔，另外再加上一个管财务的会计。而之所以能请到蒋维乔，其实与蔡元培留德之前的"十载江湖行"密切相关②，没有基本的人脉和"江湖信誉"，很难在短期之内聚集人气、创业有成；而商务印书馆当时所起到的"纳贤萃英"

---

① 蒋维乔：《民元以来学制之改革》，载陈学恂主编：《中国近代教育史教学参考资料》中册，北京：人民教育出版社，1987年，第163页。

② 参见蒋维乔：《中国教育会之回忆》，载陈学恂主编：《中国近代教育史教学参考资料》中册，北京：人民教育出版社，1987年，第1-11页。

的人才中转站功用也需予以认知。高梦旦、陆费逵、庄俞等人虽是出版人，但却有着很深广的家国情怀，对于知识和教育更是心有所系，陆费逵等当年曾公开宣言："立国根本，在乎教育。"[1]此期虽未直接进入教育部，但却并不自外，而是共同谋划教育建制大计。蒋维乔确实是有眼光与操作能力的，所做的第一件要紧事就是拟定并颁布"普通教育暂行办法通令"，不要小看这样的文牍，"此区区十四条通令，革除前清学制之弊，廾新学制之纪元，于全国教育停顿，办法纷歧之时，赖此通令，得以维持，其影响实非浅显"[2]。

文件运转与制度试范。在行政运作过程中，文件的作用是怎么高估也不过分的。因为正是通过"文件"，基本制度得以确立，机关事务得以运行，制度范式也才能够发挥其功用。所谓"文山会海"确实不是虚词。如果没有一个群体的默契配合与有效运作，仅靠英雄和领袖也是难以成大事的。所以仅仅将这些五湖四海的豪杰罗织前来，也是没有用的，而是应当充分发挥所长、理想高标、处事以公，好在这一点蔡元培很擅长。

对于民初教育来说，一切都是百废待兴，亟需确立的新东西就是一个全国上下必须遵守的"法规"。这里最为根本和关键的当然还是普通教育，清代学部即有普通教育司，这是制度建制的必有因素，是

① 陆费逵：《中华书局宣言书》，载俞筱尧、刘彦捷编：《陆费逵与中华书局》，北京：中华书局，2002年，第430页。

② 蒋维乔：《民元以来学制之改革》，载陈学恂主编：《中国近代教育史教学参考资料》中册，北京：人民教育出版社，1987年，第164页。

属于“变常”的东西，就是再怎么变，也不能没有的。但以蔡元培这批新人物的思想观念当然不可能简单的“萧规曹随”，所以由蒋维乔、陆费逵等所起草的《普通教育暂行办法》十四条及课程标准[①]，就起到了建章立制的重要规训作用。蔡元培对部下充分尊重，对此拟定的章程采纳不疑，随即于1月19日由教育部向各省都督发电，请各省“饬发所属，转发各学校一体遵行”[②]。这个效率可谓高矣，因为蔡、蒋与黄绳之1月12日下午才乘沪宁铁路特别快车赴宁，13日去拜谒大总统孙中山，问：“教育部地点在何处？”孙中山的回答是：“此须汝自行寻觅，我不能管也。”这就是民国初创时的大总统与部长的处境，幸得其实担任江苏都督府内务司长的马相伯的帮助，暂借得房屋办公[③]。而此时，他们还需要到处奔走，寻找可能的办公地点；而设置教育部后，访客不绝，所谓“投效纷纷，蔡先生终日见客，往往一进客厅，来客相继不绝，至日暮不得休，妨害公事”[④]。1月19日，教育部正式成立，启用印信，正是当天，即通电各省都督发出《普通教育暂行办法》十四条及课程标准。

---

① 李华兴：《民国教育史》，上海：上海教育出版社，1997年，第98页。按照陆费逵的说法：“蔡先生以为然，并嘱起草。我与蒋竹庄先生商定一稿，即元年一月所颁之暂行办法及四条通电。其内容大体根据我三年中所研究的结果，如缩短在学年限，减少授课时间，小学男女共学，废止读经等，均藉蔡先生采纳而得实行。”陆费逵：《我青年时代的自修》，转引自高平叔：《蔡元培年谱长编》上册，北京：人民教育出版社，1996年，第401页。

② 高平叔：《蔡元培年谱长编》第1卷，北京：人民教育出版社，1999年，第400页。

③ 高平叔：《蔡元培年谱长编》第1卷，北京：人民教育出版社，1999年，第399页。

④ 高平叔：《蔡元培年谱长编》第1卷，北京：人民教育出版社，1999年，第399页。

那么，内容有哪些呢？其要点为：（一）从前各种学堂改称学校，监督、堂长改称校长；（二）每年仍分二学期，阳历三月开学，至暑期为第一学期；暑假后至来年二月为第二学期；（三）初等小学男女同校；（四）各种教科书务合乎共和民国宗旨；（五）小学废止读经；（六）小学注重于手工科；（七）高等小学以上，体操注重兵式；（八）初等小学三学年起兼课珠算；（九）中学不分文、实科；（十）中学及初级师范修业年限由五年改为四年；（十一）旧时奖励出身，一律废止。毕业于学校者分别称初、高等小学毕业生，中学校、师范学校毕业生。[①]从这些内容来看，其一是"名实相副"，以新名词新称谓来体现新教育新国家，对于内容符合民国宗旨的要求等；其二是萧规曹随，作为制度性的规定，有些是具有长期意义的，并不会因为权力的交替而变化，譬如学期的划分等；其三是不破不立，譬如废经、废出身奖励等；其四是做细节性的调整，譬如年限的修改、分科与否的调整、增加课程等；其五是加入具有总长卓见的条目，譬如男女同校就很能展现蔡元培的平权思想（后来他也是率先在北大实现大学的男女同校），而高小以上体操注重兵式，也同样很符合蔡元培的"军国民教育"思想。

蔡元培自己比较得意的是推动社会教育，按照他自己的说法："学部旧设普通教育、专门教育两司，我为提倡补习教育、民众教育起见，于教育部增设社会教育司，以防止牵涉孔教，特请研究宗教问

---

① 高平叔：《蔡元培年谱长编》第1卷，北京：人民教育出版社，1996年，第400页。

题之夏君穗卿任司长。”[①]1月30日时，教育部通电各省都督，社会教育是主要内容：“社会教育，亦为今日急务，入手之方，宜先注重宣讲……至宣讲标准，大致应专注此次革新之事实，共和国民之权利、义务及尚武、实业诸端，而尤注重于公民之道德。当此改革之初，人心奋发，感受较易。即希贵府迅予查照施行。”[②]

所以，我们可以看到，蔡元培推动建设制度的方法，主要是通过文件运转与通电各省的方法来运行的。当然，当时的南京临时政府并无实权，是否执行，很大程度决定于各省都督的态度，但无论如何，一个名义上的共和政府教育部的架子和工作是搭建起来了。

制度形成与范式续传。蔡元培时代一个很明显的贡献应当是学制拟定。按照蒋维乔的说法：“当时教育部之重要工作，即在草拟新学制。招集东西留学生，各就所长，分别撰拟小学、中学、大学规程，每日办公六小时，绝似中华书局之编辑所。”[③]确实，壬子学制作为民国最初学制系统，确实有其筚路蓝缕和草创贡献；而临时政府在南京只有三个月时间，而学制草案亦告成，可见其效率。1912年7月10日，中华民国临时教育会议召开；9月3日，中华民国首部《学校系统令》颁布，史称“壬子学制”[④]。但由于毕竟制定过程仓促，颇有不备之处，所以从颁布到1913年8月，教育部又颁布一系列学校令予

① 蔡元培：《孑民自述》，南京：江苏人民出版社，1999年，第117页。
② 高平叔：《蔡元培年谱长编》第1卷，北京：人民教育出版社，1996年，第402页。
③ 蒋维乔：《民元以来学制之改革》，载陈学恂主编：《中国近代教育史教学参考资料》中册，北京：人民教育出版社，1987年，第164页。
④ 李华兴：《民国教育史》，上海：上海教育出版社，1997年，第99页。

以补充，其与壬子学制系统有所差异，故此综合之后，确定为一个统一的学制系统，即所谓“壬子—癸丑学制”[1]，这个制度更具长期有效性，直到1922年出现的壬戌学制将其代替。所以从制度史角度来看，壬子学制是一个短暂的过渡性学制，但却具有很强的时代特征，其内容也仍具有较长期影响。

制度的意义怎么高估也不过分，因为它能以政府的法令形式使一般意义的理念和思想变成社会普遍遵循的基本规范，具有很强的规训作用。但如何建立制度，却又是一个仁者见仁智者见智的问题。如果说在草创初期，不得不因陋就简，根据实际情形而初步形成一个相对大纲式的制度性纲领；那么，当移都北京之后，政治问题基本得到解决，一个全国性制度的建设和长期有效性的形成，就必须有相当的民意基础才行。这时蔡元培选择了集思广益、蓄揽众长的策略，所以在他向参议院阐述思路的同日，教育部即通电各省，谓：“本部为征集全国教育家意见，讨论至当，……特开临时教育会议于北京，以阳历七月初十日至八月初十日为会期。……各省应各推选二员，以曾受师范教育办学三年以上者为合格，务于开会期前五日到京。”[2]这是一个了不起的决策，就是要请各省代表人物乃至全国教育家一起共商教育大计。

故此，在这次全国教育会议上，作为教育总长的蔡元培一方面强调“此次教育会议，即是全国教育改革的起点”，另一方面更注重民

① 李华兴：《民国教育史》，上海：上海教育出版社，1997年，第100-102页。
② 高平叔：《蔡元培年谱长编》第1卷，北京：人民教育出版社，1999年，第448页。

国时代教育原则的议定。所以，蔡氏开宗明义，强调民国教育与君主时代教育的本质区分，要求“从受教育者本体上着想”，换言之，即以学生为教育的主体。进而由此推论，合盘端出其“五育并举”的思路，强调“五者以公民道德为中坚，盖世界观及美育皆所以完成道德，而军国民教育及实利主义，则必以道德为根本”。虽然是以开放的心态邀请四方同人共商大计，但主事者对于基本教育方针却显然是“胸有成竹”，并非一切都是“白纸绘图”。所谓“不破不立”，除了立起“五育并举”的基本方针之外，当然就有“废孔分经”的霹雳手段。周作人说：“蔡孑民在民国元年（一九一二）南京临时政府任教育总长的时候，首先即停止祭孔，其次是北京大学废去经科，正式定名为文科，这两件事在中国的影响极大，是绝不可估计得太低的。”①应该说这一判断相当准确，对于以建立民国教育为己任的蔡元培来说，虽然表面上一派君子儒雅、谦谦风范，但其实内里很有自己的定见和主张。在这关系未来教育大计的全国教育会议上，他再次巩固、扩大与敲定自家废孔废经的基本主张：“普通教育废止读经，大学校废经科，而以经科分入文科之哲学、史学、文学三门，是破除自大旧习之一端。”这篇演讲发表于《教育杂志》第4卷第6号，于1912年9月出版，应该说相当集中地表达了蔡氏确定民国教育基本方针的

① 周作人这样分析其作用：“中国的封建旧势力依靠孔子圣道的定名，横行了多少年，现在一古脑儿的推倒在地上，便失了威信，虽然它几次想卷土重来，但这有如废帝的复辟，却终于不能成了。”周作人：《蔡孑民》，载陈平原、郑勇编：《追忆蔡元培》，北京：中国广播电视出版社，1997年，第128页。

思想。

全国临时教育会议于7月10日正式举行，与会者有全国各省及华侨代表共五十六人。此会历时整整一月，到8月10日闭会之时，总长蔡元培已经辞职隐去。其间共开会十九次，提出议案九十二件，对于有关教育的根本性问题，都有所讨论，诸如学校系统、教育宗旨、各级各类学校的法令、小学教员薪俸规程、采用注音字母等。一个会开上一个月，在今天恐怕是极少见的了。不知是那个时代的人的效率太过低下，还是讨论问题过于细致。但这一会议的成果还是明显的。之后，教育部就据此出台了很多政策，其中很多与蔡元培的思想有关。而最重要的是，基本教育方针贯彻了蔡氏的思路。如果说在政治的实践运作中，蔡元培不是一个赢家，甚至有些疲于应对；但在自己认定为终身事业的教育大计上，他却相当有主见并不乏操作的策略。他出任民国教育总长不过寥寥数月，但日后民国教育的大政方针基本都不出其思路，即可见一斑。7月18日，临时教育会议讨论教育方针草案，其时蔡元培已去职（7月14日）。次长范源濂（1875—1927）出席说明理由，谓："教育宗旨，蔡总长主张注重道德教育，而以实利与武勇两主义济之，又以世界观与美育养成高尚之风，以完成国民道德。"[①]但仍有不少其他提案，诸如刘以钟、吴曾禔合提的以相对的国家主义为教育方针案，侯鸿鉴提的以道德为主以实利及军国民为辅的

① 高平叔：《蔡元培年谱长编》第1卷，北京：人民教育出版社，1999年，第474页。

教育方针案，徐炯提的确定教育方针以巩固国本案。[①]9月2日，教育部公布的中华民国教育宗旨为："注重道德教育，以实利教育、军国民教育辅之，更以美感教育完成其道德。"[②]应该说，虽有所更易，但基本思路都是蔡元培的，其对中国现代教育制度的影响是深远的。

范源濂在蔡元培辞职后继任总长，他第一次出席国务会议宣布政见时即称，蔡前总长对于整顿教育之办法，首重社会教育，盖共和国体贵在人人有普通之智识，本总长当接续进行。如果说这主要还是面对内阁成员的政见宣示，那么面对内部人员的教育部大会发言则可视为由衷之词，范源濂强调，教育宗旨及行政大纲，业由蔡总长宣布或规定，悉当遵行[③]。如果说这还可解释为作为前任副手与继任者习惯性的"萧规曹随"，那么数年之后"再作冯妇"时的政策选择就更可印证其思路的一以贯之。1916年黎元洪继任总统，范源濂再度出任教育总长，就职当天即"废除袁世凯七项教育要旨"，"切实实行元年所发表的教育方针"[④]。由此可见，蔡元培所确立的"民初教育制度"，并非仅是一时兴起的"临时应急"，而是具有范式建构意义的制度形成，其续传状态则值得推敲再三。因为如果说制度形成是"变创"，那么范式续传就具有"渐常"意义了。当一种旧制度必去，而新范式

---

① 《民立报》1912年7月26、27日，载高平叔：《蔡元培年谱长编》第1卷，北京：人民教育出版社，1999年，第474–475页。

② 《教育杂志》第4卷第7号，1912年10月。载高平叔：《蔡元培年谱长编》第1卷，北京：人民教育出版社，1999年，第474–475页。

③ 高平叔：《蔡元培年谱长编》第1卷，北京：人民教育出版社，1999年，第476页。

④ 安树芬、彭诗琅主编：《中华教育通史》，北京：京华出版社，2010年，第1410页。

当生的过程中，并非是说必然地就以此代彼，而往往是你中有我、我中有你，传统其实是后来者难以自外的“血脉相连”。

我们需要注意到民初政治骤变对于制度建设的影响，即南京政府只是一个临时过渡性政府，一旦袁世凯继任临时大总统，又以北京为首都，则必然形成对原有政府的压抑。新政府采取内阁制，其实阁员是整体更替的，具体到各部情况又有不同，教育部由于蔡元培的原因，实际上南京临时政府的格局得以维持和继续。这其中的核心仍取决于人事，如果说最初南京政府时的教育部组成，尤其在次长人选上非蔡元培能调控，那么到了北京组阁教育部之际，他就表现出了相当的主动性，尤其是在次长人选上，他非常明确地邀请范源濂就任。所以蔡元培这样总结这段经历：“我在国务院中做了几个月尸位的阁员，然在教育部方面，因范君静生及其他诸同事的相助，颇有可以记录的事情。”[①]这里特别要提出的是蔡元培—范源濂的二元关系，这个关系相当奇特。范源濂本是前清学部高官，所以对教育行政事务自然熟悉。当政府北迁之际，蔡元培本拟辞任教育总长，乃提名范源濂，但范氏“忽出京，不知所之”[②]，再加流言四起，孙中山和唐绍仪乃仍要求蔡元培续任；蔡元培乃邀请范源濂出任次长，范氏居然也欣然应邀。这可见出那代人的高风亮节与心胸气度，两人合作的风格从蔡

① 《蔡元培口述传略》，载蔡元培：《孑民自述》，南京：江苏人民出版社，1999年，第117页。

② 《蔡元培口述传略》，载蔡元培：《孑民自述》，南京：江苏人民出版社，1999年，第113页。

元培下面这段表述可见一斑：

我与次长范静生君常持相对的循环论，范君说："小学没有办好，怎么能有好中学？中学没有办好，怎么能有好大学？所以我们第一步，当先把小学整顿。"我说："没有好大学，中学师资那里来？没有好中学，小学师资那里来？所以我们第一步，当先把大学整顿。"把两人的意见合起来，就是自小学以至大学，没有一方面不整顿。不过他的兴趣，偏于普通教育，就在普通教育上多参加一点意见。我的兴趣，偏于高等教育，就在高等教育上多参加一点意见罢了。[①]

制度还是通过具体的个人来运转的，没有抽象的、孤立的、静止的制度。蔡元培-范源濂的二元关系，在相当程度上决定了"教育建制"的长期示范问题，也决定了蔡氏建构的"教育制度"的延续性问题，这与蔡氏的理想主义情怀和兼容包容是不可分开的，这也与范氏的"豁达大度"与"求是以公"是密切相关的。所谓"独木难支"，必须是彼此相知理解，方可共事戮力，这也可见出二元三维的结构性特征。民初教育的"蔡—范结构"是一种近乎"和型二元"的关系，两人在京共事不过数月，但却能做到和衷共济，彼此以诚相待，合作无间，难怪时人评说："教育部新旧杂用，分司办事，已确有规模。……俨然有建设气象。蔡鹤卿君富于理想，范源濂君勤于任务。

① 《我在教育界的经验》，载蔡元培：《蔡元培全集》第7卷，高平叔编，北京：中华书局，1989年，第197页。

总次长实具调和性质，亦各部所未有。”[1]以黄远生的眼光与标准，能做如此评价，可见“蔡—范组合”确乎不仅符合舆论期待，而且相得益彰！也正是有蔡元培、范源濂二位的和衷共济，才可能有蔡氏教育制度建构的断链点续，尤其是离职之后的影响不绝。这种“政见相融、为官求本”的范式，其实是百世之下犹见先贤之风，尤其为后世官场与官人楷模。有论者认为：“在民国初年的教育改革中，就主持教育部工作的五任教育总长而言，能在理论上提出自己的主张，并能对民初教育宗旨的制定产生影响的是蔡元培和范源濂。”[2]或者我们可以更明确地提出，“蔡—范结构”决定了民初教育制度构建的基本元素，这种超越个人利益、党派之争，而将自己的进退就职视为民族国家大计的公共行动的做法，不但造就了民国教育制度建构的理想主义光环，而且也确实值得成为后世效仿的光辉典范。

教育理念与个人素质。冯友兰回忆总结蔡氏的人格风范称：“他（指蔡元培）所以得到学生们的爱戴，完全是人格的感召。道学家们讲究‘气象’……如程颐……说程颢‘纯粹如真金，温润如良玉，宽而有制，和而不流。……视其色，其接物也如春阳之温；听其言，其入人也如时雨之润。胸怀洞然，彻视无间；测其蕴，则浩乎若沧溟之无际；极其德，美言盖不足以形容’。这几句话，对于蔡元培完全适

---

① 黄远庸：《远生遗著》（上册）第2卷，北京：商务印书馆，1984年，第17页。

② 田正平、杨晓：《辛亥革命与中国教育近代化》，载《浙江大学学报》，2002年第1期，第11页。

用。”[①]其实，不仅在北大如此，蔡氏的风格一如既往、春风化雨。这需要归因到其个人素质的整体形成，可以包括道德伦理、思想观念、领导能力等方面，这里主要讲三个方面，一即个人气度，指人的心胸气象，尤其是对人的包容层度；二是个人策略，即对整体大盘操作的把握度；三则个人操守，即自身的是否能站得正立得端的问题。前者知人善任，大度能容，对范源濂，对蒋维乔，对蒋梦麟，都是如此；中者虽不重细节，但却则善握大势，进退有节，坚守伦理原则；后者则其品节高操，绝不徇私枉法，滥用职权，更能清廉自守。举例来说，南京时期的教育部，虽为临时机构，但却相当有气象，机关里摇铃为号、分工任事，行政效率颇高，以鲁迅的悲观情绪，而且与蔡元培关系日后并不甚佳，也说：“说起民元的事来，当时我也在南京教育部，觉得中国将来很有希望。”[②]这自然是和蔡元培的领导和示范作用分不开的。在北京教育部时，则按范源濂自己的说法：“在我们合作期间，部里的人都是知无不言，言无不尽，讨论很多却没有久悬不决的事，一经决定立即执行，所以期间很短办的事很多。”[③]

想当初，1912年3月底唐绍仪内阁成立时，蔡氏虽坚辞而仍不得不留任教育总长，即明确表示“既勉强担任，即断不敢存五日京兆之

① 冯友兰：《我在北京大学当学生的时候》，载陈平原、夏晓虹编：《北大旧事》，北京：生活·读书·新知三联书店，1998年，第359–360页。

②《南腔北调集·〈自选集〉自序》，载鲁迅：《鲁迅全集》第7卷，北京：人民文学出版社，1957年，第47页。

③ 梁容若：《记范静生先生》，载《传记文学》，1962年第6期，第74页。

心”[①]，而努力依旧，诸如接收前清学部、聘定人员、建设机构、发布学令等；但由于他的工作是由其所担任的行政官职本身决定的，所以不可能脱离其时“政界风云”的影响。不过作为教育行政官的蔡元培对此亦同样有极清醒的认识，他明确地知道“总长为政务官，对于国务院为重，对于本部为轻”[②]。说实话，虽然是由帝制到民国，但整个制度的建构和“搭班子”确实是十分仓促；虽然孙中山领导革命已经历时多年，反清排满轰轰烈烈，可真要落实到具体建设的层面，可还真的不易！仅就教育而论，其实改革早已在静悄悄地进行着，可一旦要落实为制度构建，却仍是十分艰难。即便蔡元培想超越党派利益而致力于国家长久的制度建设，但在政治斗争激烈的环境之中也很难做到，所以不久他就选择辞职。1912年6月19日，数位同盟会籍总长随内阁总理唐绍仪辞职；7月2日，蔡向袁世凯当面辞职。袁世凯称“我代四万万人坚留总长”，蔡称：“元培亦对四万万人之代表而辞职。”7月14日，蔡元培获辞教育总长。这也可证明，蔡元培的人格是无可挑剔的。

当然，在这样一个风起云涌、激烈变动的时代里，蔡元培仍能有所成就，开辟共和国的教育制度，除了其高尚人格、领导能力，乃至因缘际会、语境条件之外，其中最为核心的一个因素仍是其本身具有

① 《向参议院宣布政见之演说》（1912年5月13日），载《蔡元培全集》第2卷，中国蔡元培研究会编，杭州：浙江教育出版社，1997年，第64页。

② 《辞教育总长时与临时教育会议挽留代表的谈话》，载《蔡元培全集》第2卷，中国蔡元培研究会编，杭州：浙江教育出版社，1997年，第176页。

独特的教育思想及其长期以来的知识形成过程的奠基作用。1912年2月11日，上任未久的蔡元培在《政府公报》上发表《对于新教育之意见》，系统提出作为民主共和国的新教育方针：军国民教育、实利教育、道德教育、世界观教育和美育教育。他认为："专制时代，教育家循政府之方针以标准教育，常为纯粹之隶属政治者。共和时代，教育家得立于人民之地位以定标准，乃得有超轶政治之教育。"[①]这就是他的教育观的充分表达。若想深究蔡元培现象的来龙去脉，我们就不仅需要梳理其教育行动和制度建构的历史踪迹，更要探讨蔡元培"教育国家"观念的形成。

三、观侨取象："教育国家观"的形成及其作为精神质变现象的意义

深入考究之，则蔡元培之所以能形成颇为独特的"教育国家观"，其实与他的侨易经验和场域积累关系密切。我曾总结过其教育国家理念，大致可分三层：一是中国之存亡兴替仍是其所关注的核心问题，故此国家利益与教育发展是互为动因的；二是以现代大学为核心的教育建制意识，以学术研究为中心的教育发展思路；三是协调并进的教育统筹发展思路，即强调大学教育、基础教育、职业教育的统

① 蔡元培：《对于新教育之意见》，载《蔡元培全集》第2卷，中国蔡元培研究会编，杭州：浙江教育出版社，1997年，第9-19页。

筹，家庭教育、学校教育与社会教育的关系等。[①]这些基本观念在其总长时代，其实基本已都表现出来，因为此时的蔡元培毕竟已经过了不惑之年，经历风雨，虽不能说是一切胸有成竹，但至少是胸中“有酒垫底”。

精神质变的产生，不仅在于初次遭逢的异文化碰撞的“金风玉露一相逢”，也还肇因于此前长期积累的“万物都在一念中”。以出任教育总长为契机，蔡元培展开了他生命辉煌的“事功发轫”。这其中有“新旧过渡”，有“满汉兴替”，有“东西碰撞”，也有“从志士到元勋”，“从学者到高官”，“从帝制到共和”，这是一个错综复杂而画卷纷呈的“侨易语境”。就蔡元培自身而言，则必须首先面对角色符号的转变，他此前曾为清廷翰林，乃是尊贵清华的“读书官”；可毕竟十余载弃官入野，乃是已经销掉名位的“在野人”；更加上留德四年，成了一个仿佛代表西方新知的“留学生”。所谓镜像，乃是其留德归来，经历了双边侨易的过程之后，此时的蔡元培，已经是一个可能真正担当历史责任的“读书种子”！

与常人不同的是，蔡元培是在风起云涌的历史关键点上崛起的人物，是时代呼唤英雄并产生出来的真正文化英雄。所以他的掷笔归国，虽略少投笔从戎的豪侠气，但也绝不乏风萧萧兮的易水侠骨。如果我们再联想到他昔日以一文弱书生而参加暗杀团，学习爆炸术，就会对其人的风格胸襟平生敬意！作为民国教育总长，且是首任，就必

---

① 参见叶隽：《异文化博弈——中国现代留欧学人与西学东渐》，北京：北京大学出版社，2009年，第204-208页。

然有规划全国教育的全景思考，所以从初时在《政府公报》上发表《对于新教育之意见》，到面对北京参议院演说时发表《对于教育方针之意见》，其“五育并举”的思想一以贯之。我们要注意到做政务官的特点，即其思想表露于其各种场合的报告演讲之词。1912年5月13日上午9时，国务总理及各部总长到达会场，参议院出席者达88人，列席旁听及新闻记者则200余人。主席由议长吴景濂担任，唐绍仪与各国务员依次报告。[①]既然是向参议院发表政见，作为一国之教育行政长官自然要拿出“东西”来，其有否独到之思想理念，一观便知。果然在这篇短小的演说之中，有大义存焉。虽然蔡氏甚为谦逊，但其思路见地都可谓“一时之选”。首先将教育方针一划为二，前者针对普通大众，故强调“务顺应时势，养成共和国健全之人格”；后者在提升层次，为国家作育灵魂人才，故看重的是“务养成学问神圣之风习”。这一将普通教育与专门教育两分的思路，虽然名称与今天或不相合，但其表现的“教育分权”意识，无疑具有草创期的远见卓识。

蔡元培自身的“教育国家观”日后也还有所变化，尤其是在留法后出任北大校长的大学体验，以及出任大学院院长后对法国资源的化用，使得他的观念处于不断发展成长之中，不宜简单地对其做静止和单向看待。对于现代中国来说，其“教育国家观”绝非可有可无，其所具备的范式功用，则更是有着极为重大的意义。先后出任教育部长的蒋梦麟、王世杰、陈立夫、朱家骅等人，都在不同程度上参与了此

---

① 《民立报》1912年5月15日，载高平叔：《蔡元培年谱长编》第1卷，北京：人民教育出版社，1999年，第446-447页。

观念的建构。而现代中国的“教育国家观”又如何能在现代世界的范畴中立住位置，贡献于人类文明，则又是另外的话题了。如何才能建成一个“教育国家”，其中有太多可以分说的地方，但至少可以肯定的是，将“教育”作为“国家”的重要支柱，而非仅是一种国家工具，则至为关键。这其中，“养成共和国健全之人格”这一点具有核心性的提纲挈领的作用和意义，需要特别揭示。以蔡元培的心胸气度和大局观，其实民初五条教育方针的提出是容纳了他者之见的，其中军国民教育、实利教育是陆费逵提出的，而真正属于蔡元培自身的当是道德教育、世界观教育和美育教育。如果我判断不错的话，后两个概念分别来自德文的“Weltauschauung”“Ästhetik”，果然后者可以得到蔡氏自己的印证，他说：“美育的名词，是民国元年我从德文Ästhetische Erziehung译出，为从前所未有。”[①]如此我们可以看到，蔡元培教育国家观核心内容的形成与其留德经验密切相关。如果我们将蔡元培的留德归来视为一种侨易现象的话，那么首先需要追问的就是，蔡元培是否发生了精神质变？回答显然是肯定的，这种精神质变表现在他的教育国家观的形成，但却绝不仅仅是一种简单的双边侨易就可达致的结果，而应该理解为是一个多重力量综合作用的结果，这其中更为重要的是作为制度性观念的教育国家观，其实与现实场域的运作和博弈有着千丝万缕的联系，这就是为什么前面我们要梳理制度形成过程的原因。

---

① 蔡元培：《二十五年来中国之美育》，《蔡元培全集》第7卷，中国蔡元培研究会编，杭州：浙江教育出版社，1997，第82页。

四、察变寻异：留德时代的功用及二元文化系统之碰撞

如前所言，若聚焦于蔡元培的教育国家观形成的过程及其实际功用，则留德时代特别值得关注，因为正是这段明显的侨易经验，使得作为文化载体的蔡元培，在此期间完成了他的精神质变过程。从另一个角度来看，中德文化借助这个个体，完成了一次明显的精神交易的过程，这是特别值得关注的，也是在“侨易”框架下才可能获得的另类认知。

中德文化属于不同的文化系统，其重要意义恰恰在于“中德文化交流是东西文化内部的两种核心子文化的互动，即作为欧洲北方文化的条顿文明与亚洲北方文化的华夏文明之间的交流”，或者更清楚地说，“中德文化互动是主导性文化间的双向交流，具有重要的范式意义”[1]，而正是通过伟大的精神个体的寻异与创造活动，中、德文化体之间的互生互动才得以延展开。譬如作为“德国头一个创立一种独立的、卓有成果的哲学的重要人物”[2]，莱布尼茨（Leibniz，Gottfried Wilhelm，1646—1716）几乎可以被认为实现中德文化侨易的第一人，他通过法国的耶稣会士白晋（Bouvet，Joachim，1656—1730）深入了

① “中德文化丛书”封底，载叶隽：《主体的迁变——从德国传教士到留德学人群》，上海：上海外语教育出版社，2008年。

② 卡西勒：《启蒙哲学》，顾传民等译，济南：山东人民出版社，1988年，第26页。

解和理解易经思想[1]，并由此证明和启示了他的二进制发明；不仅如此，他更对两种文化间的关系有深刻的认知：“全人类最伟大的文化和最发达的文明仿佛今天汇集在我们大陆的两端，即汇集在欧洲和位于地球另一端的东方的欧洲——支那（人们这样称呼它）。我相信，这是命运的特殊安排。大概是天意要使得这两个文明程度最高的（同时又是地域相隔最为遥远的）民族携起手来，逐渐地使位于它们两者之间的各个民族过上一种更为合乎理性的生活。”[2]他甚至期待中国人西去传教：“鉴于我们道德急剧衰败的现实。我认为，由中国派教士来教我们自然神学（natürliche Theologie）的运用与实践，就像我们派教士去教他们由神启示的神学（die geoffenbarte Theologie）那样，是很有必要的。”[3]而我们不应忘记，正是“从莱布尼茨的哲学开始，出现了一种新的精神力量。莱布尼茨不仅改变了流行的世界图景的内容，而且赋予思维以新的形式和新的基本方向”[4]。

如果仅将对象聚焦于中德二元系统的交易关系，那么我们至少要关注到三个关键点，就是17世纪的传教士时代引发的德国知识精英

① 关于莱布尼茨与中国的联系，参见Widmaier, Rita（hrsg.）: *Leibniz Korrespondiert mit China – Der Briefwechsel mit den Jesuitenmissionaren（1689–1714）*. Frankfurt am Main: Vittorio Klostermann, 1990.

② 莱布尼茨：《〈中国近事〉序言：以中国最近情况阐释我们时代的历史》，载〔加〕夏瑞春编：《德国思想家论中国》，陈爱政等译，南京：江苏人民出版社，1989年，第3–4页。

③ 莱布尼茨：《〈中国近事〉序言：以中国最近情况阐释我们时代的历史》，载〔加〕夏瑞春编：《德国思想家论中国》，陈爱政等译，南京：江苏人民出版社，1989年，第9页。

④ 卡西勒：《启蒙哲学》，顾传民等译，济南：山东人民出版社，1988年，第26页。

对中国文化的关注；汉学家时代我们也必须注意，虽然德国汉学是后来者，但像卫礼贤这样的人物的贡献是怎么高估都不过分的；然后才是留学生时代的兴起。相比较卫礼贤，那么蔡元培的意义在哪里？或者我们说，这个时期的中德二元关系虽然可以成为一种主要研究的对象，但必须注意到它是在多元交错关系中发生的，不能完全离开整体的多边场域语境孤立观察之，否则难得正解。蔡元培—卫礼贤结构或许更是一个值得关注的切入点。

歌德时代是另一次对中国知识和思想的重要接受时代，虽然早年歌德似乎不以中国为然，对中国园林进行过抨击①，尤其对维兰德的中国观不以为然②；但日后却对小说世界里的中国精神有很好的评价：

> 中国人在思想、行为和情感方面几乎和我们一样，使我们很快就感到他们是我们的同类人，只是在他们那里一切都比我们这里更明朗，更纯洁，也更合乎道德。在他们那里，一切都是可以理解的，平易近人的，没有强烈的情欲和飞腾动荡的诗兴，因此和我的《赫尔曼与多罗泰》以及英国理查生写的小说有很多类似的地方。他们还有一个特点，人和大自然是生活在一起的。你经常听到金鱼在池子里跳

---

① Werke: Der Triumph der Empfindsamkeit, S. 41. Digitale Bibliothek Band 4: Goethe, S. 3547 (vgl. Goethe-BA Bd. 5, S. 366). 中译文见《编者后记》，载〔加〕夏瑞春编：《德国思想家论中国》，陈爱政等译，南京：江苏人民出版社，1995年，第271–272页。

② 歌德《感伤的凯旋》(Triumph der Empfindsamkeit) 第四幕，转引自《编者后记》，载〔加〕夏瑞春编：《德国思想家论中国》，陈爱政等译，南京：江苏人民出版社，1995年，第271–272页。

跃，鸟儿在枝头歌唱不停，白天总是阳光灿烂，夜晚也总是月白风清……又说有一个德才兼备的年轻人三十岁就荣幸地和皇帝谈话，又说有一对钟情的男女在长期相识中很贞洁自持，有一次他俩不得不在同一间房里过夜，就谈了一夜的话，谁也不惹谁。还有许多典故都涉及道德和礼仪。正是这种在一切方面都保持严格的节制，使得中国维持到几千年之久，而且还会长存下去。①

更重要的是，他曾经有过长时间的“中国精神漫游”，这甚至导致了他“世界文学观”的产生。当然无论是莱布尼茨还是歌德，他们

---

① 德文原文为："Die Menschen denken, handeln und empfinden fast ebenso wie wir, und man fühlt sich sehr bald als ihresgleichen, nur daß bei ihnen alles klarer, reinlicher und sittlicher zugeht. Es ist bei ihnen alles verständig, bürgerlich, ohne große Leidenschaft und poetischen Schwung und hat dadurch viele Ähnlichkeit mit meinem 'Hermann und Dorothea' sowie mit den englischen Romanen des Richardson. Es unterscheidet sich aber wieder dadurch, daß bei ihnen die äußere Natur neben den menschlichen Figuren immer mitlebt. Die Goldfische in den Teichen härt man immer plätschern, die Vögel auf den Zweigen singen immerfort, der Tag ist immer heiter und sonnig, die Nacht immer klar; …Und von einem jungen Manne, der sich so sittlich und brav hielt, daß er in seinem dreißigsten Jahre die Ehre hatte, mit dem Kaiser zu reden. Und ferner von Liebespaaren, die in einem langen Umgange sich so enthaltsam bewiesen, daß, als sie einst genötigt waren, eine Nacht in einem Zimmer miteinander zuzubringen, sie in Gesprächen die Stunden durchwachten, ohne sich zu berühren. Und so unzählige von Legenden, die alle auf das Sittliche und Schickliche gehen. Aber eben durch diese strenge Mäßigung in allem hat sich denn auch das chinesische Reich seit Jahrtausenden erhalten und wird dadurch ferner bestehen." Mittwoch, den 31. Januar 1827. in Johann Peter Eckermann: *Gespräche mit Goethe-in den letzten Jahren seines Lebens*（歌德谈话录——他生命中的最后几个年头）. Berlin und Weimar: Aufbau-Verlag, 1982. S.196-197. 中译文见〔德〕爱克曼辑录:《歌德谈话录》，朱光潜译，北京：人民文学出版社，1978年，第112页。《赫尔曼与窦绿台》统一用作《赫尔曼与多罗泰》。

对中国的了解都是间接的，不能和后来者相比。虽然莱氏已经触及《易经》这样伟大的经典，直达中国文化的核心源头之一；歌德则通过他的文学感知力来把握中国的伦理、制度与精神世界。但这时的文化通道仍主要是单向道，是由中至德，这当然表明了德国知识精英的大度胸怀和求知气魄，以及商路开通而导致的文化交流可能。那么到了20世纪这段，主要是逆向道，即由德至中，但需要注意的是，中德通道并未完全中止，以卫礼贤等为代表的传教士、外交官、汉学家精英通过源源不断的知识传输，继续更加系统化、德国化、普及化地向德语世界输入中国知识。可以说，以卫礼贤为代表的这个群体，其实是扮演了莱布尼茨—歌德孔道的继承者的角色，不同的是，他们更有一身数任的功能，即本身既有传教士的中介角色，同时也已经是主流场域的知识创造者，甚至是思想家。卫礼贤就是一个典型，说他是一个德国思想家才符合他的真正贡献和身份。卫礼贤不但从中文将《易经》译成德文，而且成就了一个汉学家难以企及的思想史高度。所以像黑塞（Hesse，Hermann，1877—1962）、荣格（Jung，Carl Gustav，1875—1961）这代精英是非常幸运的，他们不再像莱布尼茨、歌德那样需要通过异质性中介知识来获得中国知识，譬如拉丁文、英文、法文，甚至是耶稣会士、外交官等，他们可以和卫礼贤这样具有“中国心灵”的故乡人进行直接交流，所以才会有“智慧学派”的多姿多彩。荣格深受其惠，由此他接触到了中国文化的精髓所在。

按照荣格的说法，卫礼贤是崇高的：“卫礼贤无愧为一个大师，他不仅超越了他的职业范畴，而且以他的学识关注着人类的命运。他自始至终一直如此。除此之外，还有什么能使他如此彻底地从传教士乃至欧洲人的狭隘视界中解脱出来呢？事实上，他刚一接触到中国人对于灵魂的神秘看法，就立刻感觉到里面隐藏着对我们来说十分珍贵的东西，为此，他放弃了欧洲人的成见，成为这种稀世之宝的代言人。这是容纳百川的博大胸怀，这是洞察一切的伟大精神，惟其如此，他才能毫无保留地在这种迥然相异的思想面前敞开自己的心扉，并将自己的种种天赋和才能贡献给这种富有魅力的精神。他既没有丝毫基督徒的悲苦，也没有一点欧洲人的骄横，他的满腔热忱就充分地证实了他这种人所罕有的伟大精神。而那些头脑肤浅的人在与外来文化相接触时，不是盲目地自我封闭，孤芳自赏，就是无知地吹毛求疵，自以为是。他们只能触及到外来文化的皮毛，而从未能咀嚼过它的面包，也没能啜饮过它的啤酒。因而他们与外来文化从未达到过真正的心灵沟通，更谈不上最本质的渗透和融合以创造一种新生命了。”[①]事实上，卫礼贤不但通过这种异文化接触理解了中国精神的实质：“中国人思想领域的强大在于，和别的任何事物不同，它对与自己接触的人形成一种有益的因而具有吸引力的影响”，而且也使自己上升到一个更高的精神层次——“我们必须检查自己的精神武库，尝试发现哪些是欧洲思想路线中需要保持的，哪些是我们必须坚持的；另一方面要弄清，欧洲思想在哪些地方出现了断裂，不能再长期维持

① 荣格：《纪念卫礼贤》，载〔德〕卫礼贤、〔瑞士〕荣格：《金花养生秘旨与分析心理学》，通山译，北京：东方出版社，1993年，第141页。

下去”[①]。这样一种非常“有我”的思路决定了卫礼贤的中国文化观具有极强的当下与本土意识，而这并没有导致他的极端化，他坚定地拒绝所谓的“东方化”，强调“简单照搬东方思想既不受欢迎也行不通”；他极富智慧地指出：“只有通过有机地发展自己拥有的财富资源，才能富有起来。”[②]

如果说莱布尼茨—歌德—卫礼贤的路径，让我们看到中国知识之德国侨易线路中的三个核心枢纽的话，那么这仅是二元系统中的一个单向道面相；另一个相反的面相，即德国知识之中国侨易如何呢？却并非完全平行，而是有很大的特殊性，虽然早期耶稣会士已经多少带来德国知识，譬如汤若望（Bell，Adam Schall von，1592—1666）等人，但那时他们基本上是在耶稣会的整体框架之中，国别资源不显，其意义大致如此表述：“利玛窦等之来也，一以传西方之宗教，一以传西方之学术。既供地志、时钟，兼自述其制器现象之能，明其不徒恃传教为生也。”[③]而德国作为一个真正在中国产生影响的标志性国家，还是要到近代传教士这个群体。譬如美国人丁韪良（Martin，William Alexander Parsons，1827—1916）1880至1882年间应总理衙门大臣恭亲王奕䜣之邀考察七国教育，返华后撰《西学考略》，已经在介绍德国教育：“按德国大小学校向分五等，下等为课婴孩者，二等

① 卫礼贤：《东方思想对西方复兴的意义》，载蒋锐编译：《东方之光——卫礼贤论中国文化》，北京：外语教学与研究出版社，2007年，第220页。

② 卫礼贤：《东方思想对西方复兴的意义》，载蒋锐编译：《东方之光——卫礼贤论中国文化》，北京：外语教学与研究出版社，2007年，第226页。

③ 柳诒徵：《中国文化史》下册，北京：中国大百科全书出版社，1988年，第675页。

为开蒙专课本国语言文字，三等则渐习古文及邻邦今文，四等则进以各国古今文字与格致等学，上等则诸学无不探讨而重在性、理、道、法、医等课。学者由下等以次而进，学规约束极严。”[①]而像花之安（Faber，Ernst，1839—1899）这样的人物则扮演了重要角色，作为“19世纪最高深的汉学家”[②]，花之安在《自西徂东》的自序中署名为“大德国花之安”[③]，一个“大”字，足可见其对“德国人”的身份与国势自矜自豪之意。花之安最有影响的一部书则当推《德国学校论略》，此书感于“华士徒艳泰西之器艺，而弃其学问，掇其糟粕，遗其精华”，花之安所以要“略言书院之规模，为学之次第，使海内人士知泰西非仅以器艺见长，器艺不过蹄涔之一勺耳”[④]。中国当时的知识精英大多读过此书，譬如梁启超多次提及此书，认为：“西人学校之等差、之名号、之章程、之功课，彼士所著《德国学校》《七国新学备要》《文学兴国策》等书，类能言之，无取吾言也。”[⑤]梁启超撰《西学书目表》（上海时务报馆，1896年），下有识语，上有圈识。其中《七国新学备要》上下空白，《文学兴国策》上有一圈，《西国学

① ［美］丁韪良：《西学考略》卷上，北京：总理衙门，1883，第32页。

② 加拿大来华传教士季理斐（MacGillivray, Donald, 1862—1931）语，见季理斐：《基督教新教在华传教百年史（1807—1907）》。转自陶飞亚、吴梓明：《基督教大学与国学研究》，福州：福建教育出版社，1998年，第28页。

③ ［德］花之安：《自西徂东》，上海：上海书店出版社，2002年，第4页。

④ ［德］花之安：《德国学校论略》，鄂中质社，1897年，第4页。

⑤ 梁启超：《变法通议·学校通论》，载《时务报》第5-6册，1896年9月。

校》上加两圈，下有“好”字。[1]作为京师同文馆教习的李善兰（1811—1882），则是在读了此书后，“始知德国之必出于学校者，不独兵也，盖其国之制，无地无学，无事非学，无人不学”[2]。应该说，德国文化资源对中国产生较大影响可从此书算起。不但黄遵宪、郑观应等当时的文化名人都通过此书了解德国教育，而且行政官员，下至一般地方官，上至封疆大吏，都对德国以教育兴国的典范作用表示推重。1901年，当时被视为疆臣之首的张之洞、刘坤一联名上奏，称：“德之势最强，而学校之制，惟德最详……兴学之功，此其证明。”[3]但真正崛起的是留学生，这其中又要区分他国留学生与留德学人，这主要意味着陈寅恪意义上的“间接传播文化”不同。

那么后来的蔡元培这批人，即留德学人，他们扮演的是核心角色。这一群体的重要性在于，他们是要走出去，再引进来。这是外交官、僧人等群体都无法替代的。其实按照德国人的标准，中国人也都有类似的群体出国去，譬如佛教僧人，这点当然很少为世人所知，早期的法显、玄奘，后来的太虚等都曾走出国门，但总体来说他们无法与传教士群体相媲美，太虚1929年1月在柏林度过自己不惑之年的生日，摄影赋诗：“浮生四十今初度，幻质飘零尚未央。风烛无常愿无

① 参见《气球·学堂·报章——关于〈教会新报〉》，载陈平原：《文学史的形成与建构》，福州：福建教育出版社，1999年，第260页。《德国学校论略》《德国学校》《西国学校》等为同一书。

② 李善兰《泰西学校论略序》，载《中国近代学制史料》第2辑上册，上海：华东师范大学出版社，1987年，第2页。

③ 张之洞、刘坤一：《筹议变通政治人才为先折》，载舒新城编：《中国近代教育史资料》上册，北京：人民教育出版社，1979年，第49页。

尽，海天云水正茫茫。”[①]而卫礼贤对其热情接待，并高度评价：“目前的观点必须使自己达到一种不论何种形式的‘自我化’。在这种意义上，神意使中国僧人太虚的访问出现，我将会把他的报告给您寄去。与他的交往可以使人化解一种必然的压力。”[②]外交官则是中国文化走向世界的“开风气者”，郭嵩焘作为近代中国出使异国第一人，被史家认为是“走向世界的挫折”[③]；早期驻德公使如刘锡鸿、李凤苞等人，更多是忙于官场争斗或政治事务，对文化直接关联较少，比较有特色的如颜惠庆（1877—1950），他自认为，“与其他欧洲国家的首都相比，对柏林更为熟悉”，“我偕夫人常去皇家歌剧院和皇家大戏院度过许多美好的夜晚，尤其喜欢在那里欣赏德国作曲家的音乐”[④]。所以，相比之下，留学的纯粹学人对于德国精神的中国在场而言怎么高估也不重要，虽然从德国传教士起，德国知识与思想已经逐步渗入中国，但如何参与到现代中国的思想与文化建构之中，尤其

---

① 转引自陈永革：《人间潮音——太虚法师传》，杭州：浙江人民出版社，2003年，第103页。

② 德文为：“Die gegenwärtige Konstellation muß eine „Entselbstung“ irgendwelcher Art mit sich bringen. Providentiell （von der göttlichen Vorsehung verfügt） ist in dieser Hinsicht der Besuch des chinesischen Buddhisten Tai Hsü, dessen Vorlesungen ich Ihnen schicken werde. Im Umgang mit ihm hat sich eine Spannung gelöst, die fällig war.” Wilhelm, Salome: *Richard Wilhelm – Der geistige Mittler zwischen China und Europa*（卫礼贤——中国与欧洲间的精神使者）. Düsseldorf, Köln: Eugen Diederlichs Verlag, 1956. S.356.

③ 汪荣祖：《走向世界的挫折——郭嵩焘与道光同咸时代》，长沙：岳麓书社，2000年。

④ 颜惠庆：《颜惠庆自传——一位国民党元老的历史记忆》，吴建雍等译，北京：商务印书馆，2003年，第112页。

是中国一流知识精英的精神世界中，仍是一个仁者见仁智者见智的问题。

我曾标示过王国维作为“德国学”建构者的意义，其一，这标示着在中国学术由传统向现代转型的过程中，过渡时代的一流精英已经意识到德国学术和思想可能提供到的巨大资源，并身体力行，在自身的知识域建构中努力将之化为己用，从而为中国现代学术之学域开拓、资源引入、思想提升贡献了极为重要的维度；其二，作为中国现代学术过渡期与创立期最重要和最优秀的学人之一，王国维对德国文化资源的整体认知和创化，虽然有其特定时代背景下难以避免的粗疏，但却“元气淋漓”，表现出中国传统“通论学术”的整体性思维，并能凭借其独特之学术眼光和宏大之学人气魄，把握住“教育”作为元思维特征的枢纽位置，意味着我们最初的“德国学”建构就是在一个相当高层次上进行的；其三，王国维本身在中国现代学术史、文化史上的崇高地位，既说明了德国学作为资源之对现代中国的重要意义，也说明了中国现代学术的一流学人必然不当忽视曾经长时段引领世界现代学术、思想潮流的德国，无论是隐还是显，德国文化资源均理当成为中国现代学术建构的一种重要支撑维度。而这一点，也就必然要求中国现代学术在体制化的自觉意识中去构建“德国学”[①]。当然，这里必须指出的一点是王国维是通过日语通道（并留日）而获得接触德国的机会，且进一步对德国文化资源做了广泛阅读、体认与

① 叶隽：《德国学理论初探——以中国现代学术建构为框架》，上海：上海外语教育出版社，2012年。

探究，成为其学术养成过程中重要的学术资源。这是典型的“间接接受”的代表。

而蔡元培的代表性意义就是直接留德，正如他自己所表述的：“救中国必以学。世界学术德最尊。吾将求学于德，而先赴青岛习德文。”[①]而他的学术起点则同样是教育，这在蔡元培给学部要求留学的呈文中显示得很清楚：

窃职素有志教育之学，以我国现行教育之制，多仿日本。而日本教育界盛行者，为德国海尔伯脱派。且幼稚园场于德人弗罗比尔。而强迫教育之制，亦以德国行之最先。现今德国就学儿童之数，每人口千人中，占百六十一人。欧、美各国，无能媲者。爰有游学德国之志，曾在胶州、上海等处，预习德语。今年四年间，敬读邸抄，有政务处议准编检各员游学西洋之奏，因特来京销假。惟是本衙门已准学部咨称：拟送欧、美各员，暂缓派送等语，故未呈请咨送。现拟自措资费，前往德国，专修文科之学，并研究教育原理，及彼国现行教育之状况。至少以

① 黄炎培：《吾师蔡子民先生哀悼辞》，载梁柱：《蔡元培与北京大学》，北京：北京大学出版社，1996年，第12页。

五年为期。冀归国以后，或能效壤流之助于教育界……[①]

那么，我们要追问的是，蔡元培在这样一个整体德国文化的中国侨易过程中扮演了怎样的角色呢？至少有三点很重要，其一是直接留德，其知识来源原汁原味，能够触及底里，所以受到德国学术的高端知识滋润，譬如美学理念和哲学修养等，这是他日后在中国文化与教育场域大展身手的知识基础；其二是这种知识基础促成了其教育国家理念的形成，并进而在现代中国的教育制度过程中发生实质影响。即经由精英个体的精神质变促成了制度侨易的发生，具有“连环侨易”的功用。这其中除了民初建制之外，尤其以柏林大学模式改革北大为关键，这直接开辟了中国现代大学制度，不但为现代中国的知识与学术生产奠定了制度保障，而且也为德国知识的输入准备了制度基础，这其中尤其要标举其创办德国文学系的贡献，正是在蔡元培长校时代，建设起具有德国大学前沿水平以德国文学研究为诉求的德文系；其三是成为德国文化在华的标志性符号人物，举凡与德国有关的事务，都很少不想到蔡元培，其身份里很让人瞩目的一点，除了前清翰林，就是留德学生。这种符号意义值得重视，对现代中国的“文化德

① 蔡元培：《为自费游学德国请学部给予咨文呈》(1906年冬)，载蔡元培：《蔡元培全集》第1卷，中国蔡元培研究会编，杭州：浙江教育出版社，1997年，第452页。海尔伯脱即“赫尔巴特”(Herbart, Johann Friedrich, 1776—1841)，德国哲学家与教育家；弗罗比尔即“福禄贝尔”(Fröbel, Friedrich, 1782—1852)，德国哲学家与教育家，裴斯特洛齐的学生，并于1837年建立了第一所幼儿园（Kindergarten)。Schwachulla, Wolfram: *Der Brockhaus in einem Band*. Leipzig and Mannheim: Brockhaus, 1996. S.378. S.304.

国”形象之形成关系尤其重大。其实质是在某种程度上体现出文化体间的侨易面相。

所以就现代中国的“德国知识接受”而言，我们可以从三个群体中举这三位人物，即花之安、蔡元培、王国维，分别代表德国传教士、留德学人、间接接受德国文化者。但我们显然不能忽略一个整体的系统格局，也就是说二元交互始终不是在单纯的二元关系中发生的，而是在大航海时代以后的多元格局里，所以我们就必须引入“场域博弈”的概念，看其他文化系统的交互运作情况，或者至少是以中国为中心的双边文化关系如何形成一个“星丛”式的多边文化博弈状态。譬如蔡元培作《五十年来中国之哲学》一文就论述了思想史的外来线索：“《天演论》出版后，‘物竞’‘争存’等语，喧传一时，很引起一种‘有强权无公理’的主张。同时有一种根据进化论，而纠正强权论的学说，从法国方面输进来，这是高阳李煜瀛发起的。”[①]而“严、李两家所译的，是英、法两国的哲学，同时有介绍德国哲学的，是海宁王国维。”[②]以蔡元培的德国背景而推崇王国维是德国哲学介绍者之代表，可见蔡氏的心胸和王氏的水平。而这样一种动态棋域的呈现，其实不仅是线性演进的西方思想入华过程，而且也是英、法、德等大国思想的现代中国博弈状况的体现；还有另一层面的纵向

① 《五十年来中国之哲学》（1923年12月），载蔡元培：《中国伦理学史》，北京：东方出版社，1996年，第126–127页。

② 《五十年来中国之哲学》（1923年12月），载蔡元培：《中国伦理学史》，北京：东方出版社，1996年，第127页。

的静态思脉存在，也就是说传统的力量我们无论如何是不能忽略的，那么它究竟确实是僵死的木乃伊，还仅是“沉睡的雄狮”？其又如何以静制动，在西潮汹涌的思脉浪潮里淡定冲浪？所以，文化体之间的关系虽然以二元交互为基础，但绝不能仅停留于二元视域，这是非常不全面的，我们必须在多边场域中来考察博弈景观。个案固然重要，但必须将这种微观维度与宏观背景适度相连，这其中最关键的就是“中度获得”，即能选择出有群体代表性的个案，蔡元培的意义无疑可以在这个意义上得到很好的呈现。

五、观念、制度、事务及其资本语境驱动关联

在这样一种观念侨易过程中，我们会发觉任何事物的发展都不是孤立的，都不能仅观其一象，而是环环相扣，彼此关联。我们需要强调“事务”这个概念的意义，它有点像行动、活动等，但又不仅如此，而是具有勾连各种因素的重要联频意义。有“事务”乃有“行动”，这是理解政治史的关键概念；事务执行乃是政治运作、制度形成、观念落实的重要环节。

这里不仅是物质位移的连环画卷，而且更有精神质变的环环相扣。但不仅是双边侨易过程，此前也发生了重要的“都市侨易”过程，即“京侨经验”。此外还有一种“返程侨易”现象也值得重视，无论是蔡元培京城宦居之后的返归江南，还是留德之后的“建设民国”，这类返程侨易过程中的“事务执行”因素也相当重要，对其精

神质变有语境作用，不可不察。

侨易学的思维模式，很关键性的一点，是消解主体。当我们在此强调作为个体的蔡元培的时候，肯定不会仅仅看到一个孤立的蔡氏个体，而会进一步聚焦于观念侨易的阔大空间，对于“教育国家观”本身来说，显然并不仅关涉蔡元培一人；而就蔡元培的意义而言，也不能仅仅止步于首任教育总长本身那些找办公地点、取印信等具体事务，虽然这也不是一点都不重要，但其制度史意义则尤值表彰。因为正是在他作为教育总长任期内，确立了日后的基本教育制度轨辙。

现代中国的制度史建构过程无疑是饶有兴味的，当孙中山、袁世凯、唐绍仪、宋教仁等辈以杰出的政治才华大展身手之际，民国初建是一种何等的峥嵘气象！若我们重新考察蔡元培的总长生涯，发觉其实很有趣。他真正担任教育总长时间其实很有限，期间还要除却担任迎袁专使的30天时间，他从1月13日在南京筹设教育部到3月22日南京教育部宣告准备北迁一共不过70天，实际在部视事也就40天。即便将日后的北京部长经验加上，也不过半年左右。这可与洪堡任职普鲁士内务部教育司长的成就相比拟，洪堡在一年左右的官僚生涯中，居然能成就创办柏林大学的丰功伟绩，可谓风云际会、幸运之极。

在世界治理的视域中，引入交叉系统的网状体系可以为我们提供一种更为开阔的背景，我们可以进一步梳理出洪堡以来的现代世界教育制度格局，世界制度的形成不仅是一种空乏的世界理想的体现，更需要由制度范型确立及其被接受的过程来得到认同。在这样一种观念范式格局中，蔡元培的教育国家理念及其教育制度构建是否可能占有一席之地，又大概处于何种位置，值得拷问；如此则蔡元培的教育国家理念及其制度就具有现代中国民族国家的代表意义，或许正如其“晚清翰林与留德学生”的双重身份一样，正是在“新与旧”、“内与外”（中国与外部）、“文化与权力”之间都扮演了一个较为中和的角色，其所寻者为道，所守者亦为道，如此则也暗合“二元三维，大道侨易”之原则。从这样一个典型个案身上，我们是否能观出“世界之道”的某种可能呢？

应该承认，民国的体制就是西制东渐的表现，在这样框架下的教育制度构建显然也免不了西制移植的烙印。从当时的追述来看，新建学制的主要范式也是取自外国的，其时教育部的重要工作就是草拟新学制，“初时志愿甚弘，拟遍采欧美各国之长，衡以本国情形，成一最完全之学制。然当时由欧美回国之人，专习教育者绝少，不能窥见欧美立法精神，译出文件，泰半不适用。且欧美制终不适于国情，结果仍多采取日本制，就本国实际经验参酌定之。计临时政府为时三个月，部中学制章案亦大体告成”[①]。显然这里有几个信息值得关注，其一，学制新规是集众多基层精英之力合成，蔡元培的贡献当在善于用人与决策；其二，新制度的构建确实在气度上是想“网罗众国”，但落实时却不得不量体裁衣，根据国情而作调整；其三，人才储备的专业基础仍相当不足，尤其所谓对他者“立法精神”的把握，可谓切

① 蒋维乔：《民元以来学制之改革》，载陈学恂主编：《中国近代教育史教学参考资料》中册，北京：人民教育出版社，1987年，第164页。

中要害，学习他者，贵在窥斑见豹，能把握其本质之道。而就制度形成的长时段眼光来看，“以新替旧”乃大势所趋，教育制度变革并不自民国始，在晚清之际就已经陆续发端，无论是康梁变法的暴风骤雨，还是清末新政的润物细声，都表现了事物发展的“渐常”规律。

我们讨论具体的教育制度、观念与事务之间的复杂关联，会发现个体与宏观、本国与外部、制度与观念、政治与教育、行动与思想，都成一种交错的二元关系，需要在个体侨易与场域博弈的交叉系统与立体结构中把握其“度”。但即便如此我们仍不能忘记最本质的驱动力，仍有文明立体结构中的器物、资本、社会层面的诸种因素合力作用。而资本作为最根本的“人成难控”的规训力量，仍不可不予关注，就蔡元培的语境因素而言，中国社会的发展仍处于外来资本强势、民族资本渐兴的过程中，所以资本驱动尚不足以成为一种强势力量，但其作用已然是“小荷才露尖尖角”，不可低估，譬如在蔡元培人生经验中，商务印书馆及张元济（1867—1959）的经济支持始终是一个重要因素；而就宏观来看，蔡元培两任教育首长时代不同政府的经济基础也是制约他的“看不见的手”，袁世凯时代的地主买办背景与蒋介石时代的江浙财阀背景是很不同的[1]，前者决定了相对松散的政治统治，后者则显然对集权的诉求更高。

---

① 如此说法只是概括言之，我们注意到学界对此有不同的认知。荣孟源指出："说到军阀，只能笼统地说是大地主阶级和大买办阶级的代表。"荣孟源：《要重视西南军阀史的研究》，载西南军阀史研究会编：《西南军阀史研究丛刊》第2辑，贵阳：贵州人民出版社，1983年，第10页。来新夏认为北洋军阀集团是"以封建地主阶级为其主要的社会基础，但某些部分在一定时期带有不同程度的资产阶级性质"。来新夏等：《北洋军阀史》上册，天津：南开大学出版社，2000年，第18页。陈志让则指出了各类绅士构成的复杂性："在朝的绅士，在野的上层绅士，在野的乡绅，代表着不同的看法和不同的利益。彼此之间有矛盾，而且矛盾在发展。在朝绅士一致反对革命，要保中国，同时要保大清。他们不相信缺乏行政经验的地方绅士，怕新政搞得太过火，怕收回路权矿权搞得太激烈。在野的上层绅士希望在朝绅士让出更大的权力，他们不相信官吏能实现新政的目的。中下级绅士受的还是传统教育，没进过学校，更没留过学，甚至他们的儿女也很少受新式教育的机会。可是他们站在绅士的最下层，一面跟地方政府争权，一面抵抗当地的民众。绅士集团于是分成这三个部分，每个部分之中意见不一致，又因为亲戚、朋友、师生等等关系而分成许多派系。"陈志让：《军绅政权：近代中国的军阀时期》，桂林：广西师范大学出版社，2008年，第15页。关于此期的经济状况，参考李玉：《北洋政府时期企业制度结构史论》，北京：社会科学文献出版社，2007年。就国民政府而言，想强调的则是经由江浙财阀所见的资本兴起的力量和势境，而并非是说他们形成了一种如何密切的关系。小科布尔就指出："南京政府和资本家虽能都同样反对社会革命，他们之间却是一种紧张和敌对的关系。政府的无穷无尽的财政要索，它对外国经济利益的公然照顾，它使资本家在政治上处于软弱无力地位的决策，以及它对黑社会组织的利用，这一切全都证明了上海资本家对国民党政权的政策所起的影响是微乎其微的。南京政府同资本家的关系倒足以说明资本家或任何其他城市社会阶级，都充当不了国民党的政治基础。南京政府主要依赖它的军事力量。国民党政府是一种专制政权，这个政权对城市社会团体是力图孤立和控制他们，而不是收买他们。"《序言》，载〔美〕帕克斯·M.小科布尔（Parks M.Coble Jr.）：《江浙财阀与国民政府（1927—1937年）》，蔡静仪译，天津：南开大学出版社，1987年，第9页。"国民党在北伐途中，从1923—1924年的小有产者、知识分子的政党变成了由军人、绅士、资产阶级领导的政党。在省以上是军—绅—资产阶级的政权，在省和省以下是军绅政权的继续，并不是真正统一的局面。"陈志让：《军绅政权：近代中国的军阀时期》，桂林：广西师范大学出版社，2008年，第177页。另参考吴景平：《上海金融业与国民政府关系研究》，上海：上海财经大学出版社，2002年。〔美〕易劳逸（Lioyd E. Eastman）：《流产的革命：1927—1937国民党统治下的中国》，陈谦平等译，北京：中国青年出版社，1992年。

第五章

全球语境、中德关系与侨易经验

——以关良与李可染1957年的访德画旅为中心的考察

一、1950年代的“旅外访问”与“东德友谊”——以全球语境与中德关系为背景

1949年新中国成立作为重要的历史、政治事件和时间节点，对现代中国的进程有着重要的间隔性标志意义，20世纪50年代开始的新中国建设以相当轰轰烈烈的方式展开，其中就包括对外交往。虽然新中国政府日后采取“一边倒”的外交政策，但这并不意味着完全的封闭，尤其是那些属于一个阵营的国家，更会较多展开各种涉外活动。所以“旅外访问”在高层精英中仍成为一种颇为普遍的现象，不仅作家、学者有各种各样的出国访问，艺术家们也同样在其列中。毕竟，新生的共和国需要在一个相对活跃的国际空间展示其存在的意

义和价值。[①]

譬如冯至（1905—1993）就曾在1954年8月访问民主德国，他写过一篇《柏林的斯大林大街》[②]，不但篇幅甚多，而且采用历史对比、现场描述、论述引用、意义阐释等多种方法对其象征性进行阐发，认为“这样一条引向幸福的将来的大街，是不会停留在现在的状况的，它还要生长”，批评“美帝国主义”[③]，描述“矗立起伟大的斯大林的立像”[④]。相比之下，本该是他出色当行的《魏玛的席勒故居》却是相当平淡，对席勒的阐释并无什么新意，若有也是强调了“席勒的画像也随着时代在转变”，第一室是衣衫不整的狂飙突进诗人；第二室则“变得沉静多思，关心着祖国和人类的前途，同时又在和身内的疾病作斗争”的伟大人物。[⑤]

---

① 参见胡斌：《试论李可染访德写生的政治语境与艺术影响》，载关山月美术馆编：《异域行旅——20世纪50—70年代中国画家国外写生专题展》，南宁：广西美术出版社，2011年，第196-204页。关于李可染，参见李可染：《李可染画论》，王琢编，广州：广东高等教育出版社，1992年。孙美兰编著：《李可染画论》，郑州：河南人民出版社，1999年。黎朗编著：《画家李可染》，北京：中国文联出版公司，1986年。卜登科：《李可染艺术研究》，天津：人民美术出版社，2011年。

② 冯至：《柏林的斯大林大街》、《魏玛的席勒故居》，原载《旅行家》1955年第2、5期，见冯至：《冯至全集》第5卷，石家庄：河北教育出版社，1999年，第392-399、400-403页。

③ 冯至：《柏林的斯大林大街》，载冯至：《冯至全集》第5卷，石家庄：河北教育出版社，1999年，第399页。

④ 冯至：《柏林的斯大林大街》，载冯至：《冯至全集》第5卷，石家庄：河北教育出版社，1999年，第395页。

⑤ 冯至：《魏玛的席勒故居》，载冯至：《冯至全集》第5卷，石家庄：河北教育出版社，1999年，第401页。

也是在1957年，油画家艾中信（1915—2003）访问东德，而且还写过一本小书记此旅程，其记述颇有意味：“1945年2月……柏林即将解放，法西斯军队早已撤出了德累斯顿，但是美国空军却对德累斯顿的和平居民进行了野蛮的轰炸，美丽的古城受到了史无前例的破坏，除了苏军抢救出来的宝贵文物外，全城的精华几成灰烬。”[①]甚至说：“据说世界上有4样最伟大的建筑，在月球上都能看得到的，它们是中国的万里长城，埃及的金字塔，美国的摩天楼和德国大公路。”[②]这种叙述，显然有着鲜明的意识形态色彩，但对德国文明仍是充满了基本的敬意。后面的四大意象，即墙、塔、楼、路，颇有趣，这些器物符号的背后，其实展现的更是不同文明的文化特征和民族性格。

就此背景来看，关良（1900—1986）和李可染（1907—1989）的1957年访德之旅，并非完全是孤立现象，而是与其时的中德双边关系、文化交流乃至国际大背景都有关系。首先或许应当追溯到“二战”后的世界格局形成，雅尔塔体系虽由美、英、苏主导，规定了基本的战后国际秩序，甚至建立了联合国，但从本质上来说仍是世界范围“二元格局”的形成，即美—苏对抗格局，有论者就明确指出，从“凡尔赛体系”到“雅尔塔体系”，其实质在于由“多极走向两

① 艾中信：《访问民主德国杂记》，上海：上海人民出版社，1957年，第5页。
② 艾中信：《访问民主德国杂记》，上海：上海人民出版社，1957年，第14页。

极”[①]。正是在这种背景下，德国也被一分为二；虽然柏林墙的建立是后来之事（1961），但仍不妨视为一种典型标志。[②]就东德政治领袖来说，长期担任东德总统的是皮克（Pieck，Wilhelm，1876—1960），担任总理的则是格罗提渥（Grotewohl，Otto，1894—1964）。在1955年12月，东德总理格罗提渥、副总理博尔茨（Bolz，Lothar，1903—1986）在访华之际[③]，专程访问了中国画界的代表性人物齐白石（1864—1957）。有一则报道是这样叙述的：“德意志民主共和国总理格罗提渥、副总理兼外交部长博尔茨在我国访问期间，曾于去年十二月十一日上午，由中华人民共和国文化部副部长夏衍，外交部礼宾司司长柯华，作家冯至，画家李可染等陪同访问了中国著名画家齐白石，并代表德国艺术科学院授予齐白石以德国艺术科学院通讯院士荣

① 刘长敏：《国际关系体系与格局：1618—1945：理论框架与历史变迁》，北京：世界知识出版社，2002年，第293页。

② “柏林局势紧张期间，东德居民经柏林西逃达到高潮。多年来，西方利用东西柏林间开放的边界对东德实行‘放血’政策，包括吸引大批东德居民（其中许多工人和专业人员）西逃和西德人进入东柏林抢购东德的低价商品，东德由此而在经济上遭到不少损失。1961年7月，西逃人数剧增至3万人以上，而仅7月30日至8月5日1周内就达1万余人。单靠警察监视已不足以控制这股逃亡运动。8月上旬，华沙条约国家进行了磋商，苏联支持民主德国采取措施来阻止这种事态。8月12日，民德政府作出了加强边界管理的决定，规定民德居民出境需经特别批准。8月12—13日的夜间，民德在西柏林四周拉起了铁丝网，只留若干严加控制的过境点，以后又进一步筑成混凝土高墙。”王绳祖主编：《国际关系史》第9卷（1960—1969），北京：世界知识出版社，1995年，第122页。

③《格罗提渥总理、博尔茨副总理访问齐白石并代表德国艺术科学院授予齐白石通讯院士荣誉状》，载《美术》1956年第1期，第14页。

誉状。”[①]齐白石自己也提及，他将自己的精品《鹰》《菊花蝴蝶》分别赠送格罗提渥总理、博尔茨副总理。[②]如果说格罗提渥还是更接近政治领袖型的人物，那么作为副总理的博尔茨其人则相当接地气，“他的职务——为谋求和平和增进国际友谊，使他跑遍了许多国家和大城市，他来过中国，到过巴黎、布拉格、开罗、华沙、地拉那、德里……在公余之暇，人们常会在文化古城里、在艺术展览会上、在著名的旧书铺里找到他。这位政治家常以他渊博的知识和善于鉴赏的眼光来评价每个民族的文化财富，尊重它们，并毫不隐晦德国的民族文化将由之获得多大的裨益”[③]。或许正是由于博尔茨这样高层次的文化使者的存在，使得中德两国的文化交流充满了生气和活力。我们看到，在总理访华这种高级别的外交活动中，穿插了拜访中国画代表人物的安排，并授予其德国艺术科学院（Die Akademie der Künste der DDR）通讯院士。显然，德方选择齐白石不是心血来潮，而是看重其在中国艺术界的崇高地位。而陪同访问的高级官员名单则显示了其层级，文化部副部长夏衍（1900—1995）、外交部礼宾司司长柯华（1915—2019）都是高级别干部，礼宾司司长是专门陪同国家元首和首脑的，夏衍则还有戏剧家的文化身份。而两位透露姓名的专业同行

---

① 《格罗提渥总理、博尔茨副总理访问齐白石并代表德国艺术科学院授予齐白石通讯院士荣誉状》，载《美术》1956年第1期，第14页。

② 齐白石口述：《白石老人自述》，张次溪笔录，北京：生活·读书·新知三联书店，2014年，第194页。

③ 关于博尔茨的简介，参见《洛塔·博尔茨》，载《世界知识》1959年第11期第14页。

也同样值得注意，李可染是中央美术学院中国画副教授，其更重要的身份恐怕还是齐白石的弟子；而冯至则是曾经访德的作家，其时为北京大学西语系主任，德语文学专家。

不仅如此，在1955年时，东德画家也曾访华，揭开了中德艺术交流的帷幕。“根据中德文化合作协定1955年执行计划，于去年11月初来我国参观访问的民主德国雕塑家海因立希·德拉克、漫画家恩斯特·亚多采夫斯基、油画家瓦尔特·明采，在赴我国各地参观访问后已回到北京。中团美术家协会在1月20日特将他们的作品在美术展览馆举行观摩会。”[①]这里很明确地将中德之间的艺术交流归因于双边文化合作协定，是很值得注意的。因为正是政府间的主导和具有类似法律效应的协定规定下的执行计划，使得双边文化交流得以顺利进行。“会上展出海因立希·德拉克为我国工业劳动模范、青年男女农民、科学家和少先队员所作的塑像；油画家瓦尔特·明采所画的许多油画、水墨和铅笔的速写；漫画家恩斯特·亚多采夫斯基的很多生动的速写，以及他最近创作的六幅关于我国工商业社会主义改造，歌颂劳动人民美好生活等题材的漫画。”[②]到会参观的人员则包括：在京美术家、青年美术工作者和美术学校的学生。这种聚焦于若干名艺术家的艺术展览形式确实具有实质性效果，既能激发艺术家本身的积极性，

① 陈企衡：《民主德国雕塑家、油画家、漫画家来我国访问》，载《美术》，1956年第2期第12页。

② 陈企衡：《民主德国雕塑家、油画家、漫画家来我国访问》，载《美术》，1956年第2期第12页。

同时也让对象国能集中体验若干代表人物的艺术特征。

如果放宽视域，从总体上看，则“那几年我国派到柏林来的各种代表团络绎于途，他们的访问大大有助于增进两国人民的相互了解与友谊”[①]。这是作为历史亲历者的20世纪50年代任中国驻东德使馆的政务参赞兼文化参赞的李欣的回忆，想来应是能反映那个时代的基本情况的。而双边文化交流的密切，显然和政治气候和大语境是脱不了关系的。这一点，看看官方文件中的表述就可以知道，譬如1959年的《中华人民共和国政府、德意志民主共和国政府联合声明》中开宗明义就表示：“双方认为，自从1955年12月德意志民主共和国政府代表团访问中华人民共和国以来，世界力量的对比发生了大大有利于和平和社会主义的变化。以苏联为首的社会主义阵营的力量大大加强了。社会主义阵营建立在马克思列宁主义基础上的团结获得了进一步的巩固。苏联七年计划的控制数字和宇宙火箭的发射，再一次证明了社会主义制度的优越性，并且增强了各国人民争取世界和平和人类进步的信心。”[②]这段旗帜鲜明的官方表述，基本反映了当时的国际现实，而进一步落实在具体的措施方面，“双方坚决支持苏联关于召开首脑会议、普遍裁军、永久禁止试验、制造和使用核武器以及取消在别国领土上的军事基地的建设性建议，并且将继续为实现这些建议而努力。

① 李欣：《在柏林的日子——一个外交官的回忆》（续），载《福建党史资料》，1994年第5期，第10页。

②《中华人民共和国政府、德意志民主共和国政府联合声明》，载《中华人民共和国国务院公报》，1959年第2期，第24页。

双方支持波兰人民共和国政府提出的关于建立中欧无原子武器区的倡议，并且认为，这是缓和欧洲紧张局势和保障世界和平的一个重要步骤”①。相较于对苏联的坚决支持甚至拥护，对美国的态度则明显是批评的，一是关于越南问题：“双方谴责美国和南越当今破坏1954年关于恢复印度支那和平的日内瓦协议和阻挠越南和平统一的行为，并且全力支持越南民主共和国为在和平、民主的基础上恢复越南的统一所作的努力。”②二是关于朝鲜问题：“尽管中国人民志愿军已经从朝鲜完全撤出，但是美国侵略军队仍然赖在南朝鲜不走，美国并且继续阻挠朝鲜问题的和平解决。双方坚决要求美国和参加所谓联合国军的其他国家从南朝鲜撤出它们的一切武装力量，并且全力支持朝鲜人民为争取自己祖国的和平统一而进行的斗争。”③相较于政府声明式的“四平八稳”，那么个体的言说相对还是更显“人情味”些，即便是作为东德总理的格罗提渥的在华讲话：

在公元一四零七年明成祖时期，曾完成了一部世界上最大的百科全书之一，这部中国大百科全书的残页，在一九零零年六月北京翰林院的火灾中烧毁了，只抢救出一部分，并且也零散了，其中有三本落

①《中华人民共和国政府、德意志民主共和国政府联合声明》，载《中华人民共和国国务院公报》，1959年第2期，第24页。
②《中华人民共和国政府、德意志民主共和国政府联合声明》，载《中华人民共和国国务院公报》，1959年第2期，第24页。
③《中华人民共和国政府、德意志民主共和国政府联合声明》，载《中华人民共和国国务院公报》，1959年第2期，第24-25页。

到我国的来比锡大学图书馆。

在苏联将它所获得的那一部分交还中国之后，请允许我们把我们所获得的三本也交还给你们。

我们充分敬仰中国人民在本世纪初摆脱外国帝国主义强盗的奴役的历史性解放斗争中的伟大战斗传统。[①]

这里显然充满了对中国的敬意和情感，但显然将三册《永乐大典》的归还当作了一种文化史事件，是很有历史感的演说话语。中德之间（特指东德）其时除了文化、教育、科学等领域交流之外，绘画艺术显然也扮演了相当的角色。曾任中国外文局首任驻柏林办事处代表的郭毓基曾这样记述20世纪50年代末期中国画盛行东德的情况："50年代末期，有一段时间，在旅馆、饭店或德国人的家，甚至是在高速公路边的快餐馆里，都不难发现在墙上挂有各种各样的中国画，中国画差不多风靡了民主德国。莱比锡国际博览会期间，徐悲鸿的奔马、齐白石的虾，成了抢手货，民主德国各地的书店都派人来选购订货。听说曾经有人提出要争取在民主德国每个家庭室内都有一张中国画。这恐怕和大跃进年代放卫星有关，是一个不切实际的想法。但是，当时中国画在民主德国受到各阶层人士的喜爱，销售面很广确是

① 格罗提渥：《中德两国人民兄弟般的友谊万岁——在北京各界欢迎德意志民主共和国代表团大会上格罗提渥总理讲话的摘录》（1955年12月11日），载《文物参考资料》，1956年第1期，第1页。关于苏联退还中国《永乐大典》的情况，参见赵万里：《苏联列宁图书馆送还给中国人民的永乐大典》，载《文物参考资料》，1956年第2期，第22–24页。

事实。”[①]这个现象确实颇值玩味，为什么东德会对中国画有如此强烈的兴趣，这显然不仅与其时两国的意识形态相一致有关，也和德意志民族的艺术品位有关。1963 年，东德莱比锡出版社出版了《中国当代国画代表作》（*Meisterwerke der zeitgenössischen chinesischen Malerei.* 1963），收入齐白石、徐悲鸿、傅抱石、蒋兆和、黄胄等名家画作，显示出德国文化界和知识界对中国画的欣赏和认知。从这样的前后左右之背景来看，关良与李可染的1957年访德画旅显然不是孤立的、个人的、自发的行为，而不妨视为一种基于长久的文化品位、传统格调和交流需要的“唱和之旅”。

二、关良与李可染1957年的访德画旅

1957年，李可染与关良奉命访德，写生作画。李可染似乎对此轻描淡写：“1957年，我和关良先生访问了德意志民主共和国，德国艺术科学院为我们在柏林艺术科学院内举行画展。德累斯顿美术出版社出版了我的部分作品。”[②]之所以如此“顺利周到”，当然应得益于官方身份和双边合作。所谓“德意志民主共和国”（Deutsche

① 郭毓基：《记在东柏林工作的往事片断》，转引自何明星：《中国画曾经风靡德国》，载《出版史料》，2010年第2期，第98页。

② 但这有限的外国经验显然对他是重要的，还有的记述则是在1959年10月1日，“捷克斯洛伐克在首都布拉格为我举办水墨画展览，作品全部来自捷克国家博物馆和私人藏品，展后并出版了我的中国画专集”。李可染：《自述略历》，载孙美兰编著：《李可染研究》，南京：江苏美术出版社，1991年，第261页。

Demokratische Republik)，就是东德，是社会主义国家阵营的重要一员。1949年，两国即已建交；1951年，中德两国就签订了官方的文化合作协定，随后就开始了具体执行计划[①]；日后很多的交流史事件都与此相关，比如当初北大西语系主任冯至派严宝瑜（1923—2020）去东德留学，也是为了执行文化协议[②]；而李可染、关良的德国之行亦然[③]。

相较于刚及知命之年的李可染的一帆风顺和身处中心，关良此时已将及花甲，且偏处南方，所以更深知机会来之不易，日后对这段旅德经验给予了颇为浓墨重彩的叙述：

为了使我们了解德国，特配备了汽车、驾驶员和翻译。我们一共四个人，奔驰在易北河蜿蜒流经的土地上。车窗外只见绿、黄相间的田野，郁郁葱葱，这是一片片蓄草养牛的牧场草地，草场附近又总有一丛丛浓郁稠密的小树林，青翠碧绿，生气盎然。远处陡坡上及山脚旁一幢幢乡村住房的屋顶总是红的、棕色的或橙黄的，点缀得绿黄色的田野更有生意、更加美丽了。

我凝神瞭望金碧、翠色的田野，不禁心中荡漾起贝多芬的“田园

① 《中外条约签订日期》，载张篷舟、张仪郑编：《1952年人民手册》，上海：上海大公报出版，1952年，第195页。

② 严宝瑜：《留德难忘事》，载万明昆、汤卫城主编：《旅德追忆》，北京：商务印书馆，2000年，第247–248页。

③ 关良口述：《关良回忆录》，陆关发整理，上海：上海书画出版社，1984年，第104页。

交响曲”。这里，田园式的宁静气氛，令人陶醉的清新空气和具有独特风韵的德意志农村田野，古朴庄穆的建筑物如“司维令博物馆”和“司脱尔特大教堂”等都给我们留下了美好的印象。情不自禁地赞叹起来，激涌起了我们的创作热情。沿途，我们拿起了画笔作了一幅又一幅的写生，写下了不少德意志民主共和国的山川风物，还作了不少的速写。[①]

这显然是带有画家特有的写生特点的文学素描，将东德的山川田野以文字的形式入画，仿佛让我们身历其境，陪着关、李二位，一同行走了一遍美丽的德国乡村田野。能有这样行旅的自由和行迹，又是何等地值得兴奋！然而德国之行绝不仅仅是一场自由行，官方的接待和安排显然更为吃重。在柏林，洪堡大学的克林莫克教授亲自为他们接风洗尘，甚至在家中为他们举办招待会。东德副总理兼外交部长博尔茨也亲自出席，如果我们考虑到他访华期间的行程，以及和中国文化界尤其是绘画界的交往，这自然也在情理之中。在这里，显然德方看重的是双方的艺术交流和友好交往，而且不乏故交之谊，因为当初访华时正是李可染陪同他们去访问了齐白石。柏林艺术科学院甚至为他们举办了画展，而此时在任的院长是画家纳格尔（Nagel，Otto，1894—1967），这或许也是一个有利因素，因为此前并无此安排，是

① 关良口述：《关良回忆录》，陆关发整理，上海：上海书画出版社，1984年，第106-107页。

在他们到达之后经博尔茨提议而临时筹办的。[①]这样的活动显然非常有助于关良、李可染的声名传播：

展出以后的反应出乎意料之外。远在这波罗的海的彼岸，图林根山北麓的与我们不同文化不同民族的友人，不仅热烈踊跃地前来参观，而且还热切地要求购买我们的展品，这使我们一时很为难。我们原先带来的为数不多的画幅，为的是想与外国的同行们进行一些学术上的交流和相互间的观摩。因此我们只得再三向他们声明，我们是为友谊而来，为文化交流而来，请原谅我们不能出售这一些作品，如果你们是有特别爱好或确实需要研究收藏的话，我们可以考虑斟酌奉赠一部分。但许多单位、许多个人还是不断前来提出买画的要求，而且有些人还是执意要买，并说只要你们标出售价就好了。相持不下，我们只能请示我们的大使馆，然后与他们婉言洽谈，结果作出了这样解决的办法：以画展中三分之一的作品标价出售，其余的三分之二全部奉赠给各有关方面。结果这"三分之一"一待标价，即被一抢而空，而其余的三分之二也仅如杯水车薪，远不能满足各方面的索要。求画者连日来纷至沓来，接踵而至。那时我们只得临时作了些应酬之作，以饷来者。这也算我们在这次东德访问期间的一个小插曲吧。不过也

① 关良口述：《关良回忆录》，陆关发整理，上海：上海书画出版社，1984年，第104–105页。关于纳格尔的简历，参见维基百科，访问日期：2016年8月13日。纳格尔与著名女版画家、备受鲁迅欣赏的珂勒惠支（Kollwitz，Kaethe, 1867—1945）是好友。

可以说明，我国民族文化艺术在国外的影响，作为一种民族新画风也在国际上得到了承认和赞赏。[①]

显然，关良是激动的，他感到被重视、被尊敬、被抢手的那种兴奋，甚至有了作为民族文化艺术代表人物的那份自豪，似乎已经进入了国际艺术界。当然如果仅停留在展览售画的层面，显然境界不高，艺术家其实应当是更高层次的人物，所谓“引领人类向那崇高的精神世界”（In die erhabne Geisterwelt / Wart ihr der Menschheit erste Stufe.）[②]。或许过于夸张，但席勒显然对艺术家的精神之力寄于厚望：“（艺术家）蔑视时代的判断。他是向上仰望他的尊严和法则，而不是向下瞧着幸福和需要。”[③]使用这样的标准或许过于苛刻，但知晓尺度之所在也是重要的。在关良看来，或许来自德国同行的评价才是更有力和分量的，所以他对有德国教授为其画集作序显然是颇为自

① 关良口述：《关良回忆录》，陆关发整理，上海：上海书画出版社，1984年，第105–106页。

② Schiller, Friedrich von: *Gesammelte Werke*（席勒选集）. Geneva: Eurobuch, 1998. S.463. 此处中文为作者自译，另参见席勒：《艺术家们》（1789年），载席勒：《秀美与尊严——席勒艺术和美学文集》，张玉能译，北京：文化艺术出版社，1996年，第367–368页。

③ 德文原文为：“Wie verwahrt sich aber der Künstler vor den Verderbnissen seiner Zeit, die ihn von allen Zeiten umfangen? Wenn er ihr Urteil verachtet. Er blicke aufwärts nach seiner Würde und dem Gesetz, nicht niederwärts nach dem Glück und nach dem Bedürfnis.” “Über die Ästhetische Erziehung des Menschen in einer Reihe von Briefen”, in Schiller, Friedrich von: *Gesammelte Werke*（席勒全集）. *Band 8*. Berlin: Aufbau-Verlag, 1955. S.423–424.〔德〕席勒：《审美教育书简》，载冯至：《冯至全集》第11卷，石家庄：河北教育出版社，1999年，第55页。

得的，那自然就要翻译留存，甚至引证自矜的：

“中国京剧的风格本来就是简洁如画、明白易懂的，京剧的这一特点至今仍保持其通俗性。深受京剧艺术形式的巨大影响，居住在上海的画家关良，三十年来以京剧的特殊形式和通俗场面作为他特别钟爱的题材……移植到他的绘画创作中。

“关良深深意识到京剧的绘画性，致力于中国水墨画的表现方法，使这一题材得到了十分恰当的艺术表现形式。由于他掌握了‘戏剧中的绘画意境’，在他的舞台速写中创造了戏剧性的绘画效果。画家的表现意图是尽力追求京剧演员们所惯用的表现方法，他用尽可能简明的轮廓来表达复杂情节的内容，以求得到基本造型的优美为最高原则。

“在关良笔下所刻划的京剧演员的动作表情，都是基于千万次的反复磨炼才能画得出来的。关良的舞台速写的笔调之所以能够达到那样准确、生动和流畅的程度，是经过长年累月的深入观察和不可计数的笔录实验的结果。而运用这种笔调作画，却是赋予关良以幸福的时刻。

“关良在艺术创作上如何坚定不移地遵循中国的绘画传统，如何忠诚于传统，都由他亲手创作的作品本身向观者提供了最好的证明。他用绵密的感觉来造型，那种经过变型的京剧人物，就其表现效果来说，是超过了魔术般的力量的。

“关良视京剧为宝库，认为京剧能成为他的创作提供用之不竭的宝库，他不仅从客观上深入探究京剧的奥秘，并从事于戏剧艺术的研究，而且由于主观上的爱好，还对京剧寄托着深厚、诚挚的感情。他深深热爱京剧角色中高超的表演艺术，在同京剧演员的密切交往中，是不断从中吸取新的营养的。”①

这当然是节译的部分内容，而作序的人物乃是德国艺术科学院的李特克（Pommeranz-Liedtke，Gerhard，1909—1974）教授，这是一个近乎“中国通”式的人物②，据说他曾拜访过多位中国画家，与李可染有交谊，邀其访东德作展览。或许正是由于他对中国艺术的理解，他的评论还是能把握住一些要义的，譬如对关良画作中“京剧的绘画性”特点的把握，对中国绘画传统的判断等，但必须指出的是，其实

① 关良口述：《关良回忆录》，陆关发整理，上海：上海书画出版社，1984年，第110–112页。

② 李特克曾在20世纪50年代东柏林的德国艺术科学院负责艺术出版和展览，出版了多种海内外展览类的出版物。1960年，干脆做了自由艺术撰稿人；1967年，出任魏玛艺术收藏院馆长。早在1953年10月至1954年3月间，李特克就曾在京、沪等地举办“德国民主共和国应用艺术展”，参观者甚众。正是由于访华的际遇，使得他对水墨画、年画、碑帖、木版画、宣传画等中国艺术现状发生强烈兴趣。在中国翻译帮助下，他整理收集了大量相关资料，并于1954年7月8日至8月31日在柏林举办“中国图像展”，同时出版了展览画册。1957年夏，他随柏林艺术科学院再度来华，举办“丢勒印刷品展”，并同时为新成立的北京中国画院献礼。1958年9月中旬至12月中旬，应中国文化部对外文化局邀请访华，访问北京、南京、上海、重庆等地的美术学院。上海画院的教授们甚至共同作画题赠——“上海中国画院赠”。〈http://www.polypm.com.cn/index.php?s=Auction/view/ppcd/art5002923778〉，访问日期：2016年8月15日。李特克出版有著作Pommeranz-Liedtke, Gerhard: *Die Weisheit der Kunst: Chinesische Steinabreibungen*. Leipzig：Insel-Verlag, 1963.

有些方面也不尽然。金冶（1913—2006）曾这样追忆与关良同论画艺的经验：

有一次我们随便谈起油画创作，他（指关良，笔者注）对我说，在过去他为了给自己的油画寻找出一种适合的形式，曾经做过一些试验，总是希望开创出一条具有我国民族特色的新路。从他的谈话中使我了解到，在过去他虽然画了大量的水墨戏剧人物画，但真正的基础是油画，总是怀着革新的愿望来画油画的。他的中国式的水墨画，起初也是以西洋画为基础发展起来的，那些戏剧人物的造型和笔墨情趣，并不是从我国传统的山水、花鸟等基本功学起，不过是糅合了一些用笔用墨的方法。因此从那时起，我对关良先生的艺术就有这样看法：他的水墨戏剧人物，不是传统的中同画；可想而知他对油画的主张，也并不是照搬欧洲的传统。他是一个有志于独创的人。当然他的这些艺术见解和主张，决不是出于偶然，于此我们不能不回顾一下他的生活历程。①

从这段叙述来看，关良虽立足传统，但其西画资源并不缺乏，甚至是努力在走一条会通之路的，只不过表现出来的更以中国传统之形式罢了。所以即便是作者亲自征引的外国学者评价，也未必就能一语中的，必须考虑其叙述的场域因素，故此，“外来的和尚”未必就能

① 金冶：《贵在独创——我所认识的关良先生》，载《新美术》，1981年第4期，第34页。

“好念经”！但值得指出的是，这种中西交融的艺术特征，在那代画家身上是表现得具有相当程度之普遍性的，在李可染身上亦然。早在1929年，李可染考入西湖国立艺术院读研究生，有幸师从林风眠（1900—1991）、克罗多（Claouodot，Andre，1892—1982）二人，后者是法国人，其中西方师承是很明显的，这也造就了他日后的中西通融之画风，后人评价说：“李可染是山水画的一代宗师。人们评价他非常巧妙地将西法绘画与中国画传统墨法、笔法紧密地结合在一起，这其实源于李可染极深的油画、速写、素描功底，再加之他在时代大潮中有丰富的创作实践，又走遍名山大川勤苦专注地写生，形成了无可比拟的笔墨功力和独到之处，他的山水几乎无人可以超越。同时，他的作品也生动地为我们展现了中西结合的无限前景。”[①]我们看李可染的旅德画作，其实就尤其能感受到这种中西融汇的可能性及其特征，作者选择内容“多为建筑和自然风光，甚少反映东德建设和生活状态”[②]，无论是易北河、清溪林、林区农舍，还是魏玛大桥、德国磨坊、麦森教堂，甚至是歌德的写作小屋、德累斯顿的暮色等，他的描摹都是相当清新淡定，用专业人士的评论来说则是：“一、黑色调愈加突出。二、景物组织集中，集体感更强。三、用笔讲究，供有力有味。四、供强调空间的纵深，以及空间节奏的晦明变化。五、光的表

---

① 陈岩集：《丹青余韵》，北京：中信出版社，2013年，第26页。

② 胡斌：《试论李可染访德写生的政治语境与艺术影响》，载关山月美术馆编：《异域行旅——20世纪50—70年代中国画家国外写生专题展》，南宁：广西美术出版社，2011年，第200页。

现出神入化。”[①]可以说达到了相当有创造力的境界。当年，作为前辈的徐悲鸿（1895—1953）以李可染比附徐渭称：“徐州李先生可染，尤于绘画上，独标新韵。徐天池之放浪纵横于木石群卉间者，李君悉置诸人物之上，奇趣洋溢，不可一世，笔歌墨舞，遂罕先例，假以时日，其成就诚未可限量，世之向慕瘿瓢者，于此应感饱啖荔枝之乐也。夫其兴之所至，不加修饰，或披发佯狂，或沉醉卧倒，皆狂狷之真，为圣人所取。”[②]徐悲鸿的这段叙述真是不但能形其画之形象，更能把握其艺术精神，也可谓不但是提携后辈，更有惺惺相惜的成分在内。可惜徐悲鸿还没有看到李可染经由会通中西后的勃发大成阶段，或者这也正是他在这段序文中所瞩望的。

三、艺术家的精神质变：侨易有度

关良曾回忆了他的这次德国之旅：“一九一七年，我在日本东京太平洋美术学校学西洋绘画，从画人体石膏像开始，老师们在技艺、理论的传授上大都是轮廓、构图、透视、明暗、块面、色调等。之后，接触到达·芬奇、米开朗基罗及马奈、莫奈、门采尔、毕加索、

① 郎绍君：《李可染山水画的分期和特色》，载《名家翰墨》第26期，1992年。转引自胡斌：《试论李可染访德写生的政治语境与艺术影响》，载关山月美术馆编：《异域行旅——20世纪50—70年代中国画家国外写生专题展》，南宁：广西美术出版社，2011年，第200页。

②《李可染先生画展序》（1947年），徐悲鸿：《徐悲鸿自述》，合肥：安徽文艺出版社，2013年，第80页。

马蒂斯等人的艺术作品。对这些艺术大师们从事艺术活动的故地，我年青时代就向往着何时能有一天得以去观摩、瞻仰。可是从未如愿。直到祖国解放后，我才荣幸地有机会作为中华人民共和国的一员代表到国外去参观、访问及交流经验。我怀着激动而又惴惴不安的心情与李可染一起从北京出发，乘火车途经西伯利亚、莫斯科、捷克斯洛伐克等地，十多天以后才到达东柏林。”①在这段叙述中，关良侧重描述了地理位移的实际作用。就知识空间的建构来说，并不一定要具备直接的地理位移才导致精神质变，譬如对于那代中国精英来说，经由日本中介而学习西方是常有的现象，这种兼及地理位移与精神漫游的特殊经验，对他们的知识补充和艺术想象的形成具有重要作用；但显然，从艺术家的角度来看，仅仅是“纸上得来”和“精神空间”的满足显然还是不够的，所谓“梦回唐朝”其实指望的还是亲历亲闻。艺术固然如此，文学也同样，青年冯至也有过类似的表述，1925年秋他回家看望留德短期归国的堂叔冯文潜（1896—1963），即深深为其介绍的德国文学和诗人所吸引，兴奋地写信告诉好友杨晦：“我回家见到了他，他介绍我好几个德国近代的诗人，都是极悲观的，受法国象征派影响的，然而文字却是很有力的。他们在本国已经很受一般神经质的青年的爱戴，但在远东，还不甚知名。我爱读的书，重见在他的案头了；我爱读而购之不得的，也在他的案头了。他给我看了极精彩的尼采同悲多汶的像，使我忌妒之至……那天夜里我便梦见，似乎是

① 关良：《关良回忆录》，上海：上海书画出版社，1984年，第104页。

到了德国了。”[①]他的这段自述，用来反映画家的心理反应可能也是再恰当不过，能亲眼目睹景仰的大师作品，其意义是怎么高估也不过分的。

关良是有着非常明确的创新意识，但却又很清醒地意识到不能脱离传统而存在，所以借助外来资源而重构传统艺术，其思路虽然清晰，但过程却绝非一帆风顺甚至心灵痛苦不堪。对这种纠缠于不同知识系统、艺术源流、学术谱系之间的痛苦，其实并非关良一人，当然也并非局限在美术一隅，即便是出洋的留学生，也沉浸在学术迷宫或知识海洋中难以自拔，当年蔡元培追忆留德时期的听课经验曾这样说：“在德国进大学听讲以后，哲学史、文学史、文明史、心理学、美术史、民族学，统统去听。那时候，这几类的参考书，也就乱读起来了。后来虽勉自收缩，以美学与美术史为主，辅以民族学；然而他类的书，终不能割爱。”[②]而张君劢（1887—1969）同样谈到那代人面对西方学说时的盲目性：“好像站在大海中，没有法子看看这个海的四周……同时，哲学与科学有它们的历史，其中分若干种派别，在我们当时加紧读人家教科书如不暇及，又何敢站在这门学问以内来判断

---

① 1925年9月27日《致杨晦》，载冯至：《冯至全集》第12卷，石家庄：河北教育出版社，1999年，第63-64页。悲多汶今译为贝多芬。

② 蔡元培：《我的读书经验》，蔡元培：《蔡元培全集》第8卷，中国蔡元培研究会编，杭州：浙江教育出版社，1997年，第31页。关于蔡元培在莱比锡大学期间广收博览的听课经历，参见蔡元培的选课表，Universitätsarchiv Leipzig Signatur: Dep. I/ XVI/VII/ C 72 Bd.2. 另可参见蔡建国：《蔡元培与近代中国》，上海：上海社会科学院出版社，1997年，第101-102页。

甲派长短得失，乙派长短得失如何呢？”[①]但所幸，知识人的意义在于不断探索、追求对未知的突破，这一点在关良这里表现得也非常突出，倪贻德（1901—1970）在记述和关良的交往过程中不仅记录了他的人格，“他（指关良，笔者注）的为人也正和他的画一样的纯粹，潇洒，一个像画家的画家，一个可爱的沉默的男子”[②]。而且保留了他的艺术思路：

> 春天，接到了从南方寄来的关良的信，和我谈了许多关于艺术方面的问题。他说我们在绘画上走来走去总跳不出这个圈子，很感觉到沉闷，总想画出一点新鲜的东西来。这几句话使我十分的感到兴奋，因为关良所说的画，正和我有同感的地方。我们已经感觉到洋画不仅仅是模仿西洋的技巧而已，用了洋画的材料来表现中国的，是我们应走的道路。但是所谓表现中国的，不仅在采取中国的题材，也不仅在采用些中国画的技法而已。要在一张油画上表现出整个中国的气氛，而同时不失洋画本来的意味——造型，才是我们所理想的。[③]

这段记录相当重要，因为它真实地反映出艺术家在构思与创作过

① 张君劢：《西方学术思想在吾国之演变及其出路》，载《新中华》第5卷，1937年第10期。

② 倪贻德：《关良》，载马海平主编：《上海美专艺术文集》，南京：南京大学出版社，2012年，第223页。

③ 倪贻德：《关良》，载马海平主编：《上海美专艺术文集》，南京：南京大学出版社，2012年，第223页。

程中面临的观念变化的痛苦和挣扎，而其涉及问题的关键性又在于它近乎是普遍性存在的。所以我们应当感谢倪贻德，他给我们记录下了关良那些精彩的话语：

“我们应当更接近一点东方的才好。”他时常这样的说。

“我们的东西无论如何总还是在追随西洋画。中国人应该表现出中国的特色才对呢。”

“所以我们还得研究中国的古画。”

“在中国画中，我最欢喜看石涛的作品，他的确是有创造力的作家，他的画论和现代的洋画可说有不谋而合的地方。”

“我想只是从古画中去发掘还是不够，更应从多方面的，例如石刻、佛像、书法，以及民间艺术方面去研究，这样下去或者在我们的画面上可以有点新的发现吧。”①

这些直接引语相当重要，因为它让我们知道了关良的想法，其基本立场仍是坚持中国本位，不仅是作画形式上选择中国画的模式，内容上也主要选择最具中国性的京剧，他甚至彰显“汝欲作诗，功夫在诗外”的道理，于中国文化的各方面甚至是民间艺术中去下功夫；更重要的是，他思想上有一种东—西文化之间的架构，即对追随西洋趋势的逆反以及“接近东方”的意识，我想这里的东方绝不是中国的代

① 倪贻德：《关良》，载马海平主编：《上海美专艺术文集》，南京：南京大学出版社，2012年，第226页。

名词，而有着更广阔的语境意义的概念。他对石涛的典范选择其实是饶有意味的，一方面是“中国本位”，以传统画家为模范；另一方面则是石涛画风的“现代性”因素，这是与西洋画的接近处，这或许就是所谓的“东海西海，心同理同”[①]。

可我们想追问的显然是，这次德国之行究竟给了关良怎样的刺激，是否使他发生了精神质变？若然，又是怎样的？虽然关良颇用了浓墨重彩的叙述去追记在德期间的经历，但关于对西方艺术品本身的学习的经验，却并未占据太大的比例，只有这么寥寥一段：“在特莱斯顿，这德国东南部的文化名城，有世界名画集中的美术馆，也是原子研究中心，更以制造光学仪器（照相机、电影放映机等）著称。在这里遇到了来自祖国的留学生舒传熹同志（现在浙江美院任教）。我们在柏林时，也曾多次驱车直往西柏林的几个艺术博物馆。在那里，我们有机会浸沉在伦勃朗、的斯安这些艺术大师所呕心沥血炼铸成的艺术瑰宝面前，这确是我多少年来的一桩心愿啊！”[②]他更多的笔墨是在描绘副总理如何亲自出席欢迎会，德国艺术科学院如何重视安排他们的展览会，德国各界如何欣赏赞叹他们的绘画作品，以及德国民众又是如何地热烈欢迎和“久仰大名”[③]，总之，在柏林他们受到了隆重的接待。[④]1957年，德国出版了《李可染画展》《关良画展》的图

① 李之藻：《重刻天主实义序》，载〔意〕利玛窦：《利玛窦中文著译集》，朱维铮编，上海：复旦大学出版社，2001年，第99-101页。

② 关良：《关良回忆录》，上海：上海书画出版社，1984年，第110页。

③ 关良：《关良回忆录》，上海：上海书画出版社，1984年，第104-110页。

④ 关良：《关良回忆录》，上海：上海书画出版社，1984年，第104页。

录，这显然是为了配合画展的进行。1959年，德方甚至出版了关良的画集《京剧形象与画面——24幅水墨画》（*Gestalten und Szenen der Peking-Oper-24 Pinselzeichnungen*），这对一个艺术家来说，可谓一件舒心快事，毕竟见到自己的作品在海外流传肯定是很愉快的。但在我看来，就画风之变和观念侨易而言，可能甚少发言的李可染远比关良获益良多。

对李可染来说，虽然日后他基本上很少提及这次德国之旅，但其实这对其艺术观的形成至关重要。要知道，在德期间，李可染不但创作了“东德金秋连作”约二十幅作品，而且有一些甚为重要的画作，譬如《德国磨坊》《德累斯顿暮色》《魏马大桥》《麦森教堂》《歌德写作小屋》等[1]。美术史家孙美兰（1931—　）认为：

一九五七年的德国写生，所以成为李可染整个艺术体系中特别值得注意的“转型”现象和契机，恰恰因为他“对景创作”的实践，已经出现“高峰”势头，而他的探索，击中了中国画百年求进的要害环节——长期论战不休的“中西之争”，在可染的一系列水墨山水作品里，我们找到了一种符合中国画发展规律的回答：“以中化西。”李可染晚年诠释说：“中国传统文化是血缘，外来文化是营养，营养是需要的，但不能代替血缘。”

出访德国之前，李可染从“对景写生”向着“对景创作”迭进，

① 参见孙美兰：《李可染图话（九）》，载《荣宝斋》，2007年第5期，第268页。

沉稳地把握了传统山水画向现代转型的整体结构，创造了贴近现实又具有艺术表现力的笔墨语言，这使得他在面对异国景物时，显得非常主动。主动拓展着动人心魄、耐人品味、全新的艺术境界。他把中国人擅长的毛笔、水墨和东方人不同于西方人的审美感觉，用来消化西方之情、之景、之韵、之色，把自己全部感受、激情、笔墨功力与技巧，发挥得淋漓尽致，创造了一个令人为之倾倒、惊奇、令人流连、憧憬、诗化的欧洲世界。也同时实现了“两个革命”：意境革命、语言革命。德国麦森教堂是中世纪哥特建筑，以庄严、肃穆、神秘感著称。李可染面对高耸的教堂，不打稿，直接落墨，直接“对景创作”，画完收笔，恰到好处。笔锋从建筑尖顶出发，“疾之以笔、铸之以墨”，无数条垂直长线，诸多三角形线、方棱形线、穹形线、弧形线，直到圆形线，依建筑结构体势，自然交错，雄健刚正，笔触墨韵，有力有味，从而将西画强调的“体积美”“重量美”“材质美”，巧妙纳入中国式笔线墨面之中。穿透性的多层次闪光，墨华流彩，玄奥无极，赋予欧洲古老的教堂建筑另一种神秘而又奇妙温馨的东方韵味。在《麦森教堂》这幅作品中，画家极力夸张教堂的高大静谧，尖顶错落直插天际，同时又极力夸张基底广场人群的微茫动荡。对比中形成断中有续、续中有断、节奏起伏的纵深线，弥漫着神游天地之间的气氛。其调性、节律之庄严深沉，相通于贝多芬《D大调弥撒曲》。《歌德写作小屋》题跋写着“民主德国麦森公园歌德写作小屋，一九五七年秋八月可染写生”，这是李可染特别珍爱的作品，由于是对景作画，更增加了其珍贵性。德国伟大诗人、作家歌德是李可染一生中最崇敬的文化巨人之一。当他访谒歌德写作小屋时，一下被作家生前简朴的写作生活方式惊呆了。歌德写作使用的木马式高脚凳，墙上悬挂的自画水彩风景，令可染美赏不已，复活了他久所敬仰的歌德身影。李可染激动之余，流连忘返，抓住灵感，对景落墨，完成了这幅旷世力作。小屋坐落在茂密林阴一角，画家以他精湛的中国式“剪裁、夸张、组织”法，以他自如沉厚的笔墨语言，集中强调小屋的平凡、古朴、低矮、稚拙的造型。它似乎静静地在大自然的怀抱里，享受着金黄色、温暖的斜阳。这独特的内在而含蓄的意境，似乎同时映照着步入五十岁的李可染自己精神世界的影像。它是叙事的，也是抒情的，它是“全面、深入地认识对象；大胆、高度地意匠加工”的结果——“不仅画所见，也画所知、所想，推移着现实时空”。这里紧紧把握着中国画的精神实质，使得异国景观焕发出含蓄不尽、回味无穷的人文历史和道德的魅力。①

之所以不惜长篇引述这段评论，因为它确实不仅把握住了李可染艺术精神质变的关键环节，而且对李可染画意及其精神体现写得也非常精彩，是难得的艺术评论之佳品。如果我们结合李可染的画作本身②，就可更能把握其论述之要义。早在20世纪50年代初期，李可染

① 孙美兰：《李可染图话（九）》，载《荣宝斋》，2007年第5期，第269-270页。

② 参见李可染画作：《德累斯顿写真》《德国磨坊》《德累斯顿暮色》《林荫游人》《魏马大桥》《德国森林之歌》《麦森教堂》《歌德写作小屋》《德国森林旅馆》（二），载关山月美术馆编：《异域行旅——20世纪50—70年代中国画家国外写生专题展》，南宁：广西美术出版社，2011年，第32-41页。

即意识到："吸收外来文化，必须经过消化，必须把它化成养分，放在中国的土壤里，使它长出中国的花朵。"[①]正是有这样的认知，所以一旦能有这样的外来机缘，他就能顺势而为，将其化为创造的动力，绝非简单的"异国情调唤起的新鲜感与创造激情"就可解释[②]。没有从"对景写生"向"对景创作"的风格转变的大背景，李可染这次"德国画旅"的艺术突破也是难以想象的。德国之行的收获也是多方面的，其中颇为重要的一点是"中国画自信"的重建。相较于关良似乎更加浓墨重彩的描述，李可染的低调则更能见出其时的客观语境。1958年，李可染曾对学生说："去年到德国访问，许多德国人对中国画欢喜到迷信的程度。画家海勒讲，他感到中国画近看似乎简单，远看时丰富极了。他自己的画选用颜色本来就很少，有的画家用色多达三四十种，而他只用七色，现在看来还是太多了。"[③]

在我看来，通过这次访德画旅，李可染进一步扎实了他的绘画实践，同时也提升了其绘画观念。李可染认为："绘画语言是以可视形象反映客观事物，造型能力不好等于没有绘画语言。造型能力，指对形象、轮廓、明暗、层次、透视等的描绘能力，即对客观事物的刻划

① 转引自孙美兰：《李可染图话（九）》，载《荣宝斋》，2007年第5期，第268页。

② 郎绍君：《李可染山水画的分期和特色》，载《名家翰墨》第26期，1992年。转引自胡斌：《试论李可染访德写生的政治语境与艺术影响》，载关山月美术馆编：《异域行旅——20世纪50—70年代中国画家国外写生专题展》，南宁：广西美术出版社，2011年，第200页。

③ 孙美兰：《李可染图话（九）》，载《荣宝斋》，2007年第5期，第271页。

要准确。提高一般的造型能力，是艺术发展首要的前提。”[①]其核心要义则在于善于拿来西方有价值的部分，在谈及如何对待素描时，他则指出：“我认为学中国画、山水画学点素描是可以的，或者说是必要的。素描是研究形象的科学，它概括了绘画语言的基本法则和规律，素描的唯一目的，就是准确地反映客观形象。形象描绘的准确性，体面、明暗、光线的科学道理，对中国画的发展只有好处，没有坏处。我们的一些前辈画家、特别是徐悲鸿把西洋素描的科学方法引进中国，对中国绘画的发展起了很大促进作用，这是近代美术史上的一大功绩，我想这是任何人都不能否认的。”[②]这就涉及面对古今中外的普遍性问题了，李可染的态度很明确：“古代的东西，由于时代不同、思想感情不同，而不能完全适用于我们今天。外国的东西也因为地域不同、民族习惯不同，不能完全适合于中国。因此，古、洋都有局限性。总而言之，一定要去粗取精、去芜存菁，凡是好的、对我们今天有用的东西都要，鲁迅也主张‘拿来主义’！”[③]这种说法当然未免有些泛泛，但却是有道理的，任何有定力的创造者都必须善于“拿来”，更重要的当然是在“拿来”的基础去“创造”，李可染结合世界、西方、东方、中国艺术之间的关系提出了一些很好的思路：

① 李可染：《谈学山水画》，载孙美兰编著：《李可染研究》，南京：江苏美术出版社，1991年，第189页。

② 李可染：《谈学山水画》，载孙美兰编著：《李可染研究》，南京：江苏美术出版社，1991年，第189–190页。参见李可染：《李可染论艺术》，北京：人民美术出版社，1990年，第27–28页。

③ 李可染：《谈学山水画》，载孙美兰编著：《李可染研究》，南京：江苏美术出版社，1991年，第192页。

中国的艺术在世界上很有特色，中国画有悠久的历史，中国山水画具有鲜明的民族风格，形成独立画种又很早，比外国出现风景画大约早一千多年。中国六朝时就有独立的山水画了。而西方独立的风景画大约在文艺复兴后，十七世纪才有的。东方绘画多受中国画的影响。日本画家东山魁夷是很有成就的，他很谦虚诚恳，在黄山见到我，说他的绘画接受了中国画的影响。中国古代绘画艺术有很多好的传统，如线的表现力，笔墨上的功夫，山水画构图上的气魄：千岩万壑、重峦叠嶂，千里江山，万里长江，都可以进入一幅画面，这是世界上其他绘画艺术所少见的，体现中华民族的伟大气魄，独树一帜，中国画反映出的境界非常开阔，中国画不仅是画所见，而且画所知、所想，想象力很强。理想是现实经验的总结和推移。可以画现在看到的，也可以画昨天见到的，并因而想到明天。中国画论有很多精辟的论述，如“以大观小，小中见大”等等。一千多年前，东晋顾恺之关于“以形写神、形神兼备”这一卓越的绘画理论，到现在看来还是正确的。中国绘画在世界美术史的发展中有独特的贡献。[①]

这种追溯到顾恺之的中国画论传统典范的意识是可贵的，尤其是关于“以形写神、形神兼备”“以大观小，小中见大”的观念提炼，强调“画所见、画所知、画所想”，“画眼前、画昨日、画明日”，都是很有理论价值的总结，很能见出一个创造性大家的艺术观的呈现，

① 李可染：《谈学山水画》，载孙美兰编著：《李可染研究》，南京：江苏美术出版社，1991年，第192–193页。

这是难能可贵的。更重要的是，李可染并未就此止步，他继续探究：

中国画取得很高的成就，在世界艺术宝库中放出奇异的光彩，但是还没有到头，还有许许多多的规律，有待我们去发现。我们对待传统的正确态度，是尊重而不迷信。不能说传统已经到了顶点，我们要在传统的基础上不断寻找新的规律。深入生活、勇于实践是有所发现、大胆创新的前提。前人发现近处物体清晰、颜色深，远处物体模糊、颜色淡，这是在一般条件下的规律。我五十年代出去写生时发现特定条件下，景物出现前面亮而淡、后面暗而深的情况，与一般条件下近深远淡正好相反。又如，虚实关系：近景的树，如若要与后边的景物离开，就必须留出空白，这是虚中见虚，是一个规律。但我们走进一座密林，树隙的空间往往呈现黑色，同样感到虚空，这是实中见虚，与前者刚刚相反。我们一般认识，画水要光亮就必须空白，但林荫下的小溪黝黑而光亮，光亮得象宝石，象小儿的眼珠……①

这才是艺术家的态度，是在实践中不断探索、不断接近艺术的真谛并验证自身的向道之诚，真当得席勒对艺术家的颂扬：“创造天才兮振翅当高飞，/云天高兮再举翼，/再举翼兮永攀高。”（Doch höher

① 李可染：《谈学山水画》，载孙美兰编著：《李可染研究》，南京：江苏美术出版社，1991年，第197页。

stets，zu immer höhern Höhen/Schwang sich das schaffende Genie.）[①]

一般而言，美术史家会将1960年代以后视为李可染创作上的“升华创造期”，我以为这在其时的历史语境中来说是颇为难能可贵的。就全球史而言，1950年代是一个风云初定又风起云涌的时代，随着1945年二战的结束，美苏的大国博弈已经在世界范围布局展开。中德（东德）的双边关系就是在这种背景下几乎以一边倒形势展开的。按照《全球通史》作者斯塔夫里阿诺斯（Stavrianos，Leften Stavros，1913—2004）的意见，全球史的意义就在于“研究的是全球而不是某一国家或地区的历史；关注的是整个人类，而不是局限于西方人或非西方人。本书的观点，就如一位栖身月球的观察者从整体上对我们所在的球体进行考察时形成的观点，因而，与居住伦敦或巴黎、北京或德里的观察者的观点判然不同。”[②]所以我们入手处虽然是两位中国画家，可一旦他们的访德之旅展开，其笔下丹青所展现和勾连的，就绝不仅是两个个人或国家间关系而已，而很可能有更广阔的意义值得揭示。那么，借助于两位画家的访德画旅，我们究竟可以看到什么呢？借助侨易学的思维，至少有这么几点值得关注：

其一是“观侨取象”与“断链点续”。我们之所以选择两个个案同时进行研究，固然是这个访德过程就是两人同行，正能见出彼此间

① “Die Künstler”（艺术家），in Schiller, Friedrich von: *Gesammelte Werke*（席勒选集）. Geneva: Eurobuch, 1998.S.468.

②〔美〕L.S.斯塔夫里阿诺斯：《全球通史——1500年以前的世界》，吴象婴等译，上海：上海社会科学院出版社，1988年，第54页。

的关系[①]；当然也不排除背后的理论动机的主观设置成分，即试图通过可把握的两个个案的深入分析，努力上升到一个群体范畴，以探究在同一条件下其结果如何。显然就以上分析看，关、李二位虽然同行旅德，也都接受了同样的接待，但其效果并不一致。这或许还需要从侨易主体之生性值、侨出与回归语境等角度做更多分析。正如有论者指出的那样，20世纪50年代“整个中国的文化有一个意识形态的时间（或时代）之窗”，具体言之，“就是说历史发展到一定的某一个点的时候，突然各种因素会形成一堵你看不见的墙，把很多传统之流的东西拦腰截断，这时传统中的某种东西如果要进入到现在的时态、时空中来，必须要穿越一个时间之窗。这个时间之窗是被限定的，是有很多规定性条件的，你必须要作出妥协，你如果不作出妥协、周旋或者一种战略性的安排，就不可能穿越这个时间之窗，只能被挡在时间之窗的另一面。”[②]而“李可染先生恰恰是非常聪明的，也是历史上很多的条件造成了在当时由他来穿越这个时间之窗，所以他穿越过来以后进入了李公明说的不良的文化生态环境。历史上很多类似这样不良的文化生态环境反而造就了非常伟大的艺术，它在扼杀掉很多的创造生机的情况之下，也会培养某一棵苍天大树。我想李可染先生就非常

① 两人早就相识有交谊，“国立艺专的话剧，名闻遐迩，京剧也享誉艺坛。早期演员有程丽娜同学和李苦禅、黄纪兴先生；抗战时期有丰一吟同学和关良先生。而京胡艺术高超的李可染，前后都为他们伴奏过。”《丰子恺观关良演出》，载郑朝：《国立艺专往事》，杭州：中国美术学院出版社，2013年，第114页。

② 王鲁湘在2007年11月“李可染艺术与20世纪中国美术”国际研讨会的发言，《李可染国际研讨会》（上），载《当代中国画》，2007年第11期，第103页。

幸运的被历史、时代，也被他自己的各种准备、安排塑成了这样一位时代的人物。”[①]这有些近乎我们所说的断链点续现象，而且这种情况也不完全是偶然个别的，可能也有一个“点象成群”的问题，譬如20世纪60年代早期朱光潜、绿原等的《拉奥孔》汉译出版工作等也是一个类似的例证[②]。

其二是“交叉系统”与“文化涵濡”。当然我们如果将看到的小像放大，试图以小见大的话，那么会勾连起“六度空间”的类似思维，则可展现更为阔大的场景。按照李可染的说法，传统文化是血缘，是无法替代的。[③]这一论断，其实也并不仅仅局限于绘画或艺术领域，而是具有普遍性的效用。林风眠曾这样描述他的20世纪50年代经验：

解放初期，我还跟同学一起下过乡，一些农村题材的画就是我那时候画的。我们这些旧社会过来的人，画不来苏俄式的那种创作，当时为了改造自己，还拼命努力过。说实话，当时我就耽心要批判我，因为我的画当时叫“新画派”，属于被批判的资产阶级艺术之列。我想与其被批判，还不如早离开。所以外边传是“杭州艺专赶我走的”，这不确实，应该讲是我自己主动离开的，因为我怕被批判而采

① 王鲁湘在2007年11月“李可染艺术与20世纪中国美术”国际研讨会的发言，《李可染国际研讨会》（上），载《当代中国画》，2007年第11期，第103页。

② 参见叶隽：《作为20世纪60年代翻译史事件的〈拉奥孔〉汉译本出版——以出版社、大学与科学院的若干人物为中心的考察》，载王宏志主编：《翻译史研究2013》，上海：复旦大学出版社，2013年，第274–289页。

③ 孙美兰：《李可染图话（九）》，载《荣宝斋》，2007年第5期，第269页。

取“走为上策”罢了。我离开了艺专，但我对学校还是很怀念的，因为在这所学校里差不多度过了我整个青春年华。[①]

像林风眠这样特出与资深的天才人物，尚不得不以这种方式来保全自己的“画风”；如果考虑到其时非常复杂的语境，就可以意识到其实这次访德之旅，也是冥冥之中留给两位艺术家的“高变”的机会，端在当事者是否能够把握。显然，李可染似乎更能意会于中，这恐怕还是要归之于其作为艺术家的整体艺术观：“传统要尊重它，有时又必须突破它。前人讲各种皴、擦、点染、线描，都是规律的总结，但与自然界相比，与无限丰富的现实生活相比，这些规律的发现和总结，又显得太少了。我们还应当在实践中不断加深对客观规律的认识，不断去丰富它、发展它。”[②]在这里，或许用“指远缘近缘的多种文化之间深层的涵化与濡染从而导致文化精神内在隐性变异的过程”的“文化涵濡”[③]概念更接近之。

其三是“二元三维”与“混沌构序”。艺术有其超越一般社会生活层面而独立的高贵价值一面，虽然它在现实的政治语境中有时不得

① 肖峰《魂兮归来——怀林风眠老师》，载郑朝编：《林风眠研究文集》，杭州：中国美术学院出版社，1995年，第401页。参见刘世敏：《林风眠：中国现代美术教育和现代绘画的奠基人》，天津：百花文艺出版社，2011年，第186页。

② 李可染：《谈学山水画》，载孙美兰编著：《李可染研究》，南京：江苏美术出版社，1991年，第197-198页。

③ 胡继华：《文化涵濡与中国现代诗学创制》，载《文艺争鸣》，2013年第7期，第15页。王一川：《涵濡中的中国文艺理论长时段》，载《中国文学研究》，2013年第4期。

不屈居下伦，但在人类文明的伟大长河里，却有着无可替代的奥林匹斯山位置。在文明历史的“存在巨链”（Great Chain of Being）中，任何一个艺术家都不能忘记自己的使命，甚至每个知识精英都应自觉承担起这样的责任，从这个意义上来说，关良、李可染两位虽是大时代中的渺小一叶，却同样承担着这样的职责，按照费希特的说法，“学者的使命主要是为社会服务，因为他是学者，所以他比任何一个阶层都更能真正通过社会而存在，为社会而存在。因此，学者特别担负着这样一个职责：优先地、充分地发展他本身的社会才能、敏感性和传授技能”[①]。在我看来，这一论断可以推演到艺术家、知识精英等群体，在他们所擅长的那些领域，他们也是向着精神巅峰攀援的同行人，承担着同样的责任和使命，端在自身是否有自觉之意识。在二元三维的整体结构空间中，我们似乎可以感觉到个体、群体和点象成群的意义，因为再微不足道的渺小的个体都可以在构二维三的这个过程中有所贡献，而混沌构序或则是“复元见道”的路径所在。另一个细节也值得重视，即李可染对歌德的崇敬之情，这是并不容易的，因为正是对德国精神伟大代表的体认和把握，可能使得他更深层次地进入到一个艺术、知识和哲思与诗思交融的境界中去，从而提升他的思想和艺术层次，这还待深入考察，此处不赘。但至少，我们可以再次引证歌德那句名言，“谁若了解自身与他者，自当能明白。东方与西方，永不再分离”。因为大道侨易，本就如一。

① 《论学者的使命》，载〔德〕费希特：《论学者的使命·人的使命》，梁志学等译，北京：商务印书馆，2009年，第43页。

综　论

作为个案的侨易个体及其拓展空间

一、学者使命与宏大叙事

作为一种个案研究的侨易个体无疑是有趣也踏实的，因为既可以探索研究对象的个性思想之形成过程，也可推而广之追求其载像之共性，具有相当程度的普适性。当然，首先执着于这样的研究思路的初衷，或仍在于自己的学术定位考量。汤用彤（1893—1964）曾谓："第二等的天资，老老实实做第二等的工作（即从事历史资料考证等工作，而不挂上什么流派的牌号），可能产生第一流的成果。如果第二等的天资，做第一等的工作（建立体系），很可能第三等的成果也出不来。"[①]这里涉及学术工作分等以及学术成果入流的问题，颇关重要，值得略加分说。至少在汤氏看来，学术是有天资成分在的，而这种天资又是可以分等的，其相对应的是学术工作的分等，建立体系、考证资料等有层次之分；但光是有天资是不行的，还有勤奋、取径、势境等各方面的因素作用，一个学者的素质养成与最终成器，乃是多

---

① 任继愈：《汤用彤先生治学的态度和方法》，载《汤用彤先生纪念论文集》编辑委员会编：《燕园论学集》，北京：北京大学出版社，1984年，第45-46页。

方面因素的综合作用达致，并非可以简单地机械判定。就学术平等之本意而言，这种划分其实意义不大，但若落实到具体的路径选择，也不无一定的参考价值，若以第一、二、三等论之，则不妨再引入相关论述略作参照，譬如明代吕坤（1536—1618）谓："深沉厚重是第一等资质，磊落豪雄是第二等资质，聪明才辩是第三等资质。"[①]这里说的更关乎个体的生性与气质层级，但无疑将聪慧之类的一般以为优点的东西列在了较为次要的方面，而更看重其大气象与总格局。确实，我们看真正的体系性建构的理论工作的完成者，诸如康德、费希特、黑格尔等人，其实未必都是那种以聪明机智擅长的学者，而更具备"刺猬"的庄严和沉着，这也是中国古人云"深沉厚重"之不谋而合处；而伯林、斯坦纳等虽以"狐狸"妙思而引众多后生尽折腰，但终究不免灵光消逝的瞬间。或许，还是周辅成（1911—2009）的说法更近乎知识精英的层面，而且视域是世界性的："一等的天才搞文学，把哲学也讲透了，像莎士比亚、歌德、席勒。二等的天才直接搞哲学。像康德、黑格尔，年轻时也作诗，做不成只得回到概念里。三等的天才只写小说了，像福楼拜。"[②]此语甚是精辟且出于自然，不经意间道出了知识精英驰骋纸上的奥秘，即诗思之境仍是上之上者，即便是大哲如彼，也是不遑多让，我们只要看看黑格尔哲学文本中频繁出现的歌德、席勒的文学文本征引就可以窥斑知豹了。哲人如此，学人亦不例外，无论是科学家还是人文学者，其所追求者，不外乎大道所

① 王国轩、王秀梅：《呻吟语正宗》上册，北京：华夏出版社，2014年，第3页。
② 赵越胜：《燃灯者——忆周辅成》，长沙：湖南文艺出版社，2011年，第22页。

存，至于其所呈现的方式，究竟是注释满篇的严谨论证的科学著述，还是貌似空无依傍的诗人之语，对于大师级人物而言并没有那么重要，正如爱因斯坦想捕捉的是“上帝的思想”，其他细节问题从本质上来说无关紧要。[①]

钱穆则豪情万丈，他说：“我们读书人，立志总要远大，要成为领导社会、移风易俗的大师，这才是第一流学者！专守一隅，做得再好，也只是第二流。……任公讲学途径极正确，是第一流路线，虽然未做成功，著作无永久价值，但他对于社会、国家的影响已不可磨灭！王先生讲历史考证的着眼点很大，不走零碎琐碎一途，所以他的成绩不可磨灭。考证如此，也可跻于第一流了。”[②]如此说法，自然又与汤氏有所区别，后者看重的显然还是“第一流成果”，而钱氏重心更在“第一流学者”身上，所以他会要求去“领导社会、移风易俗”，这其实已是偏离了现代学者的本职定位，我们并不否认历史上存在这样的学者，在中国传统里更是有“致君尧舜上”的要求，但这与现代学术的理念并不吻合，其实也正是需要后来者痛切反思的，即

① 转引自《前言》，载〔美〕阿·热（Zee, A.）：《可怕的对称——现代物理学中美的探索》，熊昆译，长沙：湖南科学技术出版社，1992年，第1页。

② 《从师问学六十年》，载严耕望：《钱穆宾四先生和我》，台北：台湾商务印书馆，1992年，第62页。

“政学分途”的必要性，或者类似“学者的人间情怀”[①]之类的表述。但总体来说，我以为学人的首要是学术职业伦理之坚守，即在学术与知识领域不断探索，在这个意义上承担人类文明的责任或使命；或许如费希特所言能起到引领和提高社会道德风尚的功用，但这应是溢出效应，而非社会伦理。

在我看来，汤、钱二氏似都各有所偏，汤用彤注意到守拙的向度，是经过科班训练之后深得西学奥义的“知学者言”；钱穆则以未入大学之门而自学成才之勇毅发为高论，自有草莽英雄的精神，但确实也是未见出大格局来，既是“不想当元帅的士兵不是好士兵”的翻版，也有“王侯将相宁有种乎”的余绪，但将其简单地套用到学术语境中，似乎还是欠缺了一些从容淡定的治学气象，恐难算是世界级的大学者。对于中国现代学术之发展而言，其早期之筚路蓝缕自有不得不然的局限与苦衷，不宜过于苛求，不过钱穆提及梁启超、王国维这两位原生代学者代表人物的学术路径倒确是可示来者以轨辙。钱穆治学，相对近于梁启超，固然是“在淆乱粗糙之中，自有一种元气淋漓之象”，但终究难免“恒驳而不纯”之瑕疵[②]；而王国维之“以小见

① 陈平原先生认为：“我个人更倾向于在从事学术研究的同时，保持一种人间情怀。”主要的考虑是：“作为专门学者，对现实政治斗争采取关注而非直接介入的态度。并非过分爱惜自己的羽毛，而是承认政治运作的复杂性。说白了，不是去当‘国师’，不是‘不出如苍生何’，不是因为真有治国方略才议政；而只是‘有情’‘不忍’，基于道德良心不能不开口。”陈平原：《学者的人间情怀——跨世纪的文化选择》，北京：生活·读书·新知三联书店，2007年，第23页。

② 梁启超：《清代学术概论》，朱维铮导读，上海：上海古籍出版社，2019年，第3页。

大”，则不仅是能“独上高楼，望尽天涯路”，而且可以达致“千百度寻，蓦然可即之”的效果，正符学术寻道之根本，也开启陈寅恪后来的学术轨辙和榜样模塑，使后者能以其知识话语与文化生命为现代中国确立典范，此陈氏以一留学世界的现代学人而在王氏身后三跪九叩于灵前，再三表彰其精神价值的原因所在也。陈寅恪一再致意：“先生之著述或有时而不章，先生之学说或有时而可商。唯此独立之精神，自由之思想，历千万祀，与天壤而同久，共三光而永光。”[①]论学者事迹而相对淡化其著述学说，凸显其人格思想，此非常理可度之，乃必须在更为宏大的势境中方可理解与阐释之。应该说，王、陈二氏相交虽短，但心灵高度契合，而且在现代中国前期知识体系大转型的关键时刻，触摸到了现代学术的灵魂所系，同时也自然具备了为尚在襁褓之中的中国现代学术“赋神”的意义。

若以此为参照，钱穆“领导社会”“移风易俗”的说法，即便不算“非分之想”，也属于“越位之思”，至少绝非学者的本职工作；至于“大师情结”之类更是远离现代学术的基本要义。当然钱穆之言亦非毫无道理，远大志向是不错的，拓展学域也是必要的，但更应该将其与学者天职联系在一起考量。作为学者的大志就应当是促进学术的循序发展、推动知识的前沿探索，最多再加一条，提高文明的道德风尚。

当然，如何在大小之间做文章，恰当地处理好彼此之间的张力，

①《清华大学王观堂先生纪念碑铭》，载陈寅恪：《陈寅恪集·金明馆丛稿二编》，北京：生活·读书·新知三联书店，2001年，第246页。

其实需要适当引入中观维度，即侨易学所谓的“度”的层面，即彼此建桥，使得“大—小”之间有合适的连接点，可以视为中介，也可看作是第三维。郑永年（1962— ）说：

> 中国的知识体系还没有经历过我称之为“宏大的论述”阶段。西方的知识体系自16世纪之后开始得到发展，在18世纪、19世纪得到长足的进步，到20世纪初基本完成。这个知识体系是建立在一系列“宏大的论述”基础之上的，诸如马克思、韦伯、杜尔凯姆、亚当·斯密等等。这些“宏大的论述”者是那个时代的产物。今天，社会科学，尤其是美国，已经转移到微观研究。欧洲还继续有“宏大的论述”的传统，当代优秀的社会科学理论仍然出自欧洲社会科学家，但美国的研究主要转向了微观。微观研究是美国人的优势。不过，这里我们要看到欧洲和美国的分工和合作。美国和欧洲同属一个文化传统。当代美国社会科学本来就是欧洲移民建立的，他们没有任何困难把欧洲的知识体系移到美国。如果用学术化一些的语言来说，欧洲人建立假设，美国人来检验。这种分工和合作，一直相当有效。[①]

这里的“宏大的叙述”也可称之“宏大叙事”（Grand Narrative），这确实是学术史的事实，即我们虽然也有梁启超、钱穆这样的学者的努力工作，但仍旧只能说是“小荷才露尖尖角”而已，那种具有全球

---

① 郑永年：《中国的知识重建》，北京：东方出版社，2018年，第184-185页。

史气象的宏大叙述确实还很少见，具有独立学术品格的经典文本能在世界学术范围内得到认可的更少了。可以稍作列举者，譬如黑格尔的《历史哲学》（原题为《世界历史哲学》）、马克思的《资本论》、汤因比的《历史研究》、布罗代尔《15至18世纪的物质文明、经济和资本主义》、斯塔夫里阿诺斯的《全球通史》、沃勒斯坦的《现代世界体系》、拉赫的《欧洲形成中的亚洲》、韦勒克的《近代文学批评史》、奥斯特哈默的《世界的演变——19世纪史》等，都是具有这样意义的“大书”，相比之下，中国现代学术历史方百余年，并驾齐驱之作难寻也在意中。钱锺书的《管锥编》精则精矣，可主要仍是从具体层面发微见著，虽不必强分高下，但就宏大叙事这个标准而言显然是不太符合的。梁启超的《中国近三百年学术史》、钱穆的《国史大纲》当然也算是名作，却终究缺乏西方学人的那种一览无余的气魄和纵横驰骋的气象。

二、拓展空间之形成：如何通向侨易群体与侨易共同体？

进行侨易个体的研究，尤其是将其作为个案进行深度研究，当然还是有着更高一些的学术目的，比较直接的就是侨易群体的“诱惑”。诚如钱穆所言，对于任何一个研究者来说，孤守一隅肯定是不够的，应当也必须要拓展边界，所以立志远大是需要的。但毕竟不得不承认的受限事实则是，“吾生也有涯，而知也无涯”，人的生命史不可能与浩如烟海的知识域相比，所以如何找到一条值得依循的可行路径，事半功倍，就是一个极有挑战性的问题，选择与决策考验一个学者的识力、学养与智慧。我们一方面要有更为阔大的文化定位，即在学术史与知识史的大框架下来认知和界定自己的身前生后，同时又需要努力把握好个体生命史的张力，在有限的学术生命中来捕捉到那些最为关键性的“枢纽问题”，但又应该是循序渐进、体任自然、尊重学术规律、坚守学术伦理的。

我比较倾向于采取的是渐进策略，即在某一个个体的研究基础上，进行相互关联性的多个个体研究，可以是分开进行，也可以是联系式，譬如由点及线，连接出若干有关联的“关系型个案”，再逐步推进，形成网状结构，此时的点线必然不可能完全，这是正常的，也就要求研究者必须具备勘透“个体载像”的意义，并努力“由象见道”，面面俱到或求全责备都是不可能的事情。此类研究已经不能说是完全的单个个体了，而是具有关联的两个个体或多个个体研究，背后指向的当然是对群体的关注，由这样的路径而展开的群体研究，似乎可以更加稳健和扎实一些。

汉语与西方语言一个很大的区别是在“单数”“复数”问题上，汉语中是没有复数形式的，相较于英语中的“s”，汉语的复数表达完全是“随风潜入夜”，倒也别有一种“润物细无声”的文化表征风味。但我想补充一个概念，即“双数”，这不是一般的数学概念的奇偶数别称的单双数之概念，而是具有特别的人文学意义，特指的是“二”的概念。具体言之，即是与主体构成对极的客体，“我—你”的关系。[①]就侨易个体来说，没有什么疑义，这就是单数的概念；那么对于双数来说，就是需要引入比较的概念，两个侨易个体放置在一起，就有一种天然的互置关系，可以是没有事实直接关联的，譬如卡夫卡与卡内蒂的那篇文章；也可以是有直接关系的，譬如李可染与关良旅德的考察。这种“侨易双数”的考察，需要一种学术敏感度，即去捕捉到那种彼此生发的可能性，但不仅是在一般的比较文学所谓的“平行”或“影响”维度，主要还是一种侨易个体间的“相关性”（la corrélation）概念[②]，在这里我们可以看到东西方思维之间不仅有各自成体的面相，而且具备互补的空间。一个可举的例子就是葛瑞汉（Graham，Angus Charles，1919—1991）虽提出“阴一阳”与“相关性思维的本质”问题，但其凸显的仍是西方本身的思想线索。[③]

还有就是“侨易复数”了，譬如那篇以严复、辜鸿铭、王国维、陈寅恪的侨易背景为中心而分析知识的范式转型及其制度依托的文

① 按照布伯的理论：“没有孑然独存的我，仅有原初词‘我—你’中之‘我’以及原初词‘我—它’中之‘我’。”〔德〕马丁·布伯（Buber, Martin）：《我与你》（Ich und Du），陈维纲译，北京：生活·读书·新知三联书店，1986年，第18页。一种论述，可参见Gordon, Hayim: *The Heidegger-Buber controversy: the status of the I - Thou.* London: Greenwood Press, 2001.

② 参见杨慧林：《序言：“侨—易”与 *la corrélation* 之间的相反与相成——叶隽〈构序与取象：侨易学的方法〉读后》，载叶隽：《构序与取象：侨易学的方法》，杭州：浙江教育出版社，2021年。

③ 譬如他开篇就说：“处于希腊哲学开端的宇宙论思辨，仅是在古典时代末期才进入中国思想的主流。”英文为：“Cosmological speculation, which is at the beginnings of Greek philosophy, entered the main current of Chinese thought only at the very end of the classical period.” Graham, A. C.: *Yin - Yang and the Nature of Correlative Thinking.* Singapore: Institute of East Asian Philosophies, 1986. p.1.

章，我确实是有意多选择了几个个体，也是我相对比较熟悉的。他们之间当然有直接关系，有些还颇密切，譬如陈寅恪对王国维的学术与精神认同，以及由此衍生出的中国现代学术伦理的范式问题。但主要还是想考察这些个体载像联通后的历史画卷，即具有延续性的传统与知识、学术、制度等的关系，但限于篇幅，此处也只能是浅尝辄止。这其中“三”与“多”仍有所区别，因为一般而言，数而到三，就有些“三生万物”的味道了。尽管如此，我仍想区分一下具体的“三”与超过三的“多”的意义，即在“三型为范”的概念中，“三”或可被视为一种节点性的数字枢纽。

更具难度和挑战性的，当然还是侨易共同体研究，最初时之提出更多是出于一种直觉性的敏感，对其阐释与研究都显得不够。而且因其涉及面甚广，操作难度亦大，所以始终不能上手。在经过长期思考和推敲之后，我以为这很可能是相当重要的关键性问题，不仅关乎侨易学的自身构建，也是人类文明发展过程中不可回避、举足轻重的核心命题。吴展良教授曾向我追问的中国文化如何立体问题[①]，当然就是属于侨易共同体的上佳命题，虽然作为中国人我们对中国文化的关注和自豪是题中必有之义，但诚如陈寅恪所论：

① 吴展良教授的表述是：“个人以为，中华文明近代最大的问题便是‘侨’而不能立体，所以有此一问。在三千年未有之巨变中勉强立体固然不可，然而始终难以立体，似更让人心忧。如何在侨易中立体，甚盼吾兄于他日发明之。（按：此问题与华人老侨与新侨的两种极端走向甚为相关，前者不易，后者无体，只能随他。）”吴展良2017年2月9日致叶隽电子邮件。

每闻人言：中国文化最高，或谓汉族文化最高。汉族文化自为一极高之文化，然遂谓其为世界上最高之文化，则殊不当。如读藏文之《正续藏》，则可知藏族学问甚高。又如在中古时，阿拉伯人有极高之文化。不能因为自己无知遂谓某民族文化甚低，或文化不足道。[①]

这段话真是不但风骨独立，而且醍醐灌顶，我们不能因为自己身在其中就夸大其词，甚至无端自负，这不仅是一种知学知止的学者谦逊，而且若逾矩必然会犯类似黑格尔的错误，后者将本民族视作"历史的终结"，那段关于日耳曼人天降使命的叙述很让人激动[②]，我想作为异族人士尚且如此，更何况本国族人的感受，热血沸腾、精神灼热、思想发昏都是可能的，这也才有日后德国人在启蒙之路上的"狂奔"，甚至导致作为理性极端现象的希特勒的出现，这固然是有其特殊的时代与历史语境，但其中的传统规训因素同样不容小觑，说到底是德意志思想的产物，诚如卢卡奇所深刻指出的，"一些特殊的条件使德国成为非常适合于非理性主义的土壤"，"非理性主义不仅反对资产阶级的进步概念，而且反对社会主义的进步概念"[③]。所以，黑格

① 卞僧慧：《陈寅恪先生年谱长编（初稿）》，北京：中华书局，2010年，第172页。

② 黑格尔将世界历史划分为四个阶段：东方世界—希腊世界—罗马世界—日耳曼世界。他强调："'精神的光明'从亚细亚洲升起，所以'世界历史'也就从亚细亚洲开始。"黑格尔的这种对世界历史的把握，主观色彩过于浓厚，即最终将使命归结到本民族身上来，有过于浓烈的民族—国家色彩。〔德〕黑格尔：《历史哲学》，王造时译，上海：上海书店出版社，1999年，第106页。

③〔匈〕卢卡奇：《理性的毁灭》，王玖兴等译，济南：山东人民出版社，1997年，第13页。

尔之言虽美（对日耳曼民族而言），但不符合基本规律，终究不过是“水中花镜中月”而已。卢卡奇更将法西斯独裁的思想根源追溯到黑格尔处[1]。滕尼斯（Tönnies，Ferdinand，1855—1936）区分“共同体”“社会”的概念，认为：“共同体是古老的；相反，无论作为事物还是名称，社会却是新的。”[2]古往今来，无论东西，文明史是可以共享的，共同体是恒常渐变的，我们需要有对新知的认识，更要有对侨易共同体的深入探究。

林盼特别强调要“走出‘精英主义’的个体研究范式”，他指出：“叶隽先生从来都没有提过，侨易学理论仅适用于个体，而不能解释群体现象；他也没有说明，侨易学仅能对精英行动进行分析，而不能介入普罗大众的讨论过程。笔者担心的是，目前利用侨易学理论所进行的实证分析，似乎都是沿着‘精英主义’的个体研究路径，即局限在教育程度、文化水平相对较高的个人（如上文提到的对伦道夫·斯托、哈尼福夫·库雷西、徐志摩、费正清等人的相关研究）。出现这种状况的原因，一方面是历史上遗存下来可供讨论的文本，主要是由精英人物留下的，即使想从自下而上的角度进行分析，资料不足的障碍是必然会遇到的。另一方面，或许也可以称得上是‘路径依赖’，即侨易学的首倡者叶隽先生，在其系统提出相关理论的著作

① 参见〔匈〕卢卡奇：《理性的毁灭》，王玖兴等译，济南：山东人民出版社，1997年。当然这是有争议的，譬如梅内克就主张“德国浩劫偶因说”，参考〔德〕梅尼克：《德国的浩劫》，何兆武译，北京：生活·读书·新知三联书店，2002年。

② 〔德〕斐迪南·滕尼斯：《共同体与社会》，张巍卓译，北京：商务印书馆，2019年，第70页。

《变创与渐常：侨易学的观念》中，主要进行的案例分析即是从精英的个体层次出发（如对魏时珍、王光祈、郭沫若、宗白华等文化名家的讨论），无形中给予使用者强烈的暗示。”[①]我认为他这个观察确实是敏锐的，虽然我意识到就理论的分层而言是应当包含群体、共同体等问题的，但具体操作起来难度还是比较大，即便是在留德学人群体研究中，我选择的仍是重个案的路径，这虽然不意味着不重视群体，可就具体成果的呈现来说很难称得上是典型的群体研究，甚至是共同体研究。

他认同乔国强教授的观点，即侨易学不应局限于个体，而应拓展到群体研究。乔氏的原话是：

> 从叶隽所提出的侨易学的理论分析模型（即“观侨阐理、取象说易、异察变寻”）来看，“侨易学”主要关注的是个体的而非群体的“侨易”，或至少在他看来，“群体性的侨易学分析，不太容易做到”。我以为，假如一个理论主要针对的是个体，那么这个理论的有用性是有限的，或至少其广延性是狭小的。好在实际情况并非如此。从19世纪20年代至20世纪20年代这一百年间见证的三次犹太移民浪潮来看，叶隽提出的分析模型并非只能用于分析个体，也完全可以用于分析群体。假如我们运用侨易学的分析模型来研究美国犹太移民这个群体，会清楚地析出他们带有取向性的“侨”和由此而产生质变

① 林盼：《提高理论解释力的两条路径——侨易学的发展方向》，载《江苏师范大学学报》（哲学社会科学版），2016年第6期，第21页。

的“易”。[①]

我需要稍作解释的是，所谓不易做到，乃是指具体研究层面的难度较大，而非在理论上不可行，实际上我自己现在所取的主要研究路径，就已经是在逐步逼近群体性研究，不过在操作策略上仍更希望可以掌控，由个体及群体，观个体见群体，以及兼顾背后的共同体背景和观照。不过对于群体则也宜做出细分，即小群体、中群体、大群体，背后则指向的更是共同体意识了。

勒庞（Le Bon，Gustave，1841—1931）认为：个体转变为组织化群体的过程中伴随着的是自觉个性的消失，以及感性和思想的转向；群体中感情和行为的传染性足以使个体违背本能和天性去牺牲自身的一切利益；孤立的个体到了群体中，智力就严重降低；而个人至于群体，不过沧海一粟，且即使对历史而言，个人的命运亦微不足道。[②]这里揭示的个体与群体的关系确实是特别值得重视，因为“个—群”的关系显然并非简单的融入与叠加，而是存在很多复杂的交互作用、错综复杂、多维合力的过程。譬如莱克维茨（Reckwitz，Andreas，1970—　）就认为：“在如今的社会，不论往哪个方向看，人们想要的都不再是普通，而是独特。不再把希望寄托给规范化和常规的东

① 乔国强：《对“侨易学”研究的一些看法》，载《中华读书报》2015年2月11日第10版。

② 〔法〕勒庞：《乌合之众》，冯克利译，北京：中央编译出版社，2000年，第16、20、23、22、98页。

西，如今的机构和个人，其兴趣和努力方向都只是追求独一无二，追求独异于人。”[1]这种所谓的“独异性”（das Singuläre，直译为“单数”），其实凸显的就是每个个体的特征面相；所以，这种由个体融入群体而发生的“异则精神质变现象”尤其需要细致研究，因为这种物质位移并非我们通常意义上的简单地理位移，而是移入群体发生的现象，其指向的是相对抽象的文化单元移易现象。如此则侨入语境变成了一种由其他个体构成的文化象征性的集合式的场域，如何来界定和考量这样的新概念？这恐怕确实需要思考。勒庞还指出：

从平常的含义上说，“群体”一词是指聚集在一起的个人，无论他们属于什么民族、职业或性别，也不管是什么事情让他们走到了一起。但是从心理学的角度看，“群体”一词却有着完全不同的重要含义。在某些既定的条件下，并且只有在这些条件下，一群人会表现出一些新的特点，它非常不同于组成这一群体的个人所具有的特点。聚集成群的人，他们的感情和思想全部转到同一个方向，他们自觉的个性消失了，形成了一种集体心理。它无疑是暂时的，然而它确实表现出了一些非常明确的特点。这些聚集成群的人进入一种状态，因为没

① 〔德〕安德雷亚斯·莱克维茨：《独异性社会：现代的结构转型》，巩婕译，北京：社会科学文献出版社，2019年，第1页。德文为：“Wohin wir auch schauen in der Gesellschaft der Gegenwart: Was immer mehr erwartet wird, ist nicht das *Allgemeine, sondern das Besondere*. Nicht an das Standardisierte und Regulierte heften sich die Hoffnungen, das Interesse und die Anstrengungen von Institutionen und Individuen, sondern an das Einzigartige, das Singuläre.” Reckwitz, Andreas: *Die Gesellschaft der Singularitäten: Zum Strukturwandel der Moderne*. Berlin: Suhrkamp, 2017. S.7.

有更好的说法，我姑且把它称为一个组织化的群体，或换个也许更为可取的说法，一个心理群体。它形成了一种独特的存在，受群体精神统一律的支配。[①]

但即便是组织化群体也非简单划一的单向度模式，而存在各种不同的类型，有必要进行仔细区分乃至进行分类工作，这恐怕也并非简单地进行度量衡即可，而是需要配套的大量的有代表性案例的研究实践进行互证。

林盼的这个思路我是同意的，也不仅是简单从侨易学角度出发，而是自己在研究中逐渐得出的一些结论，即"在使用侨易学理论解决实际问题时，应当从精英主义的个体叙事中走出，转向更具平民色彩的群体研究之中"[②]。当然关键的问题仍是该如何去做，这对于每个严肃的研究者都会是一个相当严峻的挑战，因为如何恰如其分地发现和选择合适的研究对象，既是一个捷径与否的问题，也有很大程度的机缘巧合因素在，即是否能遇到或者开掘出这种平民群体材料。一般而言，一个很大的瓶颈就是平民留下的材料相对稀少且不完整，如何在这些断简残篇上做出文章，仍有待尝试。再进一步说，即便是我们意识到了个案在理论上的重要性，怎样才能使其各就其位、相互配

① ［法］勒庞：《乌合之众》，冯克利译，北京：中央编译出版社，2000年，第15-16页。

② 林盼：《提高理论解释力的两条路径——侨易学的发展方向》，载《江苏师范大学学报》（哲学社会科学版），2016年第6期，第21页。

合，并与自己的学术发展轨迹联袂起舞，效果最佳，仍是摆在每个学者面前不易跨越的门槛。所谓“巧妇难为无米之炊”，讲的就是这个道理。从这个意义上来说，我以为我们一方面需要将视域拓宽，譬如尽可能去发掘新材料、新领域，也要善于运用“以旧眼观新书”与“以新眼观旧书”的不同眼光和技巧；另一方面恐怕仍需借助大格局的整体性思维，在更为宏阔的视域中呈现出一种哲思的气象和理念，就像下面要谈论的“侨易构序”的思路与“混沌之眼”的眼光。

三、侨易构序与混沌之眼

关于伍尔夫（Woolf，Virginia，1882—1941）“中国眼睛”（Chinese Eye）的说法，其实借来略作参照也是有益的。这种“中国眼睛”的符号性提炼自然也让人想起了卫礼贤的“中国心灵”（die Seele Chinas）之表述，虽然貌似相近，都以中国为镜鉴，但其本质却并不相同。“中国眼睛”当然主要是一个譬喻，但它所象征的那种求之于外的路径确实值得思考；而“中国心灵”则不然，它具有更多的本之于内、内外疏通、浑然一体的自然感，也更多接上了德国文化传统里的“心灵”概念，譬如谢林的“世界心灵”（die Weltseele）。

譬如劳伦斯（Laurence，Patricia，1942—　）就借助小说《到灯塔去》（*To the Lighthouse*，1927）中的丽莉·布里斯科（Lily Briscoe）之“中国眼睛”，以考察20世纪20至30年代英中两国的文化交往，即布鲁姆斯伯里文化圈（the Bloomsbury Group）与新月派的关系，认为这种“中国眼睛”不仅隐喻了英国艺术家对中国审美观的包容，而且暗示了欧洲精英对自身文化与审美标准普适性的质疑。[①]这个思路是饶有意味的，即在一种双边联通的视域中来借镜自观，指向的还是以异者来识得自家面相的目的，多少有些“欲识庐山真面目，借得异眼出此山”的味道。当然，我们要承认的是，即便是卫礼贤的“中国心灵”，依靠的仍是他对乡土中国的无间融入，凸显的是他对中国精神的深度体会，强调的是他对文化中国的魂牵梦萦。

我曾特别提到过“混沌构序”的概念，即混沌之序的构序并非简单的纸上谈兵式的营造，在相对小密度的空间里，秩序是自然存在的，但在一个广阔领域里，无序则为常态。可这种无序或许只是表面上的驳杂混乱，但内在则是有其基本秩序存在的，在纷繁复杂的万物之后有“大象”存焉。[②]但“混沌”毕竟只是万物呈现之象，若想真正逼近大本大源之道，则必须寻到可以着手的基本规律和方式，此处想略作延伸的是“侨易构序”与“混沌之眼”。在我看来，若想近道与构序，则恐怕很难完全脱离侨易之路，所以“侨易构序”或许是可以思考的一个有效抓手，即通过无间无息与不断移动的流力因素来理解千变万化的世间百态，在变动不居中把握有常而存的基本规律，体

---

① Laurence, Patricia: *Lily Briscoe's Chinese Eyes: Bloomsbury, Modernism and China*. Columbia: University of South Carolina Press, 2003. p.188. 关于英国的“中国眼睛”概念，参考 Chang, Elizabeth: *Britain's Chinese Eye: Literature, Empire, and Aesthetics in Nineteenth-Century Britain*. Stanford: Stanford University Press, 2010.

② 叶隽：《构序与取象：侨易学的方法》，杭州：浙江教育出版社，2021 年，第 140 页。

会自然构序的大道所在。而所谓的“混沌之眼”自然同时受到“混沌构序”与“中国眼睛”概念的启发，即在这样纷繁复杂的人世俗尘中需要有洞察穿透表象的清明澄澈之眼光，混沌固然是必然呈现的外象，但还需要有能由象见道的中介，这就是“混沌之眼”的意义。其实在研究的过程中，我们会非常明显地感觉到，器物、制度、文化这三个层面其实很难截然分开，尤其是我们在说观念侨易、知识侨易、文化侨易的时候，很多时候必然会延伸到具体的器物、经济、社会、生活，也很难避免受到具体的政治、法律、军事等制度的作用力，即进一步逼向制度语境的问题，甚至是制度侨易、器物侨易等不同层面的相互关联，这是一个复杂的侨易系统，这也是侨易学在不自觉中逐步走向一个理论“刺猬”（虽然我们始终保持警觉，且绝不放弃狐狸的路径）过程的客观现实要求。而像“交叉系统”“立体结构”“断链点续”“网链筑系”等具体概念就显得很是必要，因为我们必然是在概念的不断创制中来实现自己的理论提升，正如取象、构序、度势等就形成了一个相对中层的理论阐释概念，而变创、渐常、寻道等则构成了更为根本的元概念群。

赵汀阳（1961—　）提出过“平常心，异常思”的观点，颇值注意。“平常心”即指“哲学所思考的问题都必须是与实际生活有关的问题，哲学家以平常的心去对待我们在思想中提出的各种问题；思想的可能性无穷多，我们就可能会想到一些非常离奇的问题，真正的哲学对那些不切实际的问题不感兴趣；哲学虽然深刻，但并不荒谬。有些荒谬的问题好像很深刻，但如果完全脱离实际生活，就只是一种无用无聊的深刻”[①]。这当然是有道理的，但也未必如此绝对，有时候哲学是需要发出天问的，所谓“遂古之初，谁传道之？上下未形，何由考之？”（屈原《天问》）这正是哲人存在的意义和价值，或许也正是由此与学院化的哲学研究者（或哲学家）拉开了距离。“异常思”则指“哲学所思考的虽然是一些很平常很普通的问题，但是，思考角度和方式却超凡脱俗、异乎寻常，这正是哲学思想方法的价值所在。哲学的方法使我们能够获得超出知识水平的理解方式，而正是这些充满智慧的理解方式始终在不知不觉地改变着、塑造着人类的整个思想风格和结构”[②]。而“异常思”的主要特征是“逆反性”，具体言之，“哲学的逆反性指的是以某种一般不允许的角度和方式去思想，它有着破旧立新的意义”[③]。

若是借用这种思路，则或也可说是“平常眼睛，异常心灵”，使得洞察外在之象的眼睛与感知内在之道的心灵能有一种相对融通的架桥过程，此处即用伍尔夫之“中国眼睛”，借卫礼贤之“中国心灵”，两者相交，则可内外沟通。这里又是一种别有洞天的异质交域之形成，英国女作家的敏感与德国男教士的眼光借助“中国”这个他者有了重叠，虽然有“驰骋想象”和“亲历实地”的区别，但对于文化中国的精神接近则别无二致，而这种仿佛是虚拟的精神交域又正可相互补充，让我们感受到一种叠加而上、层层形变、混沌近道的可能。伍

① 赵汀阳：《思想之剑》，黄穗中插图，广州：广东教育出版社，1996年，第10页。
② 赵汀阳：《思想之剑》，黄穗中插图，广州：广东教育出版社，1996年，第10页。
③ 赵汀阳：《思想之剑》，黄穗中插图，广州：广东教育出版社，1996年，第12页。

尔夫之所以能凭借自身并不算专长的中国而赢得“中国眼睛”雅号，确有其独特的感知力，正如有论者称：“伍尔夫的‘中国眼睛’是直觉感知的，它的基点是大量阅读东方和中国故事；又是创造性重构的，它的源泉是创作主体的生命体验和审美想象。借助这双‘中国眼睛’，伍尔夫不仅深切领悟了中国诗学的意蕴，而且拓展了人类生命故事的内涵和外延。”[①]卫礼贤的意义就更不必多提，正如黑塞对他的高度评价：

卫礼贤是一位先驱、是一位榜样，他是一位和谐的人物，融合东西方、融合沉思与行动。在中国生活工作的几十年里，他深入接触、研究古老中国的智慧思想，与中国的学者精英有友好亲密的交往，在整个人深入到中国氛围中时，他并未忘却或失落他的基督信仰，也未失去他带着施瓦本烙印的德国风格，没有失去或忘却耶稣、柏拉图、歌德，也没有忘却或失去他西方健康而力量充沛的对作为和培育的兴趣，他对欧洲的问题从不回避，对当下生活的召唤一定服从，思想上或审美上他都不囿于寂静无为主义，他一步步在促进着两种伟大的理想的融合，在自己身上融合了中国与欧洲、阴与阳、思考与行动、沉思与效用。因此产生了他美好、温婉的教育笔调，比如《易经》中的

① 高奋：《弗吉尼亚·伍尔夫的“中国眼睛”》，载《广东社会科学》，2016年第1期，第171页。

语言，我们从中听出了歌德与孔夫子的声音。[①]

卫礼贤不仅触摸到了深藏在乱象之后的“中国心灵”，而且努力使得“中德心灵”在跨越千山万水、重重阻隔后进行精神的密晤，这是一种触碰与建构“世界心灵”的尝试！此时，他早已不再仅是一个为人的个体，而具有了文化载体，甚至是大道托体的角色意味！或许这才正是一个伟大的侨易个体所具有的意义和价值，他已经化身为世界心灵的某种可能载体，在进行着最重要也最艰巨的“文化巴别塔”的归一工作！

① 《一位沟通中国与欧洲的使者》，载〔德〕黑塞：《黑塞之中国》（China：Weisheit des Ostens），〔德〕孚克·米谢尔斯（Volker, Michels）编选，谢莹莹译，北京：人民文学出版社，2011年，第157-158页。德文为：“Er war ein Vorläufer und ein Vorbild, ein Mensch der Harmonie, der Synthese zwischen Ost und West, zwischen Sammlung und Aktivität. Er hat in China, hat im jahrelangen intimen Umgang mit altchinesischer Weisheit und im persönlich- freundschaftlichen Austausch mit der Elite chinesischer Gelehrsamkeit weder sein Christentum noch sein schwäbisch- thüringisch geprägtes Deutschtum, hat weder Jesus noch Plato noch Goethe verloren und vergessen, noch seine gesunde, kraftvolle, abendländische Lust an Wirken und Bilden, er ist keinem Anruf des aktuellen Lebens entzogen, ist weder einem denkerischen noch einem ästhetischen Quietismus erlegen, sondern hat, Stufe um Stufe, die Befreundung und Verschmelzung der beiden großen alten Ideale in sich vollzogen, hat China und Europa, Yang und Yin, Denken und Tun, Wirksamkeit und Beschaulichkeit in sich zur Versöhnung gebracht. Daher der Tonfall seiner schönen, sanft belehrenden Sprache, etwa im I Ging, aus dem man Goethe und Kung Fu Tse zugleich heraushört, daher der Zauber, den er auf so viele Menschen hohen Ranges in West und Ost geübt hat, daher das so weise wie freundliche, so wache wie schelmische Lächeln seines Gesichtes. “Ein Mittler zwischen China und Europa”, in Hsia, Adrian: *Hermann Hesse und China-Darstellung, Materialien und Interpretation*（黑塞与中国——介绍、资料与评论）. Frankfurt am Main: Suhrkamp Verlag, 1974. S.322-323.

爱默生说过："如果心灵作好了学习的准备，那它就不需要去搜寻外物。智慧的永恒标志就是从平常中看到神奇。"[①]可以稍作引申，世界心灵或许从来就是存在的，只不过不知是以何种方式呈现于世间，就生灵万物而言，必须以某种方式来感知到这种"世界心灵"，无论其是体现为上帝、佛陀、先知或其他，抑或逻格斯、秘索思、梵、道或其他，但最高存在之"大道"（姑且如此名之），则一也。世界心灵未必就是某种具体的实物，也未必通过宗教的福音来呈现，譬如基督教的赎罪券或教士的中介，其实它可以类似佛教的观念，即人人皆可成佛，或如儒家所言人皆可为圣贤，也就是人皆可尝试触及世界心灵，当然是否能达致，则取决于每个个体希贤向佛的程度和努力。个体心灵与世界心灵的过渡与融合，绝非一蹴而就，而是需要某种触媒的，也就是我们讲的第三维因素，这是什么？或许就近于此处所提及的"智慧"及其符号——"常中见奇"，或者更进一步归纳之，"由常见奇"。这又是和知识，即与"学"密切相关，如何才能掌握智慧，如何才能洞察机运，所谓"仰观天象，俯察地理"，无非就是度势而已。这首诗是颇有意味的："本是后山人，偶做前堂客；醉舞经阁半卷书，坐井说天阔。大志戏功名，海斗量福祸。论到囊中羞涩时，怒指乾坤错。"[②]（《自嘲》）这里是作家借助一个商人之口来表达心胸见地，但其面对人世间的无奈和困顿，虽豪情壮语，但却是

① 《论自然》，载〔美〕R.W.爱默生：《自然沉思录》，博凡译，上海：上海社会科学院出版社，1993年，第63页。

② 豆豆：《遥远的救世主》，北京：作家出版社，2005年，第86页。

不谙天道的戏说而已，入世者仿佛有出世人的潇洒，但却又终究不甘心为世俗裹挟，而不得不堕入滚滚红尘，注定其悲剧结局。所以说起来还是大学者有胸襟眼光和超越之思，譬如爱默生就这样理解自然境界和精神世界：

自然不是固定不动而是流动不居的。精神改变着它，浇铸着它，制造着它。自然的板滞和粗糙只表示观看它的人的精神的匮乏。对纯洁的精神来说，它是流变的，飘忽而顺从的。每一个精神都为自己建起一座房子，房子之外建起一个世界，世界之外建起一个天国。那时你才知道世界是为你而存在的，因为你是一个完美的现象。我们是什么，我们就只能看见什么。亚当所拥有的一切，恺撒所能干的一切，你都有，你都能干。亚当称他的房子是天空与大地，恺撒称他的房子是罗马。你可能称你的房子是一个皮鞋铺子，一百亩犁过的地，或一个穷书生住的阁楼。然而，一点一点地扩展，你的地盘与他们的一样广阔，虽然这地盘没有好听的名字。因此，你要建起你自己的世界。一旦你让自己的生命与你心中纯粹的理念相一致，你的暂时狭小的世界就将迅速地扩展为与亚当与恺撒的世界一样大的世界。一旦精神遍泽世界，世界万物也将发动一场相应的革命来回报精神的恩泽……自然中的肮脏与污秽都将被太阳晒干，随风而逝。就像当夏天自南方来到时，雪丘就纷纷融化，大地又像从前一样着上翠绿的衣装。不断向前的精神将沿途留下种种装饰，带走一路上遇到的美，一路上听到的颂歌。它将把美丽的面容、温暖的心、智慧的语言，英雄的行动撒遍人间，邪恶也就无处藏身。人建立在自然之上的王国，一人是不可以仅凭双眼就能拥有它的——人现在拥有的对于自然的主权，已远远超出了他的上帝之梦——他走进其中，没有太多的惊异，一个失明的人在渐渐恢复完好的视觉时所体验到的惊奇要比他多得多。[①]

我想爱默生看到与感知到的，绝不仅仅是自然表象的一草一木，社会表象的一物一屋。我以为爱默生所呈现的，不妨可理解为一种“混沌之眼”，他所观察到的，不仅有大千世界的芸芸众生，还有自然宇间的万物生灵；他所领悟到的，不仅有亚当的失乐园、凯撒的帝王业，更有精神介入的建构之力，及其所深蕴的大美不言，背后深藏的则是“侨易构序”的大道常在。爱默生这样说道：

每一件艺术作品都把一束光投射到人类的神秘之上。一件艺术作品是世界的一种抽象或一种缩影。它是自然的结果，也是自然的表情，只不过它是以一种具体而微的形式而存在的。虽然自然本身的作品是难以尽数、千姿百态的，但作为自然的结果和表情的艺术作品却是相似的，单一的。自然是在本质上相通甚至相同的种种形式汇成的一个海洋。一片叶子，一线阳光，一片风景，一个海洋在心灵上留下的印痕都是相似的。这些印痕共同具备的那种东西——完满与和谐

① 《论自然》，载〔美〕爱默生：《自然沉思录》，博凡译，上海：上海社会科学院出版社，1993年，第64-65页。

——就是美。[①]

在这里，爱默生将艺术品视为一种在人类与自然之间的中介，甚至也不妨看作是“观侨取象”的呈现方式，而其认知的终极目标则是高端的，即指向对“美”的追求，对“心灵”（灵魂）的理解，对“完满”与“和谐”的达致！

在他看来：“心灵是多么平静、和蔼、一个接一个地了解着物理的规律！当他进入创造的境界的时候，一种多么高贵的情感使本有一死的渺小的人变得异常高大。他凭借他的知识体验到他对于‘存在’的特权。他的洞察力使他的人格变得格外高尚。自然的美在他自己的胸中闪耀。人比世界更伟大，因为他能窥见其奥，相比之下，宇宙显得渺小，因为一旦人知道了它的规律，‘时间’和‘空间’的关系就将悄然消逝。”[②]但与此同时，作为人类，即便是最伟大的知识探索者，也要意识到，“我们又被我们所探索的无边的宇宙所慑服”[③]。这或许是康德为什么要说：“有两种东西，我对它们的思考越是深沉和持久，它们在我心灵中唤起的惊奇和敬畏就会日新月异，不断增长，

① 《论自然》，载〔美〕爱默生：《自然沉思录》，博凡译，上海：上海社会科学院出版社，1993年，第18页。

② 《论自然》，载〔美〕爱默生：《自然沉思录》，博凡译，上海：上海社会科学院出版社，1993年，第31页。

③ 《论自然》，载〔美〕爱默生：《自然沉思录》，博凡译，上海：上海社会科学院出版社，1993年，第31页。

这就是我头上的星空和心中的道德定律。”[①]

爱默生的思想里其实不乏康德的影子，譬如他说：“感性的事物顺应着理性先定的法则，映现着人类的良心。所有的事物都是道德的，在其无穷的变化中，他们与精神的自然有着一种永不断绝的关联。因此自然的形态、颜色和运动都带上了一种耀眼的光彩。”[②]在这里，感性—理性似乎有一种内在的逻辑关联，此种居于调节地位的当是“知性”。在康德的哲学系统中，感性（Sinnlichkeit）、理性（Vernunft）、知性（Verstand）构成一种关系密切、相互作用的概念体系，即三者是彼此共存、相互生发、消长盈缩的共同体关系。[③]在我看来，则正是二元三维结构的很好呈现，也符合西方传统的“秘索思—逻格斯”、“浪漫思脉—启蒙思脉”的基本路径，所以将其理解为西

① 德文原文为：“Zwei Dinge erfüllen das Gemüt mit immer neuer und zunehmenden Bewunderung und Ehrfurcht, je öfter und anhaltender sich das Nachdenken damit beschäftigt: Der bestirnte Himmel über mir, und das moralische Gesetz in mir.” ［*Kant: Kritik der praktischen Vernunft*. Quellen Philosophie: Deutscher Idealismus, S. 2392 （vgl. Kant-W Bd. 7, S. 300） http://www.digitale-bibliothek.de/QP03.htm］中译文参见〔德〕康德：《实践理性批判》，韩水法译，北京：商务印书馆，1999年，第177页。《实践理性批判》，载郑宝华主编：《康德文集》，北京：改革出版社，1997年，第313页。

②《论自然》，载〔美〕爱默生：《自然沉思录》，博凡译，上海：上海社会科学院出版社，1993年，第32-33页。

③ 有论者认为：“认识开始于直观，达到感性的具体；经过抽象，最后达到思维的具体。只有把认识划分为感性、知性和理性三个有机联系的阶段，才符合人类认识的实际过程。”黄见德：《康德论感性、知性和理性以及它们之间的关系》，载《江西社会科学》，1984年第2期，第90页。这种思路似乎过分受制于西方线性进步的思维方式，并不符合实际情况。

学理论体系中的一组核心概念是很有必要的，正如黑格尔指出的："康德是最早明确地提出知性与理性的区别的人。他明确地指出言知性以有限的和有条件的事物为对象，而理性则以无限的和无条件的事物为对象。他指出只是基于经验的知性知识的有限性，并称其内容为现象，这不能不说是康德哲学之一重大成果。"①之所以如此表彰康德对"知性""理性"概念的区分，就是意识到了其关涉者大，绝非解词析义本身这么简单。此容细论详究，此处不赘。想要强调的是，在这种框架中，道德律成为一种调节器，既是人类伦理的关键所在，同时也具有调节人与自然关系的枢纽性意义："道德律处于自然的中心，向四周放射着光。它是每一个本体、每一种关系和每一个过程的精髓。我们处理的每一件事都在向我们布道。"②

四、"学术灵魂"的呈现与证验

歌德说"一体二魂"，指的虽是作为本己的个体，但其实也并不局限于某个个体的现象，而是具有普遍性；若再引申之，个体之魂也呈现人类之魂；人类作为一种特殊物种，在历史的短时段内获得了地球的主导权，但这绝不意味着可以世代永续。人类需要有"敬畏之心"，不仅感受到人类自身的伟大和渺小，也要有体察万物生之维艰

①〔德〕黑格尔：《小逻辑》，贺麟译，北京：商务印书馆，1980年，第126页。

②《论自然》，载〔美〕爱默生：《自然沉思录》，博凡译，上海：上海社会科学院出版社，1993年，第34页。

的同理心，其中有自然界的芸芸众生，也有后天生成的各类“造物”，因为他们同样承载着天意和人意，譬如作为一种高度智慧结晶的知识的高端呈现方式——学术。作为一种文化生命体的学术，其实有着自身的人格立体和文化续命的要求，所谓“桃李不言，下自成蹊”，虽然静默无声，但却是以一种自信而恒定的态度示来者以轨辙。之所以能够如此，我认为是存在着作为其文化生命枢纽与核心的“学术灵魂”（die Seele der Wissenschaft）的，其精神生命灼灼生光，感来者而勉后学！

既从此业为学人，则当谨守学术伦理，故此费希特论“学者的使命”（die Bestimmung des Gelehrten），强调“学者就是人类的教养员”[①]，他要求学者不但要能“在一切文化方面都应当比其他阶层走在前面”（der in allen Stücken der Cultur den übrigen Ständen zuvor seyn soll），而且“应当代表他的时代可能达到的道德发展的最高水平”（die höchste Stufe der bis auf ihn möglichen sittlichen Ausbildung in sich darstellen）[②]，所以他毫不遮掩地宣称：“我的使命就是论证真理；我

① 德文为：“In dieser Rücksicht ist der Gelehrte der *Erzieher* der Menschheit.”［*Fichte: Einige Vorlesungen über die Bestimmung des Gelehrten.* Quellen Philosophie: Deutscher Idealismus, S. 9663 （vgl. Fichte-W Bd. 6, S. 332） *http://www.digitale-bibliothek.de/QP03.htm*］〔德〕费希特:《论学者的使命》，载梁志学主编:《费希特著作选集》第2卷，北京：商务印书馆，1994年，第43页。

② Fichte: *Einige Vorlesungen über die Bestimmung des Gelehrten. Quellen Philosophie: Deutscher Idealismus, S. 9665-9666 （vgl. Fichte-W Bd. 6, S. 333）*〈http://www.digitale-bibliothek.de/QP03.htm.〉〔德〕费希特:《论学者的使命》，载梁志学主编:《费希特著作选集》第2卷，北京：商务印书馆，1994年，第44页。

的生命和我的命运都微不足道；但我的生命的影响却无限伟大。我是真理的献身者；我为它服务；我必须为它承做一切，敢说敢做，忍受痛苦。”[①]在我看来，这不仅是德国学术的高光时刻，即在最为艰苦忧患的国难之际，诞生出最为纯正的学人和学术文本，更重要的是为学术立规则，为万世垂典范；同时，这也是对“学术灵魂”的最佳阐释，此意后来者不断反复提及，如韦伯、陈寅恪等皆当注意。就“学者共和”的意义来说，这是一种传统赓续、世代接力、异国流转的世界学术的形成过程，不但彰显了学术共同体认知的共识，而且表现出大学者对于崇高学术理念生死以之的前赴后继。韦伯揭示“以学术为业”（Wissenschaft als Beruf）的内在规则让人感慨无比，他不无悲壮地指出，在学术领域里：

一个人所取得的成就，在10年、20年或50年内就会过时。这就是科学的命运，当然，也是科学工作的真正意义所在。这种情况在其他所有的文化领域一般都是如此，但科学服从并投身于这种意义，却有着独特的含义。每一次科学的“完成”都意味着新的问题，科学请

① 德文为：“Ich bin dazu berufen, der Wahrheit Zeugnis zu geben; an meinem Leben und an meinen Schicksalen liegt nichts; an den Wirkungen meines Lebens liegt unendlich viel. Ich bin ein Priester der Wahrheit; ich bin in ihrem Solde; ich habe mich verbindlich gemacht, alles für sie zu tun und zu wagen und zu leiden.” Fichte: *Einige Vorlesungen über die Bestimmung des Gelehrten. Quellen Philosophie: Deutscher Idealismus, S. 9666-9667* （*vgl. Fichte-W Bd. 6, S. 333-334*）〈 http://www.digitale-bibliothek.de/QP03.htm〉〔德〕费希特：《论学者的使命》，载梁志学主编：《费希特著作选集》第2卷，北京：商务印书馆，1994年，第45页。

求被人超越，请求相形见绌。……在科学中的不断赶超，让我再重复一遍，不但是我们每个人的命运更是我们共同的目标。我们不能在工作时不想让别人比我们更胜一筹。从原则上说，这样的进步是无止境的……①

这种不断面对自我挑战，甚至甘愿被淘汰以推动学术进步的志业选择，不仅表现出纯粹学人的志节高远，而且也展示了学术之于人类文明与大千世界的崇高意义；陈寅恪虽然立足本土，要求“吾国大学之职责，在求本国学术之独立”②，但其眼光开阔，善于融通德国学术之精华，乃能为中国现代学术立精神，揭橥如下深意：

---

① 德文为：“Jeder von uns dagegen in der Wissenschaft weiß, daß das, was er gearbeitet hat, in 10, 20, 50 Jahren veraltet ist. Das ist das Schicksal, ja: das ist der *Sinn* der Arbeit der Wissenschaft, dem sie, in ganz spezifischem Sinne gegenüber allen anderen Kulturelementen, für die es sonst noch gilt, unterworfen und hingegeben ist: jede wissenschaftliche “Erfüllung” bedeutet neue “Fragen” und *will* “überboten” werden und veralten. Damit hat sich jeder abzufinden, der der Wissenschaft dienen will. Wissenschaftliche Arbeiten können gewiß dauernd, als “Genußmittel” ihrer künstlerischen Qualität wegen, oder als Mittel der Schulung zur Arbeit, wichtig bleiben. Wissenschaftlich aber überholt zu werden, ist-es sei wiederholt-nicht nur unser aller Schicksal, sondern unser aller Zweck. Wir können nicht arbeiten, ohne zu hoffen, daß andere weiter kommen werden als wir. Prinzipiell geht dieser Fortschritt in das Unendliche. ” “Wissenschaft als Beruf”（1917/1919）, in Max Weber: *Gesamtausgabe*. Band 1/17. Hg. Von Wolfgang J. Mommsen and Wolfgang Schluchter. Tübingen: Mohr Siebeck, 1992. S.85.《以学术为业》，载〔德〕马克斯·韦伯：《学术与政治：韦伯的两篇演说》，冯克利译，北京：生活·读书·新知三联书店，1998年，第27–28页。

②《吾国学术之现状及清华之职责》（1931年），载陈寅恪：《陈寅恪学术文化随笔》，刘桂生、张步洲编，北京：中国青年出版社，1996年，第47、48页。

士之读书治学，盖将以脱心志于俗谛之桎梏，真理因得以发扬。思想而不自由，毋宁死耳。斯古今仁圣所同殉之精义，夫岂庸鄙之敢望。先生以一死见其独立自由之意志，非所论于一人之恩怨，一姓之兴亡。呜呼！树兹石于讲舍，系哀思而不忘。表哲人之奇节，诉真宰之茫茫，来世不可知者也。先生之著述，或有时而不章，先生之学说，或有时而可商。惟此独立之精神，自由之思想，历千万祀，与天壤而同久，共三光而永光。①

其所着眼的，正是学术独立所可能产生的超越于现实利益之上的“灯塔效应”，所以他会强调：“自昔大师巨子，其关系于民族盛衰学术兴废者，不仅在能承续先哲将坠之业，为其托命之人，而尤在能开拓学术之区宇，补前修所未逮。故其著作可以转移一时之风气，而示来者以轨则也。”②其所观照者，当有其留学海外多年，尤其是心向往之的德国学术巨子的光辉身影！其中闪耀而出的则是其可代表的“世界学术”（Weltwissenschaft）③之光！

---

①《清华大学王观堂先生纪念碑铭》，载陈寅恪：《陈寅恪集·金明馆丛稿二编》，北京：生活·读书·新知三联书店，2001年，第246页。

②《王静安先生遗书序》，载《陈寅恪集·金明馆丛稿二编》，北京：生活·读书·新知三联书店，2001年，第247页。

③ 此概念受到阿蒙（Ammon，Frieder von, 1973— ）教授关于“世界文学学”（Weltliteraturwissenschaft）的启发，参考 Ammon，Frieder von：“Rezension zu Heinrich Detering, Yuan Tan: Goethe und die chinesischen Fräulein. Göttingen: Wallstein Verlag, 2018”，in Frieder von Ammon（Hg.）：*Goethe-Jahrbuch 2018*（歌德年鉴 2018）. Göttingen : Wallstein, 2019. S.268.

或者，学术灵魂也可引入“一体二魂”的思路，即同样有着两种趋向，上焉者高端凌云，追寻世界本体，宇宙大源，乃有“天地玄黄，宇宙洪荒”的大气象；下焉者卑鄙世俗，行事藏污纳垢，以极端逐利为准则，充斥了蝇营狗苟的劣质气息。但我想要提示的是，应当开出第三维，即中端的学者标尺该当如何建构？可以促成更多有理想、有志向、有尺度的求知者，可以试图超脱现实生存的制约，而努力维持底线标准，有向学术高端与学者共和之宏大空间攀登的可能。

罗宾（Robin，Armand，1912—1961）说：“人类的心灵，我要用俄语、阿拉伯语和汉语来学习它。”①又说：“为了换取一个中文的词汇，我愿意让出我童年的所有草场。”②这是何等的诗意与想象力，又是何等的气象和大胸怀，当然也是对外语所隐含的他者功用的高度重视，因为只有通过这种进入异语言、异文化、异思脉的能力，一个母语知识人（任何一个伟大人物都无法回避的身份）才能进入“人类的心灵”，打开其“混沌之眼”。或许正因为此，他写过这么一首诗：

---

① Robin, Armand: *Le monde d'une voie, Poesie*. Paris: Gallimard, 1970. p.178. 中译文引自〔法〕安托瓦纳·贝尔曼（Antoine Berman）：《异域的考验：德国浪漫主义时期的文化与翻译》（L'épreuve de l'étranger. Culture et traduction dans l'Allemagne romantique: Herder, Goethe, Schlegel, Novalis, Humboldt, Schleiermacher, Hölderlin），章文译，北京：生活·读书·新知三联书店，2021年，第228页。

② Robin, Armand: *Le monde d'une voie, Poesie*. Paris: Gallimard, 1970. p.178. 中译文引自〔法〕安托瓦纳·贝尔曼（Antoine Berman）：《异域的考验：德国浪漫主义时期的文化与翻译》（L'épreuve de l'étranger. Culture et traduction dans l'Allemagne romantique: Herder, Goethe, Schlegel, Novalis, Humboldt, Schleiermacher, Hölderlin），章文译，北京：生活·读书·新知三联书店，2021年，第229页。

我大步向前，
在四十年前，将我的灵魂放在所有的语言里，
我自由而又疯狂地寻找，寻找所有的真理的所在，
还有那些未被人类驯化的方言。
我寻找所有语言中的真理。[①]

这些略带夸张情绪的感性诗句是很值得再三揣摩的，因为它所呈现的乃是一种感性化的真理观，或是感性与理性的诗意结合，却又体现在最重要的介质——语言之中。陈寅恪有言："其言论愈有条理统系，则去古人学说之真相愈远。"[②]实际上不仅是如何理解古人的问题，也可推而广之，即对那种刻意的条理系统倾向是要有自觉的警醒意识的。所以我们要意识到，体系建构是必要的，但其中的陷阱与窠臼也必须提防，这本身有其悖论的方面，但事物往往就是兴衰相继、往复共生，甚至自相矛盾、辩证砥砺，正是在这样的二元关系中才能不断地推向前进，把握好其中阴阳相生的可能与复杂性，才可以走得更好，循序近道。王夫之（1619—1692）称："道大则荒，故先王畏其荒而不嫌其隘，譬之治津途者，无径隧而任人之行，则蔓草遍于周

① Robin, Armand: *Le monde d'une voie, Poesie*. Paris: Gallimard, 1970. p.160. 中译文引自〔法〕安托瓦纳·贝尔曼（Antoine Berman）：《异域的考验：德国浪漫主义时期的文化与翻译》（L'épreuve de l'étranger. Culture et traduction dans l'Allemagne romantique: Herder, Goethe, Schlegel, Novalis, Humboldt, Schleiermacher, Hölderlin），章文译，北京：生活·读书·新知三联书店，2021年，第229页。

②《冯友兰中国哲学史上册审查报告》，载陈寅恪：《陈寅恪集·金明馆丛稿二编》，北京：生活·读书·新知三联书店，2001年，第279页。

行，而无所谓津途矣。”（《读通鉴论》卷十五）这里涉及的“大道”与“道大”的问题，其实颇能启人深思，即在“道大”倾向之后必然带来的两方面因子，一则以“隘”，一则以“荒”，狭隘不过窄小逼仄，荒芜则致杂草丛生，前者不过是具体的技术问题，后者涉及的则是整体环境和良性土壤能否形成，更加至关重要。所以，此处所指可能更倾向于具体的道路，但也未尝不可引申为“大道”，即便是宇宙间不得不循守的基本规律之大道，也有其可能“道大则荒”的面相，这是需要特别警醒的。

王夫之认为：“道之所在，义而已矣；道之所否，利而已矣。是非者，义之衡也；祸福者，利之归也。君子之卫道，莫大乎卫其不谋祸福，以明义之贞也。”（《读通鉴论》卷二十五）如此似有将“义利”完全对立之嫌，这看起来似乎很是“政治正确”，但置诸实践则会引发很多问题，因为所谓的“黑白分明”“正邪不两立”更多处于理想状态，在现实中恐怕更多要考虑“和光同尘”，甚至是“利益交换”。但王夫之甚重义利之辨，认为这是“道之所在”的关键：“君子小人之大辨，人禽之异，义利而已矣”。（《读通鉴论》卷十八）在中国传统儒家的价值观里，还是将“君子—小人”的关系设置为绝对的二元对立，董仲舒（前179—前104）首论“正其义不谋其利，明其道不计其功”。其实正如人类中也有败类，动物也有深厚的感情，“义—利”同样不宜做绝对的对立来看。以我浅见，大致应当是一个“主辅有度”的尺寸把握问题，何时当“义主利辅”，何时当“利主义辅”，何时当“义利兼顾”，何时又当“舍生取义”。当然我们也不应忘记，在现实的社会场域中，利益总是难免占据主导地位的，所以周馥的这段话或许更有启迪："天下，一趋利之场也；大易，乃古今示人趋利之道也。而世人趋利若骛，乃背而驰焉，利不必得，而害每存。至盖所见者，近溺乎人而背乎天也。文言曰：利者，义之和也，必义而和乃为利，而无害无疑矣。伏羲画卦，文王、周公、孔子系辞，深有得乎利物和义之旨。惜乎，千古有国有家者，不之悟也。"[①]不过此处所论，在韩愈向唐宪宗（李纯，778—820）所上的《谏迎佛骨表》，因为就王夫之看来，"韩愈之谏佛骨，古今以为辟异端之昌言，岂其然哉？卫道者，卫道而止。卫道而止者，道之所在，言之所及，道之所否，言之所慎也"。（《读通鉴论》卷二十五）故此，任何言说都难免有其特定的历史语境和背景，不可不察。

所谓"没有了背景知识，却会使我们难以理解哲学家所要表达的思想"[②]，这确乎是见道之言；其实不仅哲学家如此，对任何人都需要知人论世，没有对其身世背景的深入探究，很难对研究对象有体贴入微的阐释。譬如具体到作为一代大哲的康德，"康德毕竟是在德国甚至是普鲁士的框架里去经验18世纪种种影响深远的发展。有时我们会非常讶异于外在环境的力量对其精神发展的支配"[③]。康德自然

① 《易理汇参自序》，载周馥：《秋浦周尚书（玉山）全集》，台北：文海出版社，1966年，第1419-1420页。

② 〔美〕曼弗雷德·库恩：《康德传》，黄添盛译，上海：上海人民出版社，2008年，第50页。

③ 〔美〕曼弗雷德·库恩：《康德传》，黄添盛译，上海：上海人民出版社，2008年，第51页。

是一个没有明显的地理位移的大人物，其哲学思想所产生的“复原史”其实值得重建与解构，其精神质变的发生虽是一个饶有趣味的相对单向度思想史个案，但这绝不意味着其中没有侨动的影响作用力，譬如这里强调的外部语境的支配性意义。同样的，徐梵澄（1909—2000）认为鲁迅“是那一时代所妪煦的成体”[①]，这是亲历者所得出的结晶话语，对于大时代大人物的理解和体贴，是需要在对历史语境与时代精神的有度出入之间恰切把握的，但这显然并非一般研究者可以轻松达致。德国科学家开普勒（Kepler，Johannes，1571—1630）说：“对外部世界进行研究的主要目的在于发现上帝赋予它的合理次序和和谐，而这些是上帝以数学语言透露给我们的。”[②]则进一步将问题引向更为宏阔的规律性层面，此处的上帝未必就是人格化的上帝，而是更多意指那种普遍之道，秩序本身就是一种规律，但恐怕不仅是“和谐鹊的”，也具有“混沌构序”的意味，所以吕坤有言：“六合原是个情世界，故万物之相苦乐，而至人圣人不与焉。”[③]

同样是科学家，丘成桐（1949—　）这样说：“作为数学家，我

① 原话为：“鲁迅先生其人，不论书内之人或书外之人，社会之人或家庭之人，以至作为思想家的鲁迅或者艺术家、文学家的鲁迅，他的一筋一脉，都是往昔那个时代妪煦的成体，今之年青的研究者，能与之真正沟通而欲于某方面获求一解，大非易事。站在他们身边指指点点，不能不有临深履薄的感觉。解者本人如果不是旧学通才，不是那种将所学皆融会贯通于方寸之内的学者，就难免于经意不经意之间弄出点常识性的笑话，这是任何辞典之类的书都解决不了的问题。”伯闻（徐梵澄）：《“独鹤与飞”及其他》，载《读书》，1991年第4期，第127页。

② 转引自〔美〕莫里斯·克莱因：《古今数学思想》第1册，张理京等译，上海：上海科学技术出版社，2014年，第189页。

③ 王国轩、王秀梅：《呻吟语正宗》上册，北京：华夏出版社，2014年，第3页。

们追求的不是敌国的财富，也不是千年的霸业，这些东西终究不免化为尘土。我们追求的乃是理论和方程，它们带领着我们在寻求永恒真理的道路上迈进。这些想法比金子来得珍贵，比诗歌来得炫目，两者在简朴的真理面前黯然失色。数学是诸多应用科学的基础，它能使国家富强。善用数学，能为现代社会维持其现状、规划其未来，达至国家的长治久安。”[1]这里说的不仅是数学家群体的感受，其实也可推而广之，对于科学家、人文学者、艺术家等精英群体都有代表性。不过，他强调数学胜于财富固然有理，将数学视为有用之学也可理解，但将其与诗歌强分高下则未免见识有限，就知识本身与真理追求来说是不分高下的，至于就面向真理或寻道过程来说，诗的最高层级（譬如歌德、席勒）所体现的哲思境界在最高层次而言恐怕还是略高于科学的。丘成桐进一步自我设问：“行旅之中，每每自问，我真正的家园何在；或更精确地说，我有两个家，但两者皆非我身心安托之所。”[2]这里的“家园”概念饶有意味，它让我们更能清楚地意识到作为相对更加理性的科学人同样有深切的家国忧思与桑梓情怀，他接着比较道：“我在美国生活富足，也有一定的成就，然而和身处的社会并非水乳交融。对中国，无论在情感或家族上，这种纽带是根深蒂固的，早已烙刻心中。但经过了这么多年后，对祖国的印象也在不断变

① 〔美〕丘成桐、〔美〕史蒂夫·纳迪斯：《我的几何人生：丘成桐自传》，夏木清译，南京：译林出版社，2021年，第251页。

② 《序二》，〔美〕丘成桐、〔美〕史蒂夫·纳迪斯：《我的几何人生：丘成桐自传》，夏木清译，南京：译林出版社，2021年，第3页。

化，多少有些隔膜。无论在美国或中国，我都像半个局内人和半个局外人。”[①]此处“局内人”与“局外人”的概念同样饶有意味，后者有些类似加缪的概念“局外人”（L’Étranger），这就涉及存在主义哲学的内容，即关于“荒谬”的悖论感；但若按照侨易学思之，则属于文化交域的常态现象，即双重文化身份兼而有之，关键仍在如何把握其调试张力。他认为：“这种感觉，使我置身于一般地图上找不到的颇为诡异的位置，介于无论在历史上、地理上、理念上甚至口味上都是南辕北辙的两套文化和两个国家之间。我家在麻省剑桥，离哈佛大学不远，自1987年受聘于此，安居乐业至今。而在北京我也有套公寓，每次到北京时会在那里安顿。但我还有第三个家，它就在数学的国度内，我在那里栖迟最久，至今差不多半个世纪了。”[②]其实此种矛盾情感与文化身份悖论，并非存于丘氏一身，甚至也不仅是在海外华人身上，虽然唐君毅有言谓“花果飘零，灵根自植”[③]，余英时称“我没有乡愁。我在哪里，哪里就是中国”[④]，但他们其实都难免会有作为流易者的那种“失根感觉”与“乡愁意识”。对此萨义德讲得比较明

① 《序二》，〔美〕丘成桐、〔美〕史蒂夫·纳迪斯：《我的几何人生：丘成桐自传》，夏木清译，南京：译林出版社，2021年，第3页。

② 《序二》，〔美〕丘成桐、〔美〕史蒂夫·纳迪斯：《我的几何人生：丘成桐自传》，夏木清译，南京：译林出版社，2021年，第3-4页。

③ 《花果飘零及灵根自植》，载唐君毅：《唐君毅全集》第13卷上册，北京：九州出版社，2016年，第26页。

④ 转引自张国功：《风流与风骨——现当代知识分子其人其文》，南昌：二十一世纪出版社，2016年，第212页。可参见《一句话的底本》，载黄德海：《泥手赠来》，郑州：大象出版社，2018年，第11-15页。

白，他强调第三次中东战争是其精神发展的重要转折点，此前不过在美国按部就班读书工作做研究而已，“在1967年，我所知道的那个世界完全分崩离析。以色列人占领了更多的巴勒斯坦，也就是巴勒斯坦的其他部分——西岸和加沙地带——而我突然发觉自己被扯回到那个地区”[①]。这就是与故乡难以彻底隔断的精神纽带，它会在某个特殊的历史时刻突然出现在个体的世界里，并且极其深刻地影响到你的生命史和精神史。苏轼谓“此心安处是吾乡”（《定风波·南海归赠王定国侍人寓娘》），可能更多是随遇而安的豁达胸境，而非真的是可以完全超脱自己的来处和规训。

丘成桐特别强调的还有专业对其精神发展的意义：“对我来说，数学赋予的，是一本让我在世界各处随意走动的护照，同时也是探索这世界强而有力的工具。数学拥有神奇的力量，对那些懂得驾驭它的人来说，数学能打破距离、语言、文化的隔膜，把它们立时拉在一起，交流共通的知识。数学还有另一个神奇之处，那就是不需要什么成本，也能在数学的天地大展拳脚。就许多问题来说，所需的只是一张纸和一支笔，再加上专心致志的能耐。有时甚至连纸笔也不用，最重要的工作就在脑海中完成。”[②]这让我们可以深刻理解数学知识的意

---

① Viswanathan, Gauri（ed.）: *Power, Politics, and Culture-Interviews with Edward W. Said*. New York: Vintage Books. 2002. p.237. 瓦赫特尔访谈《萨义德：在两个文化之间》(1996)，载〔美〕薇思瓦纳珊编：《权力、政治与文化——萨义德访谈录》，单德兴译，北京：生活·读书·新知三联书店，2006年，第318页。

②〔美〕丘成桐、〔美〕史蒂夫·纳迪斯：《我的几何人生：丘成桐自传》，夏木清译，南京：译林出版社，2021年。

义，它不仅是一种自然科学的基础性学科，而且具有更为超越的普遍性的知识史甚至思想史意义，只不过需要更为高深的认知力罢了，我们不妨取来另一门仿佛高大上的学科来略做比较："哲学之使命在于揭示我们赖以理解世界的那些普遍构造，作为世界构造中坚实的部分，它们的力量常是日用而不知的。诸力量经由理性知其界限，并将自身区分于原理上相异的其他力量；诸理性经由哲学知其界限，并将自身区分于原则上相异的其他理性。哲学区分出生活的诸可能性的逻辑空间，它爱智慧的方式是战斗的，以此守卫她的界限。"[①]这段论述其实是超越了体制内的学科界限而论哲学，但仍有界限之隔，其实更高明的思维应是有藩篱而超界限，摒弃一切自我称尊的虚妄，将自身（无论是个体、学科或其他）放置到一个平常人的位置上去，古往今来、伟人巨子，概莫能外。

黑格尔强调"为承认而斗争"（Kampf um Anerkennung），霍耐特（Honneth，Axel，1949—　）将其发展为一套论说，他当然意识到青年黑格尔理论的不成熟性，但仍揭示其重要价值："黑格尔坚持认为，主体之间为相互承认而进行的斗争产生了一种社会的内在压力，有助于建立一种保障自由的实践政治制度。个体要求其认同在主体之间得到承认，从一开始就作为一种道德紧张关系扎根在社会生活之中，并且超越了现有的一切社会进步制度标准，不断冲突和

① 巫怀宇：《大地上的尺规——历史科学与艺术的现代哲学剖析》，上海：上海文艺出版社，2021年，第1页。

不断否定，渐渐地通向一种自由交往的境界。”[①]并指出其意义在于：“他能够促使马基雅维利和霍布斯社会哲学中的‘社会斗争’模式发生理论转型，由此，他可以把人与人之间冲突的根源追溯到道德冲动那里，而不是追溯到自我持存动机那里；由于黑格尔在此之前已经把斗争行为解释成一种对于社会承认关系的干扰和侵犯，因此，他会在斗争中发掘出人类精神（Geist）伦理形成过程的中心媒介。”所以他的结论是：“由此出发可以重构一种独特的社会理论的诸种前提。”[②]但随之而来的很难完美解决的问题是，为谁的承认？这个主体对象选择的不同将会导致不同的路径选择。阿尔都塞（Althusser，Louis，1918—1990）告诉我们的是另一种可能性，即所谓“阿尔杜塞式的承认”，亦即“承认是体系规训个体的手段”[③]。当下学界似乎也存在着这种“为承认而斗争”的逻辑，但却很难说是符合理论家们高大上的趋向，而更近于“为稻粱谋”甚至“利禄学者”的等而下之。按照项飚（1972—　）的说法：“现在的学术发表，是为了另外一种承认，即来自体制权威的认可。发表，不是为了陈述自己有限但是独到的见解，而是要向体制证明自己可以达到

---

① 〔德〕阿克塞尔·霍耐特：《为承认而斗争》，胡继华译，上海：上海人民出版社，2005年，第9页。

② 〔德〕阿克塞尔·霍耐特：《为承认而斗争》，胡继华译，上海：上海人民出版社，2005年，第10页。

③ 项飙：《为承认而挣扎：社会科学研究发表的现状和未来》，载《澳门理工学报》（人文社会科学版），2021年第4期，第114页。参见《意识形态和意识形态国家机器（研究笔记）》，载〔法〕阿尔都塞：《哲学与政治——阿尔都塞读本》，陈越编，长春：吉林人民出版社，2003年，第363-364页。

主流的要求，有模仿他人的能力。发表不是为了参与辩论、分析实际问题，而是为了保证自己在学术体制内的生存，为了维护这个体系。”[①]这确乎不符合学术的基本精神，甚至有丧失最基本的学术伦理之嫌，所以他提炼出的概念乃是“为承认而挣扎”，颇为刺耳，但却不得不承认这是一种基本事实。好在他给出了药方或者提示了正确范式：“在学术共同体中，学者们平等、开放、循环往复地交流。我们通过了解其他学者的独特的想法，发现我们自己的独特和进一步深化的路径。换句话说，我们通过认得别人，进而认得自己、认得多样的思考方式，最终更好地认得世界。在建立这个互相承认的过程中，写作和发表是必要的手段。写作使得我们的想法更加清晰，发表让学者们在更大的范围内互相承认。”[②]确实，此语中的，非常明确而坦白地界定了学术共同体理应遵循的基本原则，也符合洪堡时代发源的现代大学理念。作为学者，我们有理由与有责任坚守自己的位置和学术伦理标准：

科学工作者，不管是自然科学工作者还是社会科学工作者，都必须充分运用自己的理性，在真正科学研究的基础上创造知识，发现真理。在这个过程中，学者是一个自由的人，也是一个勇敢的人——他

① 项飙：《为承认而挣扎：社会科学研究发表的现状和未来》，载《澳门理工学报》（人文社会科学版），2021年第4期，第114页。

② 项飙：《为承认而挣扎：社会科学研究发表的现状和未来》，载《澳门理工学报》（人文社会科学版），2021年第4期，第113–114页。

不被潮流所裹挟，在大众的主流意识形态和主流学术思潮面前保持宝贵的冷静与中立姿态，并在各种社会利益集团和大众传媒的压力面前保持研究者的独立性与学术自由。学者应尽力维护学术的尊严，维护学术研究的独立性。[①]

虽然道路艰险漫长，但这或许从来就是求真求知过程中必须经历的过程，风霜如刀，雪雨似箭，不经风雨如何得见彩虹？古训谓“道虽迩，不行不至”（《荀子·修身》），伟大人物更以其言行示知后来者需“路漫漫其修远兮，吾将上下而求索”（屈原《离骚》）！当然，要充分认识到的，是资本语境的“前无古人”，这是我们所不得不面临的“大变局”。

在查尔斯·泰勒（Taylor，Charles，1931—　）眼中，“资本主义即我们的浮士德式契约”（Kapitalismus ist unser faustischer Pakt），他推崇马克思的敏锐，认为其在19世纪40年代即已做出决定性的判断，即资本主义是人类史上最具创新性和创造性的经济秩序，但同时也是最具毁灭性的。[②]这就是歌德所言的“一体二魂”的最终撕裂和爆发吧，即同时将“向往崇高”与“追逐卑俗”发展到极致，不得调和。

---

① 《论学者、科学精神与人文关怀——大学杂谈之三》，载王曙光：《燕园夜札——仰望便是幸福》，北京：东方出版社，2008年，第198页。

② 德国原文为：“Er sah, dass der Kapitalismus die innovativste und kreativste Wirtschaftsordnung der Menschheitsgeschichte ist und zugleich auch die zerstörerischste.” Taylor, Charles: “Kapitalismus ist unser faustischer Pakt”, Aus dem Englischen von Karin Wördemann, in Jens Jessen （Hg.）: *Fegefeuer des Marktes: Die Zukunft des Kapitalismus*. Bonn: Bundeszentrale für Politische Bildung, 2006. S.10.

浮士德之赌约本就是这种个体内心悖论不得调节而呈现的外在解决方案而已。有论者概括为："人类的现代生活就是一种浮士德式的结盟，资本主义是其中的魔鬼。"[①]问题当然在于，人类是一种实存的生命体，而资本主义终究只是一个"人造物"，甚至只是一个"虚体器物"（当然有其另类的文化生命力），它最多是魔鬼所恃之器，不过确实是类似宝瓶之类的有"大神通"之器。浮士德也好，歌德也好，甚至资本主义也好，其实都不妨视为一种侨易个体（即无论是人或物，无论是文学镜像还是诗人巨像），都可以在一种复杂但有序可循的立体结构和交叉系统中求解。当然问题的核心指向则是，侨易个体如何作为个案，又如何才能牵连起在更为广阔的文明史进程中的意义。

苏拉马尼亚姆（Subrahmanyam，Sanjay，1961— ）给我们描绘了这样一幅历史画卷："亚洲中世纪的征服国家的形成，无论是德里的苏丹国，还是蒙古帝国分裂形成的汗国，都伴有精英们的迁徙，至少在宫廷和中央官僚体系中是如此——无论后者规模如何。然而，中世纪的迁徙者通常是军事专家、宗教领袖和文人艺匠。他们的角色是为一小群外来征服阶层提供暴力强制上的支持，或为这些远离故土浪迹远方的人们提供慰藉。15世纪下半叶，尤其是1550年后的迁徙者们，告别了这种中世纪的旧范式。现在即便没有征服活动，精英们依然在流动。这些精英们以将商业活动与上述传统技艺相结合的能力著

① 黄凤祝：《浮士德与资本主义的结盟》，载《明报月刊》2007年6月号，第1页。

称。”[①]这里给我们揭示出了中世纪亚洲史的侨易景观，尤其是不同类型的侨易群体，无疑是饶有意味的，而且他们是在历史的大波澜中自然形成的，即不乏伴随着暴力征服的“腥风血雨”进行这种地理位移与精神质变交互的过程，这种“同时性”或稍显的“滞后性”，无疑是对侨易学现有理论的一种颇具刺激性（同时也富有启发性）的挑战；“战争侨易现象”或“殖民侨易现象”都不仅是字面表现的简单意思，而具有远为复杂和深刻的内涵，值得细究。不仅是上文提到的将领校官兵卒，或是教士阿訇僧侣，甚至诗人学者艺术家，还有匠人技师，乃至于杂工仆役，他们都混杂在这混沌浩荡的历史浊浪奔流之中，各得其所，各安其命！再了不起的个体，都难免在大历史中踯躅难立，踉跄跟步，甚至生出被大潮流裹挟的无力感。这种感受，或许有些像《神雕侠侣》中描绘蒙古大军开拔的情景，金庸借几位侠客的反应来做衬托，“山前人喧马嘶，隐隐如雷，四人同时回身”。然后是杨过自告奋勇前去查看，“跃上马背，转出山坳，奔了数里，已到大路，但见尘土飞扬，旌旗蔽空，原来是一大队蒙古兵向南开拔，铁弓长刀，势若波涛。杨过从未见过大军启行，看到这般惊心动魄的壮观，不由得呆了”[②]。以杨过这样天不怕地不怕的少年豪侠，尚且在大军面前如此张皇失措，我们大致可以想见这种能体现“世界精神”

---

① 〔美〕桑贾伊·苏拉马尼亚姆：《葡萄牙帝国在亚洲1500—1700》，巫怀宇译，桂林：广西师范大学出版社，2018年，第19页。

② 金庸：《神雕侠侣》第2册，《金庸全集》第9卷，北京：读书·生活·新知三联书店，1999年，第980页。

的巨大暴力公共体可能产生的威慑力和影响力。

当然，这仅仅是相对暂时性的现象，更具有持久性穿透力的是“侨易时间”。要知道，“早在15世纪，伊朗精英的流入就是德干（或中南印度）国家形成中的一个重要特征”[①]。此处清晰地揭示了闪系文明—梵系文明的密切关系，不仅是在文化意义上，也在政治、经济层面。苏氏还具体描绘出了伊朗精英的侨易路线：

伊朗精英的外流路线复杂，长达三世纪，从15世纪早期直到18世纪中期。在第一阶段，他们的流散多是越过印度洋西岸，去向红海、东非、古吉拉特和德干。第二阶段始于16世纪最后一个25年，在这一阶段他们向南亚集中。……第三阶段约始于1650年，在此期间伊朗人的活动范围进一步拓宽了。甚至早在16世纪，就有人曾提及小股伊朗人活动于印度尼西亚和东南亚大陆。……类似的是，17世纪伊朗人也流入了缅甸北部的阿拉干宫廷。[②]

这里可以引起的关注点至少有三，其一是主体上的相对边缘性，即聚焦的是闪系文明中近代以来的时段，尤其是源于波斯而发为伊朗的非伊斯兰教主流的精英群体；其二是空间上的发散性，即不断以本

① 〔美〕桑贾伊·苏拉马尼亚姆：《葡萄牙帝国在亚洲1500—1700》，巫怀宇译，桂林：广西师范大学出版社，2018年，第23页。
② 〔美〕桑贾伊·苏拉马尼亚姆：《葡萄牙帝国在亚洲1500—1700》，巫怀宇译，桂林：广西师范大学出版社，2018年，第24-25页。

土为中心进行扩散，既有西行入非洲者，也有东迁往南亚、东南亚者[①]；其三是时间上的延续性，此处是300年的较长时段的取象观察，也符合我们所谓的“断链点续”的概念，即并非是连续不断的，而是定向发展、持续推进、或有中断、脉络贯通的总过程。所以，伊朗精英的地理流散无疑是一个值得关注的文明史与全球史命题，因其很可能牵连出更为重要的文化体关系问题。譬如，苏氏并不仅关注到闪系—梵系的密切关联，他同样未曾忽略作为东方文明核心支柱的华系，他认为：“如果说伊朗人构成了一个流动渠道，来自中国东南沿海诸省的人们就构成了另一个。自15世纪郑和下西洋之后，华裔明显地存在于东南亚诸王国的政治权力中（一个明显的例外是马六甲）。16世纪形成的万丹苏丹国华裔人数众多，早期近代爪哇北部海岸那些最重要的港口城镇在1600年时也是如此。爪哇岛上的重要国家马塔兰在17世纪早期被苏丹阿贡（Sultan Agung，1613—1645）巩固，这一功业是在华裔商人和包税人的帮助下完成的。这些华人通常会被同化，并给自己取个爪哇或马来名字，在爪哇政坛上却仍然惹人注目，在马塔兰衰落阶段他们成了当地的领主（bupatis）。无论是菲律宾还是印度支那，甚至荷属巴塔维亚，华人社群都很重要，它在外交上扮演中间人的角色，雇佣和管理劳动力，并且指导海外贸易，等等。”[②]这里的

① 当然这里主要强调的是非西方的面相，关于伊斯兰世界与西方的关系，可参见 Lewis, Bernard: *Islam and the West*. Oxford: Oxford University Press, 1994.

② 〔美〕桑贾伊·苏拉马尼亚姆：《葡萄牙帝国在亚洲1500—1700》，巫怀宇译，桂林：广西师范大学出版社，2018年，第25页。

描述，将“郑和下西洋”作为一个重要的时间节点，同时把中国精英的东南亚移民纳入考察视野，而且主要关注的是政治、经济方面，如此则与前文所述的伊朗精英的流散情况恰成比照，饶有意味。

要点则在于，苏氏想强调的是：“挑出这些重要的流动精英，并非为了否认地方内部的活力，也不是要否认‘当地人’群体在决定早期近代亚洲面貌中的角色。但同时也有必要注意到，这一时期亚洲诸国在政治领域的相互渗透，程度上远超出人们的通常估计。若将9至14世纪与这个时代相比，后一个时代很吻合安东尼·里德最近赋予它的称谓：东南亚的‘贸易时代’，并且在没有军事征服发生的情况下，出现了远为更多的政治精英流动。这种可塑性和将新成员纳入精英阶层并加以利用的能力，是定义早期近代亚洲诸国与葡萄牙人互动本性的重要因素。”[①]如此我们就会注意到，内部—外部的二元关系，经由“流力因素”而得以更加密切地加以关联，这也正符合侨易学强调第三维因素的流动之活力的枢纽性意义。

我想补充的是，这里仍不能完全排除最基本的二元结构思维模式，即“本土—外来”，这当然是有理由也必要的；但若站在一个更高的人类文明史与全球史层面，就需要知道不能仅限于此，还有更高与更为整体性的“总架构”！要知道，“古代世界相互割裂，东方与西方产生了迥异的智慧；古代历史变化迟缓，却在上古、中古和近世分别产生了丰富多样的形而上学；现代世界勾连一体、日新月异，它的

① 〔美〕桑贾伊·苏拉马尼亚姆：《葡萄牙帝国在亚洲1500—1700》，巫怀宇译，桂林：广西师范大学出版社，2018年，第25页。

哲学却在短短百年间走到了彻底与极尽。在接下来的漫长岁月中，依附于现代工业与政治装置的亚（后）现代思潮到来了，关于现象之间的无限差异的争执取代了哲学对世界的整体把握。然而只要人类意愿将生活世界建立在对意义的理解上，意愿探索宇宙并改造物质世界，并渴望在有限生命中实现超越的可能性，现代哲学的这一整体就仍发挥着决定性的作用。"[①]这无疑更有高屋建瓴的气象和总哲思的立体感，能对文明史的侨易景观有更好的呈现，同时也不无侨易学思维的贯通融汇的一体感。

诗人这样吟唱："在爱情之中没有爱，有的是灵魂对飞翔的渴欲。"[②]或许，我们可以略做延展："灵魂渴望，举翼翱翔；博爱无疆，飞向异邦；星辰山海，最思故乡；世界共美，大道同方。"这样一种未来世界图像，也正是侨易学尝试徐图展开的。侨易个体的探讨，貌似不过一分子一原子的"还原现场"，但这种兼具艺术家想象和理论家哲思的工作其实关联甚大，即便做不到"庖丁解牛"，至少努力尝试"班门弄斧"，自"观侨取象"而"由象见道"，那是虽不能至而心向往之的境界了。所谓"笔落惊风雨，诗成泣鬼神"（唐·杜甫《寄李十二白二十韵》），虽是天才诗哲的诗意想象，但却也多少能表达出对知识探索可能达致的思想境界的标示性高度！

---

① 巫怀宇：《大地上的尺规——历史科学与艺术的现代哲学剖析》，上海：上海文艺出版社，2021年，第212页。

②《你我与共》，载〔巴勒斯坦〕马哈茂德·达尔维什：《来自巴勒斯坦的情人——达尔维什诗选》，薛庆国、唐珺译，长沙：湖南文艺出版社，2020年，第284页。

主要参考文献

中文原创

艾中信：《访问民主德国杂记》，上海：上海人民出版社，1957年。

安树芬、彭诗琅主编：《中华教育通史》，北京：京华出版社，2010年。

卞僧慧：《陈寅恪先生年谱长编（初稿）》，北京：中华书局，2010年。

卜登科：《李可染艺术研究》，天津：人民美术出版社，2011年。

蔡建国：《蔡元培与近代中国》，上海：上海社会科学院出版社，1997年。

蔡元培：《蔡元培全集》第1卷，中国蔡元培研究会编，杭州：浙江教育出版社，1997年。

蔡元培：《蔡元培全集》第2卷，中国蔡元培研究会编，杭州：浙江教育出版社，1997年。

蔡元培：《蔡元培全集》第7卷，中国蔡元培研究会编，杭州：浙江教育出版社，1997年。

蔡元培：《蔡元培全集》第15卷，杭州：浙江教育出版社，1998年。

蔡元培：《孑民自述》，南京：江苏人民出版社，1999年。

蔡元培：《中国伦理学史》，北京：东方出版社，1996年。

蔡尚思：《蔡元培学术思想传记》，上海：棠棣出版社，1950年。

陈安蓉：《侨易学视角看萨克斯诗剧〈以利〉背后的思想迁变》，载《国际比较文学》，2021年第3期。

陈洪捷：《德国古典大学观及其对中国的影响》，北京：北京大学出版社，2002年。

陈嘉庚：《南侨回忆录》，长沙：岳麓书社，1998年。

陈平原：《学者的人间情怀——跨世纪的文化选择》，北京：生活·读书·新知三联书店，2007年。

陈平原：《文学史的形成与建构》，福州：福建教育出版社，1999年。

陈企衡：《民主德国雕塑家、油画家、漫画家来我国访问》，载《美术》，1956年第2期。

陈香：《学者叶隽穷8年之功试创“侨易学”》，载《中华读书报》2013年11月27日。

陈岩集：《丹青余韵》，北京：中信出版社，2013年。

陈毅、奥托·格罗提渥：《中华人民共和国政府、德意志民主共和国政府联合声明》，载《中华人民共和国国务院公报》，1959年第2期。

陈寅恪：《陈寅恪学术文化随笔》，刘桂生、张步洲编，北京：中国青年出版社，1996年。

陈寅恪：《陈寅恪集·金明馆丛稿二编》，北京：生活·读书·新知三联书店，2001年。

陈寅恪：《陈寅恪集·诗集》，北京：生活·读书·新知三联书店，2001年。

陈寅恪：《陈寅恪集·诗集附唐筼诗存》，北京：生活·读书·新知三联书店，2001年。

陈永革：《人间潮音——太虚法师传》，杭州：浙江人民出版社，2003年。

陈志让：《军绅政权：近代中国的军阀时期》，桂林：广西师范大学出版社，2008年。

楚图南：《荔草集：楚图南诗词选集》，北京：人民文学出版社，1995年。

邓深：《制度侨易的“变”与“常”——从维兰德小说〈金镜〉谈起》，载《同济大学学报》（社会科学版），2016年第2期。

豆豆：《遥远的救世主》，北京：作家出版社，2005年。

冯友兰：《我在北京大学当学生的时候》，载陈平原、夏晓虹编：《北大旧事》，北京：生活·读书·新知三联书店，1998年。

高奋：《弗吉尼亚·伍尔夫的“中国眼睛”》，载《广东社会科学》，2016年第1期。

高增杰：《严复留英若干问题辨析》，载《近代史研究》，1998年第1期。

葛兆光：《中国思想史》第2卷，上海：复旦大学出版社，2001年。

辜鸿铭：《辜鸿铭文集》上册，黄兴涛等译，海口：海南出版社，1996年。

辜鸿铭:《辜鸿铭文集》下册，黄兴涛等译，海口：海南出版社，1996年。

顾明栋:《“侨易学”与思想创新——对一种新文化理论的评析与思考》,《清华大学学报》(哲学社会科学版)，2017年第4期。

顾炎武:《顾炎武文》，唐敬杲选注，武汉：崇文书局，2014年。

关良:《关良回忆录》，陆关发整理，上海：上海书画出版社，1984年。

关山月美术馆编:《异域行旅——20世纪50—70年代中国画家国外写生专题展》，南宁：广西美术出版社，2011年。

郭沫若:《沫若文集》第12卷，北京：人民文学出版社，1954年。

〔清〕郭嵩焘:《郭嵩焘日记》第3卷（光绪时期上），本社校点，长沙：湖南人民出版社，1982年。

郭廷以:《郭嵩焘先生年谱》，台北：“中央研究院近代史研究所”，1971年。

哈全安:《中东史（610—2000）》2册，天津：天津人民出版社，2010年。

韩耀成选编:《冯至全集》12卷，石家庄：河北教育出版社，1999年。

何明星:《中国画曾经风靡德国》，载《出版史料》，2010年第2期。

何蓉:《行走之思：作为侨易个案的1904年韦伯美国之行及其影响》，载《江苏师范大学学报》(哲学社会科学版)，2016年第6期。

何小莲:《西医东渐与文化调试》，上海：上海古籍出版社，2006年。

胡斌:《试论李可染访德写生的政治语境与艺术影响》，载关山月美术馆编:《异域行旅——20世纪50—70年代中国画家国外写生专题展》，南宁：广西美术出版社，2011年。

胡继华:《文化涵濡与中国现代诗学创制》，载《文艺争鸣》，2013年第7期。

胡继华:《象征交换与文化的生死轮回——从“侨易”到“涵濡”》，载《跨文化对话》第33辑，北京：生活·读书·新知三联书店，2015年。

胡适:《倡导与尝试》，哈尔滨：北方文艺出版社，2018年。

黄德海:《泥手赠来》，郑州：大象出版社，2018年。

黄凤祝:《浮士德与资本主义的结盟》，载《明报月刊》2007年6月号。

黄见德:《康德论感性、知性和理性以及它们之间的关系》，载《江西社会科学》，1984年第2期。

黄贤强:《跨域史学：近代中国与南洋华人研究的新视野》，厦门：厦门大学出版社，2008年。

黄炎培：《吾师蔡孑民先生哀悼辞》，载梁柱：《蔡元培与北京大学》，北京：北京大学出版社，1996年。

黄远庸：《远生遗著》（上册）第2卷，北京：商务印书馆，1984年。

江红：《为石油而战——美国石油霸权的历史透视》，北京：东方出版社，2002年。

蒋维乔：《民元以来学制之改革》，载陈学恂主编：《中国近代教育史教学参考资料》中册，北京：人民教育出版社，1987年。

蒋维乔：《中国教育会之回忆》，载陈学恂主编：《中国近代教育史教学参考资料》中册，北京：人民教育出版社，1987年。

金庸：《神雕侠侣》第2册，《金庸全集》第9卷，北京：读书·生活·新知三联书店，1999年。

金冶：《贵在独创——我所认识的关良先生》，载《新美术》，1981年第4期。

景柔、景炎：《景耀月事略》，载《山西文史资料》第76—77辑，太原：山西省政协文史资料委员会，1991年。

来新夏等：《北洋军阀史》上册，天津：南开大学出版社，2000年。

郎绍君：《李可染山水画的分期和特色》，载《名家翰墨》第26期，1992年。

李鸿章、沈葆桢等《奏闽厂学生出洋学习折》（1877年1月13日），载陈学恂主编：《中国近代教育史教学参考资料》上册，北京：人民教育出版社，1986年。

李华兴：《民国教育史》，上海：上海教育出版社，1997年。

李可染：《李可染画论》，王琢编，广州：广东高等教育出版社，1992年。

李可染：《李可染论艺术》，北京：人民美术出版社，1990年。

黎朗编著：《画家李可染》，北京：中国文联出版公司，1986年。

李若晶：《失衡的依赖——美国对中东石油外交的国际政治经济学解读（1945—1975）》，北京：中国社会科学出版社，2012年。

李善兰：《泰西学校论略序》，载《中国近代学制史料》第2辑上册，上海：华东师范大学出版社，1987年。

李喜所：《近代留学生与中外文化》，天津：天津教育出版社，2006年。

李欣：《在柏林的日子——一个外交官的回忆》（续），载《福建党史资料》，1994年第5期。

李轩：《卡内蒂长篇小说〈迷惘〉中“火”的主题》，载复旦大学外文学院编：

《复旦外国语言文学论丛》，上海：复旦大学出版社，2013年。

李颖：《来华西方人与晚清厦门社会》，厦门：厦门大学出版社，2011年。

〔明〕李之藻：《重刻天主实义序》，载〔意〕利玛窦：《利玛窦中文著译集》，朱维铮编，上海：复旦大学出版社，2001年。

梁启超：《变法通议·学校通论》，载《时务报》第5—6册，1896年9月。

梁启超：《清代学术概论》，朱维铮导读，上海：上海古籍出版社，2019年。

梁容若：《记范静生先生》，载《传记文学》，1962年第6期。

林盼：《提高理论解释力的两条路径——侨易学的发展方向》，载《江苏师范大学学报》（哲学社会科学版），2016年第6期。

林晓雯：《爱国主义情怀的世界主义者——留美青年胡适的侨易之旅》，载《江苏师范大学学报》（哲学社会科学版），2017年第4期。

林语堂：《论中西思想法之不同》，载刘华文编：《汉语典籍英译研究导引》，南京：南京大学出版社，2012年。

林载爵：《严复对自由的理解》，载刘桂生等编：《严复思想新论》，北京：清华大学出版社，1999年。

刘长敏：《国际关系体系与格局：1618—1945：理论框架与历史变迁》，北京：世界知识出版社，2002年。

刘桂生、张步洲编：《陈寅恪学术文化随笔》，北京：中国青年出版社，1996年。

刘世敏：《林风眠：中国现代美术教育和现代绘画的奠基人》，天津：百花文艺出版社，2011年。

刘硕良主编：《诺贝尔文学奖授奖词和获奖演说》下册，桂林：漓江出版社，2013年。

刘小源：《英租时期威海卫档案中的辜鸿铭书信》，载陈思和、王德威主编：《史料与阐释》二零一二卷合刊本，上海：复旦大学出版社，2014年。

刘以焕：《国学大师陈寅恪》，重庆：重庆出版社，1996年。

柳诒徵：《中国文化史》下册，北京：中国大百科全书出版社，1988年。

陆费逵：《中华书局宣言书》，载俞筱尧、刘彦捷编：《陆费逵与中华书局》，北京：中华书局，2002年。

陆键东：《陈寅恪的最后二十年》，北京：生活·读书·新知三联书店，1995年。

卢婧：《多丽丝·莱辛"非洲小说"中的文化焦虑》，载《英美文学研究论丛》第33辑，上海：上海外语教育出版社，2006年。

鲁迅：《鲁迅全集》第7卷，北京：人民文学出版社，1957年。

罗尔纲：《师门五年记·胡适琐记》，北京：生活·读书·新知三联书店，2006年。

马建强：《蔡元培出任教育总长的日子》，载《南京日报》2013年7月30日。

马丽蓉：《西方霸权语境中的阿拉伯—伊斯兰问题研究》，北京：时事出版社，2007年。

马勇：《严复学术思想评传》，北京：北京图书馆出版社，2001年。

倪贻德：《关良》，载马海平主编：《上海美专艺术文集》，南京：南京大学出版社，2012年。

潘光：《导言》，载潘光、王健：《一个半世纪以来的上海犹太人——犹太民族史上的东方一页》，北京：社会科学文献出版社，2002年。

潘天波：《丝路交往：中国器物与德国镜像》，载《民族艺术》，2021年第1期。

潘天波：《丝路文明史研究范式：困境与援引》，载《西北民族大学学报》（哲学社会科学版），2020年第6期。

齐白石：《白石老人自述》，张次溪笔录，北京：生活·读书·新知三联书店，2014年。

钱锺书：《钱锺书散文精选》，于涛编，长春：时代文艺出版社，2000年。

钱锺书：《谈艺录》（补订本），北京：中华书局，1984年。

乔国强：《对“侨易学”研究的一些看法》，载《中华读书报》2015年2月11日第10版。

乔国强：《试谈美国犹太移民与犹太文学中的“侨易”》，载《江苏师范大学学报》（哲社版），2015年第4期。

任继愈：《汤用彤先生治学的态度和方法》，载《汤用彤先生纪念论文集》编辑委员会编：《燕园论学集》，北京：北京大学出版社，1984年。

荣孟源：《要重视西南军阀史的研究》，载西南军阀史研究会编：《西南军阀史研究丛刊》第2辑，贵阳：贵州人民出版社，1983年。

世界知识杂志社：《世界知识》，1959年第11期。

孙斌：《守护夜空的星座——美学问题史中的T.M.阿多诺》，上海：复旦大学出版社，2004年。

孙美兰：《李可染图话（九）》，载《荣宝斋》，2007年第5期。

孙美兰编：《李可染画论》，郑州：河南人民出版社，1999年。

孙美兰编:《李可染研究》，南京：江苏美术出版社，1991年。

唐君毅:《唐君毅全集》第13卷上册，北京：九州出版社，2016年。

陶飞亚、吴梓明:《基督教大学与国学研究》，福州：福建教育出版社，1998年。

田正平、杨晓:《辛亥革命与中国教育近代化》，载《浙江大学学报》，2002年第1期。

王汎森:《中国近代思想与学术的系谱》，石家庄：河北教育出版社，2001年。

王国维:《海宁王静安先生遗书》第15册，北京：商务印书馆，1940年。

王国维:《王国维书信日记》，房鑫亮编，杭州：浙江教育出版社，2015年。

王国维:《王国维学术经典集》上册，干春松、孟彦弘编，南昌：江西人民出版社，1997年。

王国维:《王国维遗书》第3册，上海：上海书店出版社，1983年。

王国轩、王秀梅:《呻吟语正宗》上册，北京：华夏出版社，2014年。

王宏志主编:《翻译史研究2013》，上海：复旦大学出版社，2013年。

王家俭:《清末海军留英生的派遣及其影响（1876—1885）》，载中华文化复兴运动推行委员会主编:《中国近现代史论集》第8编，台北：台湾商务印书馆，1985年。

王鲁湘:“李可染艺术与20世纪中国美术”国际研讨会的发言，载《当代中国画》，2007年第11期。

汪荣祖:《走向世界的挫折——郭嵩焘与道咸同光时代》，长沙：岳麓书社，2000年。

王绳祖主编:《国际关系史》第9卷（1960—1969），北京：世界知识出版社，1995年。

王曙光:《燕园夜札——仰望便是幸福》，北京：东方出版社，2008年。

王涛:《从〈妇女乐园〉看资本语境下百货商店的产生》，载《江苏师范大学学报》（哲学社会科学版），2014年第5期。

王涛:《从居室厅堂走向百货商店的女性——从左拉文学世界看消费群体的一次迁变》，载《山东社会科学》，2017年第4期。

王涛:《“桥变”的闲逛之路：从拱廊街到百货商店的过道走廊》，载《江苏师范大学学报》（哲学社会科学版），2015年第4期。

王涛:《食物、权力与资本间的变与常》，载《中国图书评论》2016年第9期。

王一川:《涵濡中的中国文艺理论长时段》，载《中国文学研究》，2013年第4期。

卫茂平、冯晓春：《论二战期间上海犹太人的生存状况》，载吴友富主编：《外语与文化研究》第6辑，上海：上海外语教育出版社，2007年。

卫茂平：《中国对德国文学影响史述》，上海：上海外语教育出版社，1996年。

闻一多：《闻一多全集》第12卷，孙党伯、袁謇正主编，武汉：湖北人民出版社，1993年。

翁义钦：《纳粹焚书——危险的信号》，载褚钰泉主编：《悦读MOOK》第32卷，南昌：二十一世纪出版社，2013年。

巫怀宇：《大地上的尺规——关于诸“美”与诸“艺术”的哲学研究》，载《诗书画》，2017年第4期。

巫怀宇：《大地上的尺规——历史科学与艺术的现代哲学剖析》，上海：上海文艺出版社，2021年。

吴景平：《上海金融业与国民政府关系研究》，上海：上海财经大学出版社，2002年。

吴宓：《吴宓日记》第2册，北京：生活·读书·新知三联书店，1998年。

吴宓：《吴宓日记续编》第5册，北京：生活·读书·新知三联书店，2006年。

吴学昭：《吴宓与陈寅恪》，北京：清华大学出版社，1992年。

项飙：《为承认而挣扎：社会科学研究发表的现状和未来》，载《澳门理工学报》（人文社会科学版），2021年第4期。

肖峰：《魂兮归来——怀林风眠老师》，载郑朝编：《林风眠研究文集》，杭州：中国美术学院出版社，1995年。

忻剑飞：《醒客的中国观：近百多年世界思想大师的中国观感概述》，上海：学林出版社，2013年。

熊辉：《从侨易学的角度审视徐志摩人生志向的转变》，载《江苏师范大学学报》（哲学社会科学版），2014年第4期。

徐悲鸿：《徐悲鸿自述》，合肥：安徽文艺出版社，2013年。

徐飙：《成器之道——先秦工艺造物思想研究》，南京：江苏美术出版社，2008年。

徐梵澄：《“独鹤与飞”及其他》，载《读书》，1991年第4期。

徐乐：《契诃夫外省戏剧中书刊的文化功能》，载《中国图书评论》2016年第9期。

徐显静：《伦道夫·斯托道家思想的侨易解读》，载《江苏师范大学学报》（哲学社会科学版），2015年第2期。

严宝瑜：《留德难忘事》，载万明昆、汤卫城主编：《旅德追忆》，北京：商务印书馆，2000年。

严复：《严复集》第2册，王栻主编，北京：中华书局，1986年。

严复：《严复集》第3册，王栻主编，北京：中华书局，1986年。

严耕望：《钱穆宾四先生和我》，台北：台湾商务印书馆，1992年。

颜惠庆：《颜惠庆自传——一位国民党元老的历史记忆》，吴建雍等译，北京：商务印书馆，2003年。

杨慧林：《序言："侨一易"与la corrélation之间的相反与相成——叶隽〈构序与取象：侨易学的方法〉读后》，载叶隽：《构序与取象：侨易学的方法》，杭州：浙江教育出版社，2021年。

叶隽：《变创与渐常——侨易学的观念》，北京：北京大学出版社，2014年。

叶隽：《德国学理论初探——以中国现代学术建构为框架》，上海：上海外语教育出版社，2012年。

叶隽：《构序与取象：侨易学的方法》，杭州：浙江教育出版社，2021年。

叶隽：《器物史的承载意义》，载《中国图书评论》2016年第9期。

叶隽：《侨易》第1辑，北京：社会科学文献出版社，2014年。

叶隽：《侨易》第2辑，北京：社会科学文献出版社，2015年。

叶隽：《侨易》第3辑，长沙：湖南文艺出版社，2016年。

叶隽：《异文化博弈——中国现代留欧学人与西学东渐》，北京：北京大学出版社，2009年。

叶隽：《作为20世纪60年代翻译史事件的〈拉奥孔〉汉译本出版——以出版社、大学与科学院的若干人物为中心的考察》，载王宏志主编：《翻译史研究2013》，上海：复旦大学出版社，2013年。

叶廷芳主编：《卡夫卡全集》第6卷，叶廷芳等译，石家庄：河北教育出版社，1996年。

叶廷芳主编：《卡夫卡全集》第9卷，叶廷芳等译，石家庄：河北教育出版社，1996年。

尹斌：《软实力外交：欧盟的中东政策》，北京：光明日报出版社，2010年。

原青林：《揭示英才教育的秘诀——英国公学研究》，哈尔滨：黑龙江人民出版社，2006年。

乐黛云、〔法〕李比雄：《跨文化对话》第21辑，南京：江苏人民出版社，2007年。

乐黛云、〔法〕李比雄：《跨文化对话》第33辑，北京：生活·读书·新知三联书店，2015年。

曾艳兵：《卡夫卡与中国文化》，北京：首都师范大学出版社，2006年。

张国功：《风流与风骨——现当代知识分子其人其文》，南昌：二十一世纪出版社，2016年。

张华：《侨易的世界》，载《美文（上半月）》，2017年第12期。

张君劢：《西方学术思想在吾国之演变及其出路》，载《新中华》第5卷，1937年第10期。

张克芸：《论埃利亚斯·卡内蒂的变形观》，载《同济大学学报》，2013年第2期。

张篷舟、张仪郑编：《1952年人民手册》，上海：上海大公报出版，1952年。

张之洞、刘坤一：《筹议变通政治人才为先折》，载舒新城编：《中国近代教育史资料》上册，北京：人民教育出版社，1979年。

赵汀阳：《思想之剑》，黄穗中插图，广州：广东教育出版社，1996年。

赵万里：《苏联列宁图书馆送还给中国人民的永乐大典》，载《文物参考资料》，1956年第2期。

赵稀方：《后殖民理论》，北京：北京大学出版社，2009年。

赵元任、杨步伟：《忆寅恪》，载钱文忠编：《陈寅恪印象》，上海：学林出版社，1997年。

赵越胜：《燃灯者——忆周辅成》，长沙：湖南文艺出版社，2011年。

赵章靖：《高等教育的制度侨易》，载《社会科学报》2016年3月10日。

郑朝：《国立艺专往事》，杭州：中国美术学院出版社，2013年。

中国美术家协会：《美术》，1956年第1期。

郑永年：《中国的知识重建》，北京：东方出版社，2018年。

周馥：《秋浦周尚书（玉山）全集》，台北：文海出版社，1966年。

周宁：《天朝遥远——西方的中国形象研究》下册，北京：北京大学出版社，2006年。

周勇：《梁启超的教育改革行动及演变——以“侨易”经历为中心》，载《清华大学教育研究》，2017年第1期。

周作人：《蔡孑民》，载陈平原、郑勇编：《追忆蔡元培》，北京：中国广播电视出版社，1997年。

朱国华：《权力的文化逻辑》，上海：上海三联书店，2004年。

朱小莉：《国际战略视野中的中东》，北京：世界知识出版社，2010年。

邹振环：《打造一片有丰满"枝叶"的理论"森林"》，载《安徽大学学报》（哲学社会科学版），2017年第1期。

汉译著作

〔法〕阿尔都塞：《哲学与政治——阿尔都塞读本》，陈越编，长春：吉林人民出版社，2003年，

〔印〕阿罕默德：《在理论内部——阶级、民族与文学》，易晖译，北京：北京大学出版社，2014年。

〔英〕阿兰·艾伯斯坦：《哈耶克传》，秋风译，北京：中国社会科学出版社，2003年。

〔德〕爱克曼辑录：《歌德谈话录》，朱光潜译，北京：人民文学出版社，1978年。

〔美〕R.W.爱默生：《美国学者——爱默生讲演集》，赵一凡译，北京：生活·读书·新知三联书店，1998年。

〔美〕R.W.爱默生：《自然沉思录》，博凡译，上海：上海社会科学院出版社，1993年。

〔美〕爱因斯坦：《爱因斯坦论科学与教育》，许良英等译、李醒民编选，北京：商务印书馆，2016年。

〔法〕安托瓦纳·贝尔曼：《异域的考验：德国浪漫主义时期的文化与翻译》，章文译，北京：生活·读书·新知三联书店，2021年。

〔德〕贺伯特·博德：《通往当下思想的路》，戴晖译，载《江海学刊》，2007年第6期。

〔德〕马丁·布伯：《我与你》，陈维纲译，北京：生活·读书·新知三联书店，1986年。

〔奥〕马克斯·布罗德：《卡夫卡传》，叶廷芳等译，石家庄：河北教育出版社，1997年。

〔法〕马克·布洛赫：《为历史学辩护》，张和声等译，北京：中国人民大学出版社，2006年。

〔奥〕茨威格：《昨日的世界——一个欧洲人的回忆》，舒昌善等译，北京：生活·读书·新知三联书店，1991年。

〔美〕丁韪良：《西学考略》卷上，北京：总理衙门，1883年。

〔英〕狄更斯：《双城记》，张玲，张扬译，上海：上海译文出版社，2006年。

〔巴勒斯坦〕马哈茂德·达尔维什：《来自巴勒斯坦的情人——达尔维什诗选》，薛庆国、唐珺译，长沙：湖南文艺出版社，2020年。

〔德〕恩格斯：《论反犹太主义（摘自一封寄往维也纳的信）》（1890年4月19日），载〔德〕马克思、恩格斯：《马克思恩格斯全集》第22卷，北京：人民出版社，2005年。

〔德〕克劳斯·费舍尔：《德国反犹史》，钱坤译，南京：江苏人民出版社，2007年。

〔德〕费希特：《论学者的使命》，载梁志学主编：《费希特著作选集》第2卷，北京：商务印书馆，1994年。

〔德〕费希特：《论学者的使命·人的使命》，梁志学等译，北京：商务印书馆，2009年。

〔美〕费正清：《费正清对华回忆录》，陆慧勤等译，上海：知识出版社，1991年。

〔德〕格罗提渥：《中德两国人民兄弟般的友谊万岁——在北京各界欢迎德意志民主共和国代表团大会上格罗提渥总理讲话的摘录》（1955年12月11日），载《文物参考资料》，1956年第1期。

〔德〕海涅：《乘着歌声的翅膀——海涅诗选》，杨武能译，桂林：广西师范大学出版社，2003年。

〔德〕狄克·赫德：《交往中的文化——第二个千年的世界人口流动史》2册，王昺等译，济南：山东大学出版社，2013年。

〔德〕黑格尔：《历史哲学》，王造时译，上海：上海书店出版社，1999年。

〔德〕黑格尔：《小逻辑》，贺麟译，北京：商务印书馆，1980年。

〔德〕黑塞：《黑塞之中国》，〔德〕孚克·米谢尔斯编选，谢莹莹译，北京：人民文学出版社，2011年。

〔美〕塞缪尔·亨廷顿：《失衡的承诺》，周端译，北京：东方出版社，2005年。

〔美〕塞缪尔·亨廷顿：《文明的冲突与世界秩序的重建》，周琪等译，北京：新华出版社，1998年。

〔美〕塞缪尔·亨廷顿：《我们是谁：美国国家特性面临的挑战》，程克雄译，北京：新华出版社，2005年。

〔德〕花之安：《德国学校论略》，鄂中质社，1897年。

〔德〕花之安：《自西徂东》，上海：上海书店出版社，2002年。

〔德〕阿克塞尔·霍耐特：《为承认而斗争》，胡继华译，上海：上海人民出版社，2005年。

〔英〕埃利亚斯·卡内蒂：《耳中火炬——1921—1931年间生活经历》，陈良梅等译，北京：新星出版社，2006年。

〔英〕埃利亚斯·卡内蒂：《获救之舌——青年时期的历史》，陈恕林等译，北京：新星出版社，2006年。

〔英〕埃利亚斯·卡内蒂：《另一起诉讼——卡夫卡致菲莉斯的信（节选）》（1969），载叶廷芳编：《论卡夫卡》，北京：中国社会科学出版社，1988年。

〔英〕埃利亚斯·卡内蒂：《迷惘》，章国锋、舒昌善、李士勋译，北京：外国文学出版社，1986年。

〔英〕埃利亚斯·卡内蒂：《群众与权力》，冯文光等译，北京：中央编译出版社，2003年。

〔英〕埃利亚斯·卡内蒂：《眼睛游戏——1931—1937年间生活经历》，陈良梅译，北京：新星出版社，2006年。

〔德〕卡西勒：《启蒙哲学》，顾传民等译，济南：山东人民出版社，1988年。

〔美〕莫里斯·克莱因：《古今数学思想》第1册，张理京等译，上海：上海科学技术出版社，2014年。

〔美〕詹姆斯·克利福德：《关于旅行与理论的札记》，叶舒宪译，载李陀、陈燕谷主编：《视界》第8辑，石家庄：河北教育出版社，2002年。

〔美〕乔尔·科特金：《全球族——新全球经济中的种族、宗教与文化认同》，王旭等译，北京：社会科学文献出版社，2010年。

〔英〕瓦莱丽·肯尼迪：《萨义德》，李自修译，南京：江苏人民出版社，2006年。

〔美〕曼弗雷德·库恩：《康德传》，黄添盛译，上海：上海人民出版社，2008年。

〔瑞士〕汉斯·昆：《启蒙进程中的宗教》，载汉斯·昆、瓦尔特·延斯：《诗与宗教》，李永平译，北京：生活·读书·新知三联书店，2005年。

〔英〕莱布尼茨：《〈中国近事〉序言：以中国最近情况阐释我们时代的历史》，载〔加〕夏瑞春编：《德国思想家论中国》，陈爱政等译，南京：江苏人民出版社，1989年。

〔德〕安德雷亚斯·莱克维茨：《独异性社会：现代的结构转型》，巩婕译，北京：社会科学文献出版社，2019年。

〔法〕勒庞：《乌合之众》，冯克利译，北京：中央编译出版社，2000年。

〔美〕刘禾：《帝国的话语政治——从近代中西冲突看现代世界秩序的形成》，杨立华等译，北京：生活·读书·新知三联书店，2009年。

〔英〕伯纳德·刘易斯：《穆斯林发现欧洲：天下大国的视野转换》，李中文译，北京：生活·读书·新知三联书店，2013年。

〔匈〕卢卡奇：《理性的毁灭》，王玖兴等译，济南：山东人民出版社，1997年。

〔美〕布鲁斯·罗宾斯：《全球化中的知识左派》，徐晓雯译，北京：中国社会科学出版社，2000年。

〔法〕罗曼·罗兰：《罗曼·罗兰日记选页》，罗大冈译，杭州：浙江文艺出版社，1991年。

〔瑞典〕卡特里娜·马尔默：《林奈——打开自然之门的大师》，邓武译，北京：中国民主法制出版社，2018年。

〔新加坡〕马凯硕：《大融合：东方、西方，与世界的逻辑》，丰民等译，海口：海南出版社，2013年。

〔美〕弗里茨·马克卢普：《美国的知识生产与分配》，孙耀君译，北京：中国人民大学出版社，2007年。

〔德〕马克思、恩格斯：《马克思恩格斯论文艺和美学》上册，杨柄编，北京：文化艺术出版社，1982年。

〔比〕米歇尔·梅耶：《如何思考实在？》，史忠义译，沈阳：辽宁人民出版社，2017年。

〔英〕瑞·蒙克：《维特根斯坦传》，王宇光译，杭州：浙江大学出版社，2011年。

〔德〕哈拉尔德·米勒：《文明的共存——对塞缪尔·亨廷顿“文明冲突论”的批判》，郦红等译，北京：新华出版社，2002年。

〔奥〕路德维希·冯·米塞斯：《米塞斯回忆录》，黄华侨译，上海：上海社会科学院出版社，2015年。

〔美〕丘成桐、〔美〕史蒂夫·纳迪斯：《我的几何人生：丘成桐自传》，夏木清译，南京：译林出版社，2021年。

〔美〕阿·热：《可怕的对称——现代物理学中美的探索》，熊昆译，长沙：湖南科学技术出版社，1992年。

〔瑞士〕荣格：《纪念卫礼贤》，载〔德〕卫礼贤、〔瑞士〕荣格：《金花养生秘旨与分析心理学》，通山译，北京：东方出版社，1993年。

〔法〕荣振华、〔澳〕莱斯利：《中国的犹太人》，耿昇译，郑州：中州古籍出版社，1992年。

〔美〕爱德华·W.萨义德：《巴勒斯坦人永远不会撤离》，黄晓武译，载《国外理论动态》2002年第6期。

〔美〕爱德华·W.萨义德：《报道伊斯兰——媒体与专家如何决定我们观看世界其他地方的方式》，阎纪宇译，上海：上海译文出版社，2009年。

〔美〕爱德华·W.萨义德：《东方学》，王宇根译，北京：生活·读书·新知三联书店，1999年。

〔美〕爱德华·W.萨义德：《格格不入——萨义德回忆录》，彭淮栋译，北京：生活·读书·新知三联书店，2004年。

〔美〕爱德华·W.萨义德：《美国与阿拉伯世界》，刘耀辉摘译，载《国外理论动态》，2003年第6期。

〔美〕爱德华·W.萨义德：《世界·文本·批评家》，李自修译，北京：生活·读书·新知三联书店，2009年。

〔美〕爱德华·W.萨义德：《文化与帝国主义》，李琨译，北京：生活·读书·新知三联书店，2003年。

〔德〕德迪·森格哈斯：《文明内部的冲突与世界秩序》，张文武等译，北京：新华出版社，2004年。

〔美〕爱德华·W.萨义德：《无知的冲突》，刘耀辉译，载《国外理论动态》，2002年第12期。

〔美〕爱德华·W.萨义德：《知识分子论》，单德兴译，北京：生活·读书·新知三联书店，2002年。

〔德〕司马涛：《空间疑辩与侨易学》，余明锋译，载《世界汉学》第17卷，北京：中国人民大学出版社，2019年。

〔美〕L.S.斯塔夫里阿诺斯：《全球通史——1500年以前的世界》，吴象婴等译，上海：上海社会科学院出版社，1988年。

〔美〕桑贾伊·苏拉马尼亚姆：《葡萄牙帝国在亚洲：1500—1700》，巫怀宇译，桂林：广西师范大学出版社，2018年。

〔美〕加布理尔·施瓦布：《理论的旅行和全球化的力量》，国荣译，载《文学评论》2000年第2期。

〔德〕斐迪南·滕尼斯：《共同体与社会》，张巍卓译，北京：商务印书馆，2019年。

〔德〕马克斯·韦伯：《学术与政治：韦伯的两篇演说》，冯克利译，北京：生活·读书·新知三联书店，1998年。

〔德〕卫礼贤：《东方思想对西方复兴的意义》，载蒋锐编译：《东方之光——卫礼贤论中国文化》，北京：外语教学与研究出版社，2007年。

〔美〕薇思瓦纳珊编：《权力、政治与文化——萨义德访谈录》，单德兴译，北京：生活·读书·新知三联书店，2006年。

〔奥〕维特根斯坦：《思想札记》，唐少杰等译，长春：吉林大学出版社，2005年。

〔奥〕维特根斯坦：《维特根斯坦笔记》，许志强译，上海：复旦大学出版社，2008年。

〔奥〕维特根斯坦：《文化和价值》，黄正东等译，北京：清华大学出版社，1987年。

〔奥〕维特根斯坦：《游戏规则：维特根斯坦神秘之物沉默集》，天津：天津人民出版社，2007年。

〔德〕席勒：《审美教育书简》，载冯至：《冯至全集》第11卷，石家庄：河北教育出版社，1999年。

〔德〕席勒：《席勒诗歌戏剧选》，钱春绮等译，北京：人民文学出版社，1996年。

〔德〕席勒：《艺术家们》（1789年），载席勒：《秀美与尊严——席勒艺术和美学文集》，张玉能译，北京：文化艺术出版社，1996年。

〔加〕夏瑞春编：《德国思想家论中国》，陈爱政等译，南京：江苏人民出版社，1995年。

〔美〕帕克斯·M.小科布尔：《江浙财阀与国民政府（1927—1937年）》，蔡静仪译，天津：南开大学出版社，1987年。

〔美〕卡尔·休斯克：《世纪末的维也纳》，李锋译，南京：江苏人民出版社，2007年。

〔捷〕雅诺施：《卡夫卡谈话录》，载叶廷芳主编：《卡夫卡全集》第5卷，叶廷芳等译，石家庄：河北教育出版社，1996年。

〔美〕易劳逸：《流产的革命：1927—1937国民党统治下的中国》，陈谦平等译，北京：中国青年出版社，1992年。

〔日〕伊藤虎丸：《鲁迅的早期尼采观与明治文学》，载王琢编《中日比较文学研究资料汇编》，杭州：中国美术学院出版社，2002年。

西文文献

Adrian, Hsia (ed.): *Kafka and China*. Frankfurt am Main, Berlin, Bern, New York, Paris & Wien: Peter Lang AG, 1996.

Ammon, Frieder von: "Rezension zu Heinrich Detering, Yuan Tan: Goethe und die chinesischen Fräulein. Göttingen: Wallstein Verlag, 2018", in Frieder von Ammon (Hg.): *Goethe-Jahrbuch 2018*. Göttingen: Wallstein, 2019.

Bhaba, Homi K.: "The Third Space - Interview with Jonathan Rutherford", in Rutherford, Jonathan (ed.): *Identity: Community, Culture, Difference*. London: Lawrence & Wishart, 1990.

Boeder, Heribert: *Das Vernunft - Gefüge der Moderne*. Freiburg & München: Alber, 1988.

Boeder, Heribert: *Die Installationen der Submoderne: zur Tektonik der heutigen Philosophie*. Würzburg: Königshausen & Neumann, 2006.

Boeder, Heribert: *Grund und Gegenwart als Frageziel der früh-griechischen Philosophie*. Den Haag: Nijhoff, 1962.

Boeder, Heribert: *Topologie der Metaphysik*. Freiburg & München: Alber, 1980.

Brod, Max: *Über Franz Kafka*. Frankfurt am Main: Fischer-Taschenbuch-Verlag, 1966.

Buber, Martin (dt. Auswahl): *Chinesische Geister und Liebesgeschichten*. Frankfurt am Main: Rütten und Loening, 1922.

Buber, Martin: *Reden und Gleichnisse des Tschuang-Tse*, Leipzig: Insel Verlag, 1910.

Canetti, Elias: *Die Fackel im Ohr - Lebensgeschichte 1921—1931*. Frankfurt am Main: Fischer Taschenbuch Verlag, 1982.

Canetti, Elias: *Die gerettete Zunge-Geschichte einer Jugend*. Frankfurt am Main: Fischer Taschenbuch Verlag, 1983.

Canetti, Elias: *Konfuzius in seinen Gesprächen*. In *Das Gewissen der Worte*. München & Wien: Hanser, 1983.

Canetti, Elias (ed.): *Kafka's Other Trial-The Letters to Felice*. Translated by Christopher Middleton, Berlin: Schocken Books, 1974.

Chambers, Iain & Curti, Linda (ed.): *The Post-Colonial Question: Common skies, Divided Horizons*. London: Routledge, 1996.

Chang, Elizabeth: *Britain's Chinese Eye: Literature, Empire, and Aesthetics in Nineteenth-Century Britain*. Stanford: Stanford University Press, 2010.

Clifford, James: *The Predicament of Culture: Twentieth-Century Ethnography, Literature, and Art*. Cambridge, Mass.: Harvard University Press, 1988.

Clifford, James and Dhareshwar, Vivek (ed.): *Traveling Theories, Traveling Theorists*. Inscriptions 5, 1989.

Diner, Cf. Hasia R.: *The Jews of the United States*. Berkeley, Los Angeles & London: University of California Press, 2004.

E.A. Kracke, Jr: "Sung Society: Change Within Tradition", in *Journal of Asian Studies* 14.4 (1955).

E.A. Kracke, Jr.: "Family VS. Merit in Chinese Civil Service Examinations under the Empire." in *Harvard Journal of Asiatic Studies* 10.2 (1947).

Eckermann, Johann Peter: *Gespräche mit Goethe - in den letzten Jahren seines Lebens*. Berlin und Weimar Aufbau-Verlag, 1982.

Fichte: *Einige Vorlesungen über die Bestimmung des Gelehrten*. Quellen Philosophie: Deutscher Idealismus (vgl. Fichte-W Bd. 6)

Gabor, Dennis: "A new microscopic principle." in *Nature* 161 (1948).

Geothe: *Der Triumph der Empfindsamkeit*. Digitale Bibliothek Band 4: Goethe (vgl. Goethe-BA Bd. 5)

Goebel, Rolf G.: *Constructing China-Kafkas Orientalist Discourse*. Columbia: Camden House, 1997.

Gordon, Hayim: *The Heidegger-Buber controversy: the status of the I - Thou*. London: Greenwood Press, 2001.

Graham, A. C.: *Yin-Yang and the Nature of Correlative Thinking*. Singapore: Institute of East Asian Philosophies, 1986.

Gundolf, Friedrich: *Shakespeare und der deutsche Geist*. Berlin: Bondi, 1911.

Günzel, Stephan: *Raumwissenschaften*. Frankfurt am Main: Suhrkamp, 2009.

Hanuschek, Sven: *Elias Canetti-Biographie*. München & Wien: Carl Hanser Verlag, 2005.

Harnisch, Thomas: *Chinesische Studenten in Deutschland-Geschichte und Wirkung ihrer Studienaufenthalte in den Jahren von 1860 bis 1945*. Hamburg: Mitteilungen des Instituts für Asienkunde, 1999.

Hardy, J.G.: *The public school phenomenon*. Harmondsworth, Middlesex: Penguin Books Ltd., 1977.

Heilmann, Hans: *Chinesische Lyrik vom 12. Jahrhundert vor Chr. bis zur Gegenwart*. München & Leipzig, 1905.

Heine: *Nachlese*. Heine: Werke (vgl. Heine-WuB Bd. 2)

Houghton, Walter E.: *The Victorian Frame of Mind 1830—1870*. New Haven: Yale University Press, 1957.

Hsia, Adrian: *Hermann Hesse und China-Darstellung*, *Materialien und Interpretation*. Frankfurt am Main: Suhrkamp Verlag, 1974.

Hsia, Adrian (ed.): *Kafka and China*. Frankfurt am Main, Berlin, Bern, New York, Paris & Wien: Peter Lang, 1996.

Humboldt, Wilhelm von: *Schriften zur Anthropologie und Bildung*. Frankfurt am Main, Berlin, Wien: Ullstein, 1984.

James, Clifford: "Traveling Cultures", in Grossberg, Lawrance et al (ed.): *Cultural Studies*. London: Routledge, 1992.

Janouch, Gustav: *Gespräche mit Kafka*. Erweitere Ausgabe. Frankfurt am Main: Fischer, 1968.

Jessen, Jens (Hg.): *Fegefeuer des Marktes*: *Die Zukunft des Kapitalismus*. Bonn: Bundeszentrale für Politische Bildung, 2006.

Johann Peter Eckermann: *Gespräche mit Goethe-in den letzten Jahren seines Lebens*. Berlin und Weimar: Aufbau-Verlag, 1982.

Kafka, Franz: *Tagebücher 1910—1923*. Frankfurt am Main: Fischer Verlag, 1967.

Krojanker, Gustav: *Vorwort*. In Krojanker, Gustav (hg.): *Juden in der deutschen Literatur-Essays über zeitgenössische Schriftsteller*. Berlin: Welt-Verlag, 1922.

Lamping, Dieter: *Von Kafka bis Celan-Jüdischer Diskurs in der deutschen Literatur des 20. Jahrhunderts*. Göttingen: Vandenhoeck und Ruprecht, 1998.

Larson, James L.: *Reason and Experience*: *The Representation of Natural Order in the Work of Carl von Linné*. Berkeley: University of California Press, 1971.

Laurence, Patricia: *Lily Briscoe's Chinese Eyes*: *Bloomsbury*, *Modernism and China*. Columbia: University of South Carolina Press, 2003.

Lessing: Nathan der Weise. Lessing: Werke (vgl. Lessing-W Bd. 2)

Lewis, Bernard: *Islam and the West*. Oxford: Oxford University Press, 1994.

Liu, Lydia H.: *The Clash of Empires-the Invention of China in Modern World Making*. Cambridge: Harvard University Press, 2004.

Maltitz, Horst von: *The Evolution of Hitler's Germany: The Ideology, the Personality, the Moment*. New York: McGrawHill, 1973.

Mann, Thomas: *Betrachtungen eines Unpolitischen*. Frankfurt am Main: Fischer Verlag, 1974.

Marx und Engels: *Die deutsche Ideologie*. Marx/Engels: *Ausgewählte Werke* (vgl. MEW Bd. 3)

Meng, Weiyan: *Kafka und China*. München: Indicium Verlag, 1986.

Nakazawa, Hideo: "Über Die Chinesische Mauer", in Huang Guozhen & Sun Longsheng (hg.) : *Chinesisch - japanischens Germanistiktreffen - Dokumentationen der Tagungsbeiträge*. Beijing: Gesellschaft für internationale kulturelle Publikationen, 1994.

Ogden, Charles Kay and Richards, Ivor Armstrong: *The Meaning of Meaning: a study of the influence of language upon thought and of the science of symbolism*. London: K. Paul, Trench, Trubner and co., ltd; New York, Harcourt, Brace & company, inc., 1923.

Pommeranz-Liedtke, Gerhard: *Die Weisheit der Kunst: Chinesische Steinabreibungen*. Leipzig: Insel-Verlag, 1963.

Reckwitz, Andreas: *Die Gesellschaft der Singularitäten: Zum Strukturwandel der Moderne*. Berlin: Suhrkamp, 2017.

Robin, Armand: *Le monde d'une voie, Poesie*. Paris: Gallimard, 1970.

Said, Edward W.: *Orientalism*. New York: Vintage Books, 1979.

Said, Edward W.: "The Clash of Ignorance: Labels like 'Islam' and 'the West' serve only to confuse us about a disorderly reality." in *The Nation* (October, 2001). 〈http://www.thenation.com/article/clash-ignorance.〉(2.17.2022.)

Said, Edward W.: "Traveling Theory", in Said, Edward W.: *The World, the Text, and the Critic*. Cambridge: Harvard University Press, 1983.

Said, Edward W.: "Traveling Theory Reconsidered", in Bayoumi, Moustafa and Rubineds, Andrew (ed.): *The Edward Said Reader*. New York: Vintage Books, 2000.

Salfellner, Herald: *Franz Kafka und Prag*. Prag: Vitalis, 1998.

Salusinszky, Imrel: "Edward Said", in *Criticism in Society*. New York and London: Methuen, 1987.

Schiller, Friedrich von: *Die Räuber*. Beijing: Foreign Languages Teaching and Research Press, 1999.

Schiller, Friedrich von: *Gesammelte Werke*. Geneva: Eurobuch, 1998.

Schiller, Friedrich von: *Gesammelte Werke Band 8*. Berlin: Aufbau-Verlag, 1955.

Schwachulla, Wolfram: *Der Brockhaus in einem Band*. Leipzig & Mannheim: Brockhaus, 1996.

Shannon, Thomas Richard: *An Introduction to the World-System Perspective*. Boulder: West View Press, 1989.

Susman, Margerete: "Vom Gestigen Anteil der Juden in der deutschen Geistesgeschichte". In Schulte, Christoph (hg.): *Deutschtum und Judentum-Ein Disput unter Juden aus Deutschland*. Stuttgart: Reclam, 1993.

Taylor, Charles: "Kapitalismus ist unser faustischer Pakt", Aus dem Englischen von Karin Wördemann, in Jens Jessen (Hg.): *Fegefeuer des Marktes: Die Zukunft des Kapitalismus*. Bonn: Bundeszentrale für Politische Bildung, 2006.

Viswanathan, Gauri (ed.): *Power, Politics, and Culture-Interviews with Edward W. Said*. New York: Vintage Books, 2002.

Walravens, Hartmut (zusammengestellt): *Richard Wilhelm (1873—1930). Missionar in China und Vermittler chinesischen Geistesgutes*. Nettetal: Steyler Verlag, 2008.

Weber, Max: *Gesamtausgabe*. Tübingen: Mohr Siebeck, 1992.

Widmaier, Rita (hrsg.): *Leibniz Korrespondiert mit China-Der Briefwechsel mit den Jesuitenmissionaren (1689—1714)*. Frankfurt am Main: Vittorio Klostermann, 1990.

Wilhelm, Richard: *Chinesische Volksmärchen*. Jena: Eugen Diederichs, 1914.

Wilhelm, Salome: *Richard Wilhelm-Der geistige Mittler zwischen China und Europa*. Düsseldorf, Köln: Eugen Diederlichs Verlag, 1956.

人名及关键词索引

西文—中文名词对照表

后　记

曾有过《侨易学的案例》这样一部书的构思的灵光，但还是聚焦到了《位移与思易：侨易个体的精神质变及其文化空间》。按照我原来的计划，应该有一部3卷本左右的大书，题名为《侨易学：理论与实践》，系统地提出一整套的理论建构、核心概念以及案例研究。这个计划也在进行之中，但我却没想到会意外地编出这一本书来。或许，还是“顺水推舟”与“水到渠成”吧。这是在一步步行来的过程中，自己借助侨易学思维、汲取学界同仁的批评意见、进行个案研究尝试的一个初步汇总，真的还谈不上很严谨的方法论使用，而只是“顺手拈来”而已。就如同我在写作《北欧精神的格义立型》（出版时题为《中外文学交流史·中国—北欧卷》）那本书时表达的那样，基本上是“不执”，就是并非很执着地要进行某种理论的运用，而是坚持以问题为中心，将理论作为可以拿来的知识资源，大致有-种“顺风行船”的感觉。尽管如此，当发现有读者批评我对侨易学理论的使用不够的时候，我还是有些被“击中”，这点和顾明栋教授的意见也相近：“有些章节实际上是对哲学和文化的中西思想、理论、现状的综合分析和思考，作为哲学研究和文化研究自有其精辟分析和独到见解，但与侨易学的理论和实践却显得十分疏远。”[①]这个批评自然是有道理的，此书确实不能算是一个体系严密的刺猬型理论建构。其实，在这部书中我的主要目的还是在于展示自己的思路，将一些基本的构思呈现出来。但从另一个方面来说，它也确实展现了一种可以延展的可能，我以为侨易学的价值或许正体现在此，未必是以具体的覆盖式的领域研究（或曰“割地为王”）为长，而是对重大问题的推进可能具有一定的启发意义，其价值正在于侨易学提供的思维方式、宏观的哲学思考，而非仅具体的方法运用与案例实践。不过，按照学界惯例，这种思路略显空疏，所以这些年我的研究主要集中在中层和初端，即方法论与案例研究。可这也绝不意味着我放弃了形而上的思考，甚至在我的心目中，侨易学的哲学观念层面才是更为重要的。

《变创与渐常——侨易学的观念》谈不上是系统的理论构建，也并没有进行实证性的案例研究，下篇也仅是案例展示而已，但我记不得为何在目录中变成了“案例研究”，或许是出版社考虑营销效果的因素。之所以不这么做，其实是有背后的考量的，一方面当然是未及进行深度的个案研究，彼时侨易学的工具性概念也尚未充足；另一方面则有一定程度的怀疑，即对自己身处的这种西学论证逻辑，简单的因果关系推断是否就是唯一的通向罗马之大道，至少是存问的。当然挑战则在于，如果不按照这种已被普遍接受的因果关系逻辑，又能提

---

① 顾明栋《“侨易学”与思想创新——对一种新文化理论的评析与思考》，载《清华大学学报》（哲学社会科学版）2017年第4期，第170页。

出怎样的替代范式？

这部书与《构序与取象：侨易学的方法》不同，后者完全是努力建构的结果，而这部侧重于“侨易学的案例”的小书，则是汇集了我在侨易学方法完善过程中的个案研究尝试。这些都是事先并无整体性具体计划的自由写作，有点“神来之笔”的意思，但也不绝对，有的文章还是花了些功夫的。总体来说，这部《位移与思易：侨易个体的精神质变及其文化空间》只能说是给大家提供一个初步的参考而已，并无任何做示范的意思。在我看来，每个研究者都应有自己的主体立场，需要结合自己具体的知识资源和问题意识，展开自由的思想探险之旅。理论作为一种框架或“武器”，自然不能忽略，但若能结合自己的独门绝技（譬如史料发掘、叙事修辞、结构经营等），则无疑更可“增光添彩”。

我必须承认的是，这些都属于“思想草稿”，都仅是在理论建构过程中留下的“碎片”，虽然不能不说留下了痕迹，但却不能说是什么缜密系统甚至无懈可击的理论。而且，距离一个完整的理论成熟，仍然有相当长的旅程需要跨越，这对于任何一个有自觉学术伦理意识的学者来说，都是很自然也很平常的。或许，我们可以在《侨易学思想》3卷本（《侨易学的观念》《侨易学的方法》《侨易学的哲思》）之外，另有一个《侨易学案例》3卷本的思路。

这里，我也要特别感谢乔国强教授，他提醒我应当在各个层面丰富侨易学的研究内容，譬如对侨易群体、侨易共同体等。我也要感谢周云龙君，是他当初力主应当展开与西方理论的对话，否则我不会花相当精力去关注萨义德，并展开具体的个案研究，可惜的是，当初有一个颇为完整的计划，如今真正留下的却只有数篇文章，还有满地的“断简散片”；而户晓辉兄提醒我注意德国古典哲学如黑格尔等人理论资源的重要性，吴剑文君的思考则让我重归歌德的思想，这种情况也颇有趣，其实即使是自己非常熟悉的研究对象，也未必就能立即发覆其潜在的资源价值。这其中需要知识、积累、提炼，也需要机缘、灵感、遭逢，只有在一定的场景之下，它才有可能被激发出来，所以从某种意义上来说，理论建构有时也像一种极为特殊的艺术作品，需要“妙手偶得之”的面相。从这个意义上来说，我很庆幸，自己能从事学术研究的工作，能进入理论建构的阶段，能分享艰难，也能分享乐趣。我指导的博士后陶艳柯帮助我核对材料、整理参考文献、名词索引等，洪滔君提示审读意见，上海外国语大学德语系的董琳璐博士参与了最后的修订工作，也在这里特别致谢。

叶隽

2020年12月26日起笔于沪上同济

2022年4月12日改定于北京

图书在版编目（CIP）数据

位移与思易 ：侨易个体的精神质变及其文化空间 / 叶隽著. -- 杭州 ：浙江教育出版社，2023.6
ISBN 978-7-5722-5928-9

Ⅰ. ①位… Ⅱ. ①叶… Ⅲ. ①中外关系－文化交流－研究 Ⅳ. ①G125

中国国家版本馆CIP数据核字(2023)第101859号

位移与思易：侨易个体的精神质变及其文化空间

WEIYI YU SIYI：QIAOYI GETI DE JINGSHEN ZHIBIAN JI QI WENHUA KONGJIAN

叶　隽/著

出版发行　浙江教育出版社
（杭州市天目山路40号　电话：0571-85170300-80928）
策划编辑　洪　滔
责任编辑　洪　滔
美术编辑　韩　波
封面设计　刘亦璇
责任校对　余晓克
责任印务　陆　江
排　　版　杭州兴邦电子印务有限公司
印　　刷　浙江新华印刷技术有限公司
开　　本　890mm×1240mm　1/32
印　　张　10.5
插　　页　4
字　　数　242千字
版　　次　2023年6月第1版
印　　次　2023年6月第1次印刷
标准书号　ISBN　978-7-5722-5928-9
定　　价　80.00元